普通高等职业教育“十三五”规划教材

21 世纪高职高专精品教材 ◆ 经贸类通用系列

商务礼仪

（第三版）

SHANGWU LIYI

主　编　胡晓涓

中国人民大学出版社

·北京·

前　言

随着现代社会人与人之间交往的增多，个人的礼仪修养越显重要。如何得体地与人交往，并通过个人交往为商务组织创造发展的契机，已成为商务人员越来越关注的问题。商务礼仪作为企业文化、企业理念不可缺少的组成部分，告诉了我们在商务活动中如何通过具体的甚至是微小的细节，为自己进而为公司创造良好的人际环境和发展的空间，实现并创造价值。

本书旨在为人们提供系统、实用的商务礼仪规范及操作技巧，指导并帮助人们在商务活动中提高礼仪水准，减少失误和误会，以赢得更多的商机。

全书共有八章，详细介绍了商务礼仪的具体构成，以及各种情况下商务礼仪的操作规则。

第一章为商务礼仪概述，主要从理论上介绍商务礼仪的含义、基本原则以及商务人员应具备的商务礼仪修养。

第二章为商务人员基本礼仪，主要介绍与人交往的最基本商务礼仪常识，如见面礼节、方位礼仪、馈赠礼仪等。

第三章为商务活动礼仪，主要介绍各种具体的商务活动的礼仪、礼节规范。

第四章为商务形象礼仪，重点介绍如何塑造职业形象。

第五章为商务文书礼仪，主要介绍各种文书的写作规范和技巧。

第六章为商务人员旅行礼仪，主要介绍商务人员在旅途中的衣食住行规范。

第七章为生活中的礼仪，从优雅的举止、得体的服饰、整洁的仪容、礼貌的谈吐几个角度介绍关于个人仪容、仪表、仪态等方面的商务礼仪。

第八章为国际商务礼仪，介绍了国际商务一般礼节、国际商务会见与会谈基本规范，并重点介绍了与不同国家商人贸易来往的技巧。

为配合教学，本书运用生动有趣的案例阐述了礼仪规范，同时，每章穿插了许多小贴士、小知识，以调动学习者学习的积极性，并在每章后安排了大量的实际操作练习，为学习者提供了方便。本书可作为高等院校和职业院校的教学与培训教材，也可作为商务人士必备的工具书。

本书第一、四、五、六章由胡晓涓编写，第二、三章由胡晓涓、卢颖编写，第七章由邓红编写，第八章由邓嵩、胡晓涓编写，胡晓涓负责全书的统稿、修改。在编写过程中我们参考了许多资料，在此向相关作者表示最诚挚的感谢。

编者

目 录

第一章 商务礼仪概述 ······ (1)

第一节 商务礼仪的含义 ······ (2)
第二节 商务礼仪的基本原则 ······ (5)
第三节 商务礼仪修养 ······ (7)

第二章 商务人员基本礼仪 ······ (14)

第一节 见面礼节 ······ (14)
第二节 方位礼仪 ······ (23)
第三节 馈赠礼仪 ······ (28)

第三章 商务活动礼仪 ······ (36)

第一节 商务洽谈 ······ (36)
第二节 商务接待与拜访 ······ (40)
第三节 商业仪式与活动 ······ (49)
第四节 商务通信 ······ (65)
第五节 商务宴请 ······ (70)

第四章 商务形象礼仪 ······ (80)

第一节 职业形象的塑造 ······ (81)
第二节 职业形象举要 ······ (85)

第五章 商务文书礼仪 ······ (93)

第一节 商务信笺礼仪 ······ (94)

第二节　商务柬帖礼仪 …… (97)
第三节　商务启事礼仪 …… (101)
第四节　备忘录礼节 …… (104)

第六章　商务人员旅行礼仪 …… (109)

第一节　交通礼仪 …… (110)
第二节　住宿礼仪 …… (113)
第三节　携带物品礼仪 …… (115)

第七章　生活中的礼仪 …… (120)

第一节　优雅的举止 …… (120)
第二节　得体的服饰 …… (124)
第三节　整洁的仪容 …… (128)
第四节　礼貌的谈吐 …… (132)

第八章　国际商务礼仪 …… (141)

第一节　国际商务一般礼节 …… (142)
第二节　国际商务会见与会谈 …… (148)
第三节　与不同国家商人的贸易来往 …… (153)
第四节　世界主要节日礼俗 …… (171)

参考书目 …… (179)

第一章

商务礼仪概述

案例导入

他错在哪儿？

小刘研究生毕业后走上了工作岗位。他先后换过四个单位，每次都在事业上难有作为。尤其让他感到困惑的是：为何每到一个单位，上司和同事总是和他过不去，甚至对他怀着敌意呢？

其实，这一切既不能怪他的上司，也不能怪他的同事，只能怪小刘自己。小刘刚到第一个单位工作时，公司的总经理非常赏识他的才华，不久就把他调到身边当助手。可是，随着他与总经理接触次数的增多，他在总经理面前开始张狂和随意。比如，他曾当着众人不顾及总经理的脸面，毫无遮拦地发表自己的见解，还与总经理争辩，让总经理下不了台。后来，小刘即使提出绝佳的计划也常常遭到总经理的否决。

小刘长得高大健壮，爱好球类运动，在学校时是篮球队的主力队员。他到第二家单位时正值单位所在系统举办篮球赛，他担任了单位的篮球队队长，由他全权负责组织篮球队的训练。可是在短短的一个月时间里，小刘却几乎把队友都得罪了。他在训练中总爱辱骂人："水平臭！""吃干饭的！""给我滚一边去！"若比赛败北，他更是骂骂咧咧，指责队友拖了他的后腿。

小刘在第三个单位的时候曾负责一个工程项目。在设计图纸时，一位和他一直配合很默契的同事向他提出修改建议。小刘非但不听，反而冲同事嚷嚷："你懂什么？我开始搞图纸设计的时候，你还在穿开裆裤和稀泥哩！"尽管那位同事反复向他解释并非有意冒犯他，可小刘依然怒吼不止。事后，他虽然有些后悔，但又怕丢面子，一直没有勇气向对方道歉。

在第四个单位的时候，有一天他到仓库去领料，保管员的态度有些不好，发料时又将数字搞错了。于是，小刘得理不饶人地和保管员吵了起来。同事们连忙赶来劝解，其中一个同事拉了拉他，朝保管员努努嘴，暗示他保管员的袖子上别了一道黑纱，其心情不好是有特别原因的，请他多体谅。可是小刘仍不肯罢休，直到领导表示扣保管员当月的奖金才了事。

评　析

在上述案例中，小刘犯了以下错误：

（1）不尊重自己的上司，目中无人，缺乏对上司最起码的尊重，当众让上司难堪。

（2）不尊重同事，不接受同事的意见和建议。同事之间有意见分歧是正常的，但要把人与事分开，不能因意见不同而迁怒于人。

（3）道歉不是件丢人的事，这恰是成熟和诚实的表现。说错话，办错事，需要向别人道歉，这是人际相处的基本常识。要想化敌为友，就必须勇于承认“我错了”。在工作场合不能与人为善，口出秽语，得理不让人，这是严重伤害他人的不良行为。

（4）得理不饶人，不体谅他人。

良好的人际沟通能力能够使你和任何人愉快地合作共事。每个人都需要建立良好的工作关系，以获取事业上的成功。但有时我们也会面临各种困难与危机，甚至错失良机，原因就在于我们未能了解他人，或者不知道该如何表达自己的意思。要解决这个问题，必须拥有礼仪方面的知识，掌握了这方面的知识，就能帮助你在工作中有效地进行各种交流，从而取得成功。

随着全球经济一体化进程的不断加快，商业竞争日趋激烈。一个成功的商务人员，不仅要具有精深的业务技能，还需要具备良好的综合能力，才能做到面对挑战从容不迫。商务礼仪，就是对这些技能和能力的综合体现。严格地说，商务礼仪即是在商务交往中应该遵守的交往艺术。它是无声的“世界语言”，是衡量个人素质与企业形象的重要标准。

第一节　商务礼仪的含义

商务礼仪是礼仪的重要组成部分，要想了解什么是商务礼仪，就应首先从认识礼仪开始。

一、礼仪的含义与由来

礼仪是人类文明和社会进步的重要标志。它既是交往活动的重要内容，也是道德文化的外在表现形式，有着丰富的内涵。那么，什么是礼仪？它的核心是什么？遵行礼仪应把握哪些原则？这是首先需要弄清的问题。

何谓礼仪？“礼之名，起于事神。”早在商代甲骨文中即已经有了“礼”字。人们既将

"行礼之器"称作"礼"，又将祭祀活动即"奉神人之事"称作"礼"。中国古代最重要的工具书之一、东汉许慎所著的《说文解字》也说："礼，履也，所以事神致福也。"也就是说，"礼"的本意是指敬神，表示敬意的活动。由于"礼"的活动都有一定的规矩、仪式，于是又有了礼节、仪式的概念。古人有言："中国有礼仪之大，故称夏，有服章之美，故称华。"古代华夏族正是以丰富的礼仪文化而受到周边其他民族赞誉的。

根据史籍记载，在夏、商时期，作为言行规范的"礼"就已经存在。孔子就曾说："殷因于夏礼，所损益，可知也；周因于殷礼，所损益，可知也。"我国的古籍中有许多是论述礼仪的，《周礼》《仪礼》《礼记》是其中有名的"三礼"。我国古代的"礼"，既包括制度层面上的"礼"，也包括抽象层面上的"礼"。《荀子·修身篇》称："人无礼则不生，事无礼则不成，国家无礼则不宁。"可见，"礼"不仅是古人道德思想的精髓，而且是治国安邦的战略。大体上，"礼"有三方面的内容：一是指治理国家的典章制度；二是指古代社会生活所形成的作为行为规范和交往仪式的礼制及待人接物之道；三是指对社会成员具有约束力的道德规范（包括自身修养）。

我们今天所说的"礼"主要指的是第二个层面，即礼仪。凡是把人内心待人接物的尊敬之情，通过美好的仪表、仪式表达出来，就是礼仪。可见，礼仪就是指人们在社会交往中为了互相尊重而约定俗成、共同认可的行为规范和程序，是礼节和仪式的总称。"礼"是指由一定的道德观念和风俗习惯形成的礼节及表示尊敬的态度或动作；"仪"，是指人的外表、动作及按程序进行的礼节。简言之，"礼"，即礼貌、礼节；"仪"，即仪表、仪态、仪式。遵行礼仪就必须在思想上对交往的对方有尊敬之意，谈吐举止上懂得礼仪规矩，外表上注重仪容、仪态、风度和服饰；在一些正式的礼仪场合，还须遵循一定的典礼程序等。正如孔子所云："博学于文，约之以礼。"

可见，礼仪是为维系和发展人际关系而产生的，是人类文明和社会进步的重要标志。我国素有礼仪之邦的美誉，礼仪文化源远流长，有着完备的礼仪体系。如今，随着社会的进步，市场经济的发展，人们对内对外交往的日益频繁，礼仪成为人们社会生活中不可缺少的内容。礼仪修养，不仅是现代文明人必备的基本素质，而且是社会交往、商务活动和其他各项事业成功的一个重要条件。商务礼仪是我国灿烂文化的组成部分之一。一个商务工作者，要在变化莫测的市场里应付自如，在竞争激烈的经济领域取得成功，就必须深入全面地了解、熟悉和正确使用商务礼仪，以更好地树立和巩固个人与组织的良好形象。

小知识

中国——礼仪之邦

明代初期菲律宾地区有一位国王前来朝拜，因病逝世于中国，他临终前要求死后葬于中国，因为中国是"礼仪之邦"。13 世纪，意大利旅行家马可·波罗曾盛赞中国是"东方的天堂"。在他的游记发表后，人们开始了解东方，了解中国。在当时欧洲人眼中，中国是一个物产丰富、文明昌盛、可望而不可即的仙境，是他们心目中的天堂。

的确，当世界上许多民族还没有形成的时候，我们的祖先就创造了无以匹敌的文明。中国的文明曾在几千年间影响着东方世界，中国被外国人称为君子之国。至今，大凡到过日本或跟日本人有过接触的人，都感受过日本人的频频鞠躬，听过日本人的"欢迎光临"

“请多关照”等礼貌用语。日本人称这种礼节为“唐风”，这个礼节是沿袭一千多年前唐朝的礼制而来的。

二、商务礼仪的含义

商务礼仪是一个含义丰富的概念，它包括了在工作场合所需要的各种人际交流的技巧，涵盖了交际活动的方方面面。

商务礼仪，就是公司或企业的商务人员在商务活动中，为了塑造个人和组织的良好形象，对交往对象表示尊敬与友好的规范或程序，是一般礼仪在商务活动中的运用和体现。它包括商务礼节和仪式两方面的内容。

商务礼节就是人们在商务交往活动中为表示尊重对方而采取的人们共同约定并形成习惯的规范形式。

仪式即按程序进行的礼节形式。

一般来讲，在商务活动中，言行合情合理、大方得体，按约定俗成的规矩办事、讲究礼貌，按礼节程序接待客户等，都属于商务礼仪的范畴。

商务礼节同商务礼仪既相互联系又相互区别。商务礼节产生于商务礼仪之前。在商业活动的初始阶段，人们之间的礼节单调而又简单。随着业务活动的复杂化和现代化，商务礼节越来越多，也越来越复杂，在人们中间逐渐形成了一种“约定俗成的规矩”，于是就产生了一定的礼节程序，商务礼仪也就从商务礼节中自然而然地游离了出来。商务礼节是商务礼仪的基础，没有商务礼节，商务礼仪是不存在的。但就目前来讲，我国的商务礼节、商务礼仪是没有多少差别的。

今天，越来越多的商界精英已经认识到，商务礼仪的作用不能小觑。商务礼仪作为企业文化、企业理念不可或缺的组成部分，其作用无可替代。在商务活动中，任何一个微小的礼仪细节的疏忽，都可能给自身及公司的形象带来损害，甚至会因此失去一个重要客户。

商务礼仪并不是呆板的教条和冷漠的规定。一个公司需要良好的沟通，公司内部的员工之间也需要良好的人际交流。当出现沟通不畅的问题时，人们总是会去抱怨公司，但事实上每一个人都是公司里的一分子，因此都应该为改善公司内部的沟通状况承担起自己的责任。若每一位员工都具备了良好的沟通技巧，那么在这个公司内部自然可以有效地进行交流了。

想想那些让你暗暗敬佩的人吧，他们往往在工作中出类拔萃，同时又彬彬有礼，既能灵活处理各种情况，又能礼貌地表达出自己的想法。

小贴士

“礼貌待人不需任何成本，却可以买到一切。”

——玛丽·沃特丽·孟塔古夫人

第二节　商务礼仪的基本原则

一、商务礼仪基本准则

商务人员为了更好地开展商务活动，除了要提高自身的商务礼仪修养之外，还应遵守基本的商务礼仪准则。

（一）认清主客立场

根据待客之道，主方立场为保护者，而客方扮演的则是被保护者。例如：

在接待工作中，我们往往走在来宾的左方。这主要是由于古代枪手习惯瞄准左方，因此，出于安全考虑，强调“以右为尊”。

上下楼梯要特别注意：上楼梯时应让上司、来宾走在前方，以防止对方不慎跌落；下楼梯时则让上司、来宾走在后方，以便随时给予保护。

在引导上司、来宾时，应走在其左侧前面一点，在拐弯处、楼梯间及进出电梯时都应放慢脚步，等待客人。进电梯时先于上司、来宾进入，出电梯时则相反，自己后出，以免电梯不慎夹到来宾。这些细节可表现出我们对客人的体贴。

以上所述看似小事，实则体现出商务人员的个人修养。

（二）多用商量语气

商务活动中的谈话是一门艺术，关键是表现出谈话者之间彼此尊重。当我们有求于人时，不论是对上司或部下都应采用询问商量的口气，多用“可不可以”或“好不好”，让对方有考虑的时间与空间。避免出现下列景象：

办公室中，某员工要请假，却摆出一副理直气壮的样子对上司说：“老板，我明天有事，要请假。”

某公司老板时常向员工说：“这件事下班前一定要完成。”

这样的口气不仅让对方很难表达意见，同时还会造成或加深双方的隔阂。正确的说法应该是：

“老板，我明天有要事需处理，不知能否向您请个假？”

“这件事情很紧急，下班前能不能完成它？”

温和的语气会使人感到受到了尊重，也容易获得正面的答复，更能使谈话气氛和谐愉快，有助于事情顺利进行。

（三）避免惊吓他人

开会进行至中途，如物品不慎掉落需要捡拾，应先和身边的人说一声，例如：“对不起，我捡支笔。”然后再低下身去拾取。切不可直接弯身取物，以免吓到身边的人。

走路或与人交谈时，不要把手放在衣服口袋里。另外，将双手交叉盘于胸前，也是很不礼貌的行为。在欧洲人看来，隐藏双手不让人看见是带有敌意的表示，所以一定要将双手露出来，如天气很冷可戴上手套。

用餐时不可用刀、叉、筷子等尖锐的东西指向他人，这样会使人产生恐惧感。柜台服务人员与客人谈话时，也不要以笔尖朝向客人。

（四）尊重他人隐私

每个人都拥有自己的空间和不为人知的秘密，所以，在公共场合不要随意谈论他人隐私。

谈论过于私人的问题还容易造成尴尬的场面。婚姻状况、年龄、体重、三围、薪水、穿着品牌等话题应尽量避免公开谈论。

与人交谈时，如果对方不愿意主动提及某事，必有其原因或有难言之隐，此刻最不应该有的态度就是“打破砂锅问到底”。如果你知晓别人的困难，又没有能力替人分忧解难，记住千万不要背后幸灾乐祸，因为这样做很不道德。

（五）遵时守约，珍爱生命

时间就是金钱，时间就是生命，商场上最看重的莫过于守信了，而守时即守信的表现。珍惜时间就是珍惜他人和自己的生命，所以与人相约一定要守时。

守约还表现为讲次序，注重排队礼貌。尤其是金融业，绝不能因大客户上门而不讲次序，让等候已久的其他小客户忍受别人插队的不公平待遇。

另外，在公共场所或聚餐时，如欲喝酒也该讲究礼貌，千万不要不分场合和对象地劝酒。酒喝多了会伤身，若酒后开车则更加危险，既损人又不利己，还违法。所以，在商务活动中注重对方的生命权也是值得重视的问题。

小知识

世界各地有关准时的指南

关于“准时”，不同国家、不同地区有不同的态度。无论你准备去哪里，你都应该事先了解一下当地人的时间观念。

1. 对“准时”极为看重的国家：所有的北欧国家、德国、瑞士、比利时等。

2. 对“准时”采取赞赏和期待态度的国家：加拿大、澳大利亚、英国、法国和美国。

3. 对“准时”持宽松态度的国家：欧洲南部诸国（如西班牙、意大利、希腊等），还有绝大多数地中海国家。

4. 不在乎“准时”与否的国家：绝大多数拉丁美洲国家和许多亚洲国家——在那里你甚至可以把手表抛在一边！

二、商务礼仪中的3T

礼仪必须发自内心，绝不可做表面文章、应付差事。商务礼仪3T是商务人员的基本礼仪指南。

（一）Tact（机智）

Tact在商务活动中能起到三种作用：

一是“愉快”，即使人感到愉快。在待人接物时尽量欣赏、赞美别人的优点，使之处于愉快的环境中，生意自然会好做得多。

二是“灵敏”。在商务活动中会接触形形色色的人，谈话、接待、服务时，如不够机敏、不懂察言观色，往往会得罪他人。

三是“迅速”。经济社会追求效率，所以迅速也是礼貌的重要表现。现代商场上制胜原则有二：一是说话抓重点；二是行动快而敏捷。做不到迅速，不仅会在商场上错失赚钱的良机，还可能失去人生成功的良机。

（二）Timing（时间的选择）

Timing 包括三种要素：时间、场合和角色。也就是说，在工作场合中应根据地点、身份的需要恰当发言，并做到多思慎言。不到上司要我们发表意见时就不要抢着表现，也不宜抢在上司之前和贵宾交换名片，这些细节稍不注意都可能出现失礼行为。

（三）Tolerance（宽恕）

Tolerance 指宽恕、包容别人，这是礼仪守则中最难做到的一点。在商务活动中要做到“将心比心”，多想别人的优点。商场上常说：“提出问题的客人，才是好客人。”客人越挑剔，我们就应越耐心。我们的宽容与容忍会增强对方对我们的信任，也更能提高商务活动的品质。

第三节　商务礼仪修养

商务人员只有具备较高的商务礼仪修养，在工作中才能变礼貌为服务，让礼貌带来效益。日本就是把现代市场营销和管理与东方传统文化精髓巧妙结合的典范，这也是第二次世界大战后日本经济奇迹般起飞的一个重要原因。例如，日本银行的职业守则规定：接待顾客的动作要准确、迅速；讲话要多用敬语；递茶要用双手捧上；接名片要用双手接过，接过后要认真看；入席时要请客人坐上座；请客人进屋时要注意开门方向，以免弹簧门反弹撞着客人；等等。传统的礼仪文化不但没有随着市场经济和现代化而被抛弃，反而更加规范化、职业化。

一、商务人员必备的礼仪修养

除了掌握并遵行本章第一节所述礼仪原则，英国学者大卫·罗宾逊（David Robinson）还概括出了从事商务活动的黄金规则。这些准则也可以看作是商务人员必备的礼仪修养，具体表述可用“IMPACT”来概括，即 Integrity（正直），Manner（礼貌），Personality（个性），Appearance（仪表），Consideration（善解人意）和 Tact（机智）。

（一）Integrity（正直）

正直指通过言行表现出的诚实、可靠、值得信赖的品质。当个人或公司被迫或被诱惑，欲做不够诚实之事时，其正直就值得怀疑了。良好的商务举止的一条黄金规则就是：你的正直应是毋庸置疑的——不正直是多少谎言也掩饰不了的。

（二）Manner（礼貌）

礼貌是人的举止模式对他人尊重与友好的体现。在与他人进行商务交往时，你的风度可以向对方表明自己是否可靠，行事是否正确、公正。粗鲁、自私、散漫的作风是不可能让双方的交往继续发展的。

（三）Personality（个性）

个性是指在商务活动中表现出来的独到之处。例如，你可以对商务活动充满激情，但不能感情用事；你可以不谦虚，但不能不忠诚；你可以逗人发笑，但不能轻率轻浮；你可以才华横溢，但不能惹人厌烦。

（四）Appearance（仪表）

人们常常下意识地对交往者以貌取人。由此可见，衣着整洁得体，举止落落大方，是留给商务伙伴良好印象的至关重要的因素。

（五）Consideration（善解人意）

这是良好的商务举止中的又一黄金规则。人们如果事先已预料过交谈、写信或电话联系的对方可能有的反应，就能更谨慎、更敏锐地与对方打交道。

（六）Tact（机智）

面对某些挑衅，虽然要立即做出反应，但不可凭一时冲动行动，而应利用某些显而易见的优势来妥善处理。不过本条黄金规则更深刻的内涵是：有疑虑时，保持沉默。

二、商务礼仪的功能

商务礼仪能展示企业的文明程度、管理风格和道德水准，也可塑造良好的企业形象。良好的企业形象是企业的无形资产，可以为企业带来直接的经济效益。一个人讲究礼仪，就会在众人面前树立良好的个人形象；一个组织的成员讲究礼仪，就会为自己的组织树立良好的形象，赢得公众的赞誉。现代市场竞争除了产品竞争外，还有形象竞争。一个具有良好信誉和形象的商务组织，必定能获得社会各方的信任和支持，取得事业的发展，在激烈的市场竞争中处于不败之地。所以，商务人员时刻注重礼仪，既是个人和组织良好素质的体现，也是树立和巩固良好形象以保持竞争力的需要。

从某种意义上说，商务礼仪已经成为建立企业文化和现代企业制度的一个重要方面，它主要具有以下功能。

（一）规范行为，塑造形象

礼仪最基本的功能就是规范各种行为。商务礼仪可强化企业的道德要求，树立企业遵纪守法、遵守社会公德的良好形象。我们知道，道德是精神的东西，只能通过人的言行举止以及人们处理各种关系所遵循的原则与态度表现出来。商务礼仪使企业的规章制度、规范和道德标准具体化为一些固定的行为模式。企业的各项规章制度既体现了企业的道德标准和管理风格，也体现了礼仪的要求。员工在企业制度范围内调整自己的行为，实际上就是在商务活动中自觉塑造和维护着企业的良好形象。

（二）传递信息，展示价值

良好的礼仪可以让你更好地向对方展示自己的长处和优势，甚至是你获得机会的决定性因素。比如，在公司，你的服饰可能会影响到你的晋升和与同事的关系；带客户出去吃饭时，你的举止也许就决定了交易的结果；在办公室不雅的言行或许会使你失去一次参加老板家庭宴请的机会……礼仪是一种信息，通过这个媒介可表达出尊敬、友善、真诚的感情，所以，在商务活动中恰当的礼仪可以获得对方的好感、信任，进而推动事业的发展。

（三）沟通感情，协调关系

在商务活动中，随着交往的深入，双方可能都会产生一定的情感和情绪，或吸引，或排斥。良好的礼仪容易使人们之间的感情得到沟通，从而建立起良好的人际关系，使商务交往取得成功。反之，如果不注意良好得体的商务礼仪，则很容易产生感情排斥，给对方以不佳印象，造成人际关系紧张，进而影响到商务活动的顺利进行。所以，从某种程度上来说，商务礼仪是商务交往和谐发展的调节器，遵循它有助于加强人们之间的相互尊重、友好合作的新型关系，也可缓解进而消除那些不必要的障碍。

总而言之，对于商务人员来说，商务礼仪是其思想水平、文化修养、交际能力的外在表现；对于企业来说，商务礼仪是企业价值观念、道德理念、员工整体素质的集中体现，是企业文明程度的重要标志。因此，商务礼仪成为直接塑造商务人员个人形象、间接塑造企业形象的重要工具。

三、涉外商务人员应具备的素质

涉外商务工作是一种知识性、技术性很强的开拓性活动，要求商务人员必须具备广博的知识和多方面的能力。特别是在科学技术高速发展、全球经济迅速增长、贸易方式不断创新、新技术和新产品不断涌现的今天，涉外商务人员应不断充实、更新知识，加强信息处理能力、专业技术能力、人际交往能力。

涉外商务人员是从事对外经贸活动的专职人员。涉外商务人员的素质，包括文化水平、工作技能、交际能力和思想修养等，对国际商务活动的开展和国外市场的开拓会产生直接的影响。因此，正确地选拔、培养和锻炼涉外商务人才，便成为很多外向型企业和部门的重要工作。

素质是指人的生理、心理方面的个性特征及思想、道德修养状况的总和，表现为一个人的气质、性格、能力和品行，是决定人的行为特征的内在因素。一个人的素质是由先天生理和后天环境结合造就的，因而既具有稳固性又具有可塑性。涉外商务人员应具备的素质可从下述几方面着手培养。

（一）性格特征

国际商务是一种开放型的对外经济，其工作人员与世界各国的经济组织和客户发生频繁的联系，有时还被常年派驻国外，如在国外建立分公司、商务办事处、外贸小组等。一些商务交易要通过商务人员的各种交往活动来完成，这就要求涉外商务人员具有外向型和开拓型的性格特征，即性格开朗、平易近人、开拓进取、兴趣广泛、语言幽默、外语娴熟，能与不同性格的人打交道，具有较强的社会活动能力。

（二）思想品质

思想品质反映一个人的本质，是选择涉外商务人员的首要条件。涉外商务人员应具备的思想品质是：诚实的人品、较高的思想修养、热爱祖国、忠于职守、有良好的敬业精神和坚定的正义立场。在实际工作中，涉外商务人员经常周旋于复杂的社会关系和微妙的人际关系之中，为平衡和处理好各方面的关系往往会采取一些中庸之策，但在重大原则问题上则要立场坚定，因为他代表的不仅仅是个人，还是国家和企业。另外，良好的思想品质还决定了商务人员为人处世的良好风格和较强的集体主义观念。

（三）文化素养

文化素养包括人的知识水平、接受和更新知识的能力，以及把理论与实践相结合的能力。涉外商务人员应受过正规的高等教育，除精通外经贸专业知识外，还应具有娴熟的外语表达和计算机应用技能，同时应了解国际经济法和国际商法、社会学、人际关系学、历史和地理等多方面的知识。另外，外贸人员还需接受商品技术培训，掌握丰富的商品知识，因为一旦被派驻国外市场，他就既是推销员又是售后服务员，随时准备回答客户提出的商品技术问题。

（四）工作能力

工作能力是一个人在具体工作环境中运用所掌握的知识、技能处理和解决问题的能力。涉外商务人员的工作能力包括专业技术能力、组织能力、社交能力和表达能力。

1. 专业技术能力

涉外商务人员应是一个综合型人才，在业务上具有多方面的技能，如市场调查、市场开拓、结算、商品售后服务、收集情报信息等技能。

2. 组织能力

组织能力即组织协调企业的进出口管理工作，建立和拓展国内和国外市场的能力。如果派驻国外工作，涉外商务人员应能很快建立驻外商务机构，疏通各方面的关系，调配好人、财、物，尽快开展工作。

3. 社交能力

社交能力是衡量一个现代人适应社会开放程度的标志之一，也是涉外商务人员应具备的初级条件之一。没有一定的社交能力，是难以建立业务关系的。

4. 表达能力

涉外商务人员除了应有良好的母语表达能力外，还应具备良好的外语表达能力。因为他的客户主要是外国人。通俗、严谨、风趣的语言，不但能取得良好的表达效果，而且能创造交流业务的融洽气氛和亲密无间的客户关系。而良好的书面表达能力也是涉外商务人员应具备的，因为写市场调查报告、汇报材料等都是涉外商务人员经常要做的工作。

小资料

商务礼仪商——BEQ（Business Etiquette Quotient）测试

请选出下列情形中那些能准确反映你通常是怎样做（而非你应该怎样做）的选项：

1. 若我被邀请参加一项商业活动，我总是会在一星期内做出答复。

a. 是　　b. 不是　　c. 有时

2. 我总是在收到信息的当天就回电话。

a. 是　　b. 不是　　c. 有时

3. 无论是工作中还是在家里，我从不咒骂人。

a. 是　　b. 不是　　c. 有时

4. 在被邀请进餐后，或收到礼物后，或别人对我做出任何善意的表达之后，我总是会回信或打电话感谢对方。

a. 是　　b. 不是　　c. 有时

5. 我的进餐礼节很好。

a. 是　　b. 不是　　c. 有时

6. 我将自己看作团队的一员，不会为了追求上司对我个人业绩的奖励而单干独行。

a. 是　　b. 不是　　c. 有时

7. 我会立即处理重要的信件，而在一周内答复其余的不太重要的信件。

a. 是　　b. 不是　　c. 有时

8. 在与来自另一种文化的人交往之前，我会花一些时间来学习其文化中特有的礼仪，而不至于由于无知冒犯对方。

a. 是　　b. 不是　　c. 有时

9. 当别人的工作值得称赞时，我不会吝啬自己的口头或书面赞赏。

a. 是　　b. 不是　　c. 有时

10. 我会给我最重视的商业伙伴送去节日问候卡。

a. 是　　b. 不是　　c. 有时

计分方法如下：选 a 即“是”得 3 分，选 c 即“有时”得 2 分，选 b 即“不是”得 1 分。把所得分数相加总分达到 28～30 分，则商务礼仪商为优秀；25～27 分为良好；20～24 分为一般；10～19 分为不及格。

现在，我们来分析你的答案：你所回答的“是”说明你在这些方面做得很好；你所回答的“不是”说明你在这些方面做得还不够，需要你努力改善；你回答的“有时”说明你明白应该怎样做，但你需要一直坚持下去。为了提高你的商务礼仪商，你还需要为自己制定决胜策略，如此方能进入高级管理层。如果你是一位私营老板，努力提高你的商务礼仪商将有助于你拥有更多客户。

本章小结

礼仪是指人们在各种社会交往中，为了互相尊重而约定俗成、共同认可的行为规范和程序，是礼节和仪式的总称。

商务礼仪，就是公司或企业的商务人员在商务活动中，为了塑造个人和组织的良好形象，对交往对象表示尊敬与友好的规范或程序，是一般礼仪在商务活动中的运用和体现，包括商务礼节和仪式两方面的内容。

商务人员为了更好地开展商务活动，除了要提高自身的商务礼仪修养之外，还应遵守基本的商务礼仪准则，要做到：(1) 认清主客立场；(2) 多用商量语气；(3) 避免惊吓他人；(4) 尊重他人隐私；(5) 遵时守约，珍爱生命。

商务礼仪 3T 是商务人员的礼仪基本指南。3T 即 Tact（机智）、Timing（时间的选择）、Tolerance（宽恕）。

从事商务活动的黄金规则，即商务人员必备的礼仪修养，具体表述可用“IMPACT”来概括：Integrity（正直）、Manner（礼貌）、Personality（个性）、Appearance（仪表）、Consideration（善解人意）和 Tact（机智）。

商务人员时刻注重礼仪，既是个人和组织良好素质的体现，也是树立和巩固良好形象的需要。

从某种意义上说，商务礼仪已经成为建立企业文化和现代企业制度的一个重要方面。因此，商务礼仪的功能有：规范行为，塑造形象；传递信息，展示价值；沟通感情，协调关系。

涉外商务人员应具备的素质包括性格特征、思想品质、文化素质、工作能力（专业技术能力、组织能力、社交能力、表达能力）等。

关键概念

礼仪　三礼　商务礼仪 3T

课堂讨论题

1. 什么是礼仪？礼仪包括哪些内容？
2. 什么是商务礼仪？它有什么作用？

复习思考

1. 商务人员应遵循哪些礼仪原则？
2. 商务人员怎样才能提高礼仪修养？
3. 涉外商务人员应具备怎样的素质？

案例分析题

阅读下面的案例，回答问题：

◇许方参加了一家风格较保守的金融服务机构经理一职的招聘面试，她自认为表现不错，最终却没得到这一职位。该机构的王总经理是这样评价许方的："她穿着花哨的西服，戴着粉红色的钻戒、金镯子。她是那样出色，以至于当时我几乎要推翻自己的直觉而雇用她。但我知道，因为她的衣着风格，她要在这个圈子里站稳并不容易。因此，我只能忍痛淘汰她。"

◇李力是一家软件开发公司的面试官。一次面试应聘人员时，他的上司一直坐在旁边，观察经理层是怎样代表本公司形象的。当李力把腿架在桌子上面试一个求职者时，他的上司叫道："太可怕了。"

◇百灵是房地产经纪人，由于生病她取消了一项商业洽谈，但没立即另约时间。并且，两星期之后她才与客户联系。此时这些客户已找到别的经纪人，因为他们觉得百灵不能给予他们好的服务。

◇35 岁的企业顾问建邦在一家主流电视网上主持经理层主管人的讨论会。建邦的上司震惊地看到他身着运动衫与宽松裤子而非正式服装。更糟糕的是，当这位女上司在电话中斥责建邦时，建邦失去了理智，愤怒中竟然对她说起了脏话。

◇金明是一家联合通信公司副总经理的助理，他总是提前半小时到办公室，比他部门的任何一个人——包括老板都早。但他不明白为什么他的老板不满意他的早到，他在考虑是否应调到另一个部门去工作，或者是否应准点上班或比老板更迟些。此外，金明还在不请教老板的情况下回答电话询问，甚至这些询问所涉及的事务是他没有被授予权利了解的。

许方、李力、百灵、建邦以及金明仅仅是5个努力工作的商务人员，他们的前途是否光明也许就取决于他们知道多少商务礼仪和“游戏规则”。

问题：

上述案例表明商务人员应具备哪些修养？

工作实务题

情景模拟：商务洽谈。

目的：通过训练使学生更深刻地理解商务礼仪的重要作用。

参加者：3人一组，分别扮演不同的角色A、B、C。

练习时间：10分钟。

背景：甲、乙、丙3个公司的商务人员A、B、C先后到五洲公司洽谈业务。A讲究商务礼仪，洽谈成功；B不懂商务礼仪，洽谈没有成功；C懂得商务礼仪，但过分谦恭，施礼过当，洽谈没有取得预期效果。

其他学生观看后展开讨论。

第二章

商务人员基本礼仪

案例导入

李晓明最近这几天很不愉快，因为他刚刚好心好意地办了一件“坏事”。事情的经过是这样的：李晓明是大学一年级某班班长，前几天他发现，进入冬季以来班里的一位同学一直没有帽子，而天气又十分寒冷，于是他便拿出自己的助学金，买来一顶崭新而厚实的狗皮帽子送给对方。对方当时是把那顶狗皮帽子收了下来，并且向李晓明道谢，可是在此之后从未戴过。经过侧面打听，李晓明方才知道：那位同学是满族人，而满族是忌讳头戴狗皮帽子的。李晓明无意之中触犯了对方的民族禁忌。

评　析

李晓明之所以好心办“坏事”，是由于他不懂礼仪的基本禁忌。注重礼仪，是每个人立足社会的基本前提之一，因此，了解礼仪，明白该做什么、不该做什么，是最基本的。

第一节　见面礼节

见面礼节，亦称致意礼节。它指的是人与人在见面之际所应遵守的主要礼节，表现为问候、称呼、握手、介绍以及交换名片等诸多行为。

在社交场合，当人们接到亲切的致意，听到恰当的称呼，能从心里产生亲近感，人与人之间的交际就会顺利、愉快。

一、问候

问候又叫作问好或者打招呼，主要用以向他人询问安好、表示关切或者致以敬意。最普遍的招呼是说一声："您好!"在迎送客人时，招手致意的问候也较为多见。

（一）问候的内容

人们在问候他人时所使用的具体内容多有不同。通常，问候语的具体内容具有明显的地域性特征。在一般情况下，问候语大致可以分为三类。

1. 问好型

即见面时直接问候交往对象："您好"、"早上好"、"下午好"或者"大家好"。这种问候语言简意赅，直截了当，既不失礼貌，又可避免东拉西扯。问好型的问候语一般在一天中首次见面或一次活动中初遇时使用，它最为正式，适用范围也最广。

2. 寒暄型

即人们在平日问候他人时所讲的一些应酬话，诸如"吃了没有""上哪里去""忙什么呢"。对于这类问候语，一般没有必要予以实质性的答复。它多适用于熟人之间，在跨文化交际时要慎用。

3. 交谈型

即人们在问候他人时直接从一个话题开始，在问候对方的同时希望就此交谈下去，多适用于公务场合。

（二）问候的顺序

问候有一个约定俗成的习惯：男性先向女性打招呼；年轻的先向年长的打招呼；下级先向上级打招呼；年轻女性先向比自己年纪大得多的男性打招呼。当然，若你比对方年长，你乐意主动与年轻人打招呼也无不可。常见的问候顺序如下所述。

1. 两人见面

两个人见面时，双方均应主动问候对方，而不必非要等待对方首先开口不可。不过，在正常情况下，标准的做法是所谓"位低者先行"，即双方之中处于地位较低的一方，应当自觉地首先问候地位较高的一方。

2. 一人与多人见面

当一个人与多人见面时，问候的顺序要遵照"先长后幼，先女后男，先疏后亲"的原则。具体操作时有两种方法可循：一是由尊而卑，依次一一问候对方；二是统一问候对方，而不必具体到每个人，例如，"各位好""同学们好"。在人多拥挤的地方打招呼，最好是笑一笑或招手致意。

3. 两对夫妇见面

两对夫妇见面时，女性先互相问候，然后男性分别向对方的妻子问候，最后男性互相问候。

（三）问候的态度

人们往往讲究对交往对象"听其言，观其行"。在问候他人时，一定要力求态度热情而友好，切勿显得傲慢冷漠，敷衍了事。

在问候他人时，要使自己的态度热情而友好，关键是使自己的表情与举止能够同问候语的具体使用彼此协调、相互配合。在问候他人时，必须做到“三到”，即话到、眼到、心到。唯有如此，才会使自己的问候显得真心实意。

（四）问候的注意事项

（1）有人向自己致意时，必须还礼答谢。

（2）在公共场所大声地呼名唤姓是一种粗俗的表现。

（3）招手时一般应空手且左右摆动。送行时，当被送者渐渐远去，可挥动帽子、纱巾等物。

（4）在公共场合遇到相识的人，若双方相距较远，一般是举右手打招呼并点头致意。男子戴帽可施脱帽礼，即两人相遇可摘帽点头致意，离别时再戴上帽子。

（5）与人打招呼时，忌叼着烟卷或把手插在衣袋里。女性在各种商务场合均应主动微笑点头致意，以示亲和。

（6）日常生活中，与熟悉的外国人见面，应互致问候，酌情寒暄；参加外国人举行的活动，到达和离开时均应主动与主人打招呼；在外交场合遇到熟悉的外国朋友，一般不要匆忙前去打招呼，待对方主动表示后再做相应表示。

二、握手

握手是人们在日常的社会交往中常见的礼节，是沟通思想、交流感情、增进友谊的重要方式，是现代交际和应酬的礼仪之一。握手既可以作为见面、告辞、和解时的礼节；也可以作为一种祝贺、感谢或相互鼓励的表示，如对方取得某些成绩与进步时，赠送礼品、发放奖品奖状、发表祝词后，均可以握手来表示祝贺、感谢、鼓励等。

小贴士

下面的情况不宜握手：

- 对方手部有伤；
- 对方手里拿着较重的东西；
- 对方忙着做别的事，如打电话、用餐、主持会议、与他人交谈等；
- 对方与自己距离较远；
- 所处的环境不适合握手。

（一）握手的正确方式

1. 起身站立

在他人面前起身站立，含有对对方的恭敬之意。因此，在与别人握手时，均应起身站立，上身稍前倾，两足立正，以示尊重。只有女士在社交场合才可以有所例外，用微笑点头的方式表示。

2. 使用右手

右手四指并齐、拇指张开向受礼者伸出，在齐腰的高度与对方恰到好处地认真一握，礼毕即松开。用左手与别人握手，一般被认为是不礼貌的，只有在特殊情况下才允许那样做。

3. 手位正确

同别人握手时，手位应当力求正确无误。标准的做法是：握手的双方相互握住对方右手除拇指之外的其他四个手指。仅仅握住对方手指的指尖，或者握住对方的整个手掌，或者握对方的手腕，都是失当的。

4. 时间恰当

握手的具体时间既不宜过短，也不宜过长。握手的时间太短，近似敷衍对方；握手的时间过长，则会显得热情过度。在正常情况下，与他人握手的时间以 3 秒钟左右为宜。切不可久握不放。

5. 力量适度

握手所用的力量过轻，会令人觉得缺乏热忱；过重，则有挑衅之嫌。

6. 神态友好

与别人握手时，两眼凝视对方，面带微笑，可表达出你的温和友善。

7. 稍做寒暄

与别人握手时，总要同时与对方交谈片刻，要么是问候对方，要么是叙叙家常。如果始终一言不发，便会导致冷场。

（二）握手的顺序

两个陌生人被介绍认识时，需要不需要握手，由那位在介绍中占优先地位的人来决定，即“尊者在前”，遵照“先高后低，先长后幼，先主后宾，先女后男”的原则。双方握手时，应由地位较高者先伸出手，地位较低者若先伸出手，则是失礼的表现。具体而言，长辈与晚辈握手时，应由长辈先伸手；老师与学生握手时，应由老师先伸手；女士与男士握手时，应由女士先伸手；已婚者与未婚者握手时，应由已婚者先伸手；职务高者与职务低者握手时，应由职务高者先伸手。

当客人与主人握手时，情况则较为特殊。客人抵达时，应由主人先伸手；而当客人告辞时，则应由客人先伸手。前者是主人为了体现自己对客人的欢迎之意，后者则是客人为了请主人就此留步。

如果一个人需要与数人一一握手，其合乎礼仪的顺序有二：一是由尊而卑依次进行，适用于握手对象地位尊卑较为明显之时；二是由近而远依次进行，适用于握手对象地位的尊卑不甚明显或者难以区分之时。

小贴士

握手时最重要的是要知道应当由谁先伸出手来。

（三）握手的注意事项

1. 不宜戴着手套

只有女士在社交活动中才可以戴着薄纱手套与别人握手。

2. 不宜戴着墨镜

戴着墨镜与别人打交道，通常被视为暗含“拉开距离”之意。唯有眼部患病或存在缺陷者，才可以那么做。

3. 不宜以手插兜

与别人握手时，另外一只手不仅应当空着，而且应当在身体的一侧自然垂放。要是一手插入衣兜之内与人握手，容易给人造成过分随便的印象。

4. 不宜掌心向下

伸出手与人相握时，假如掌心向下，通常会给人以居高临下之感；如果掌心向上，表示待人谦恭；如果掌心垂直于地面，则表示待人平等。

5. 不宜滥用双手

只有在与亲朋故旧相见时，方可以双手与对方相握。与初识者握手时，尤其当对方为异性时，以双手与其相握是不合适的。

6. 不宜跨着门槛

在握手时，双方不要一边握手一边走动，尤其是不要跨着门槛、一脚门内一脚门外地与别人握手。

7. 与女士握手时男士不宜先伸手

男士与女士握手，应等女士先伸出手，男士只要轻轻一握即可。如果女士不愿握手，男士也可微微欠身问好，或用点头、说客气话等代替握手。

与女士握手，一般只握其手指部分，约为手掌的 1/3。握手力度要轻一些，时间要短一些。但是，如果用力过小，对方就会认为你拘谨或虚伪敷衍。因此，握手必须因时间、地点和对象不同而区别对待。

8. 与多人握手时不要交叉

客人多时，握手不要与人交叉，让别人握完后再握。

小知识

握手起源于中世纪。武装战士化敌为友，扔掉棍棒武器，用主要用力的手拉对方的手，表示哪一方都不打算再使用武器。

三、鞠躬礼

鞠躬礼是人们在生活中用来表示对别人的恭敬而普遍使用的一种礼节，既适用于庄严肃穆或喜庆欢乐的仪式，又适用于一般的社交场合。东方人多行鞠躬礼。

（一）鞠躬礼的姿态

鞠躬礼的正确姿态：和颜悦色，戴帽者应先以右手将帽脱下，上身向下倾斜，眼睛注视受礼者，待受礼者答礼后，再恢复立正姿势。

鞠躬礼分两种：一种是三鞠躬，也称最敬礼。鞠躬前，应脱帽（或摘下围巾），身体立正，目光平视。鞠躬时，身体上部向前下弯 90°，然后即恢复立正姿势，如此连续三次。另一种是一鞠躬。行礼时，身体上部向前倾斜 15°，随即恢复立正姿势，只做一次，受礼者应随即鞠躬还礼。但长辈对晚辈、上级对下级不鞠躬，欠身点头还礼即可。晚辈对长辈、学生对老师、下级对上级或同事之间，以及演讲者、表演者对听众、观众等，都可以行一鞠躬。

（二）行鞠躬礼的注意事项

在公务活动或日常生活中，无论是各级官员、各种工作人员之间，还是亲朋好友、街坊邻里之间，总要频行鞠躬礼。即使打电话道别时，彼此也往往要鞠躬以示敬意。行鞠躬礼应注意如下几点：

（1）见长者时。在离长者三步远时，行一鞠躬礼。

（2）与日本人见面时。日本人见面一般喜欢行鞠躬礼而不握手，鞠躬的深度表示对被问候人的尊敬程度。毕恭毕敬地鞠躬已成为日本人的礼仪习惯。他们的鞠躬可分为30°、45°和90°三种，面对不同的敬礼对象行不同类型的鞠躬礼。一般来说，日本人见面行30°鞠躬礼为见面礼，离别时行45°鞠躬礼为告别礼。日本人行鞠躬礼的姿势为：双腿并拢，双手放在膝盖前面。

（3）与外国人行鞠躬礼，礼毕后应即寒暄："您好！"

四、介绍

介绍是社交场合中相互了解的基本方式。在社交场合中，无论你是介绍人还是被介绍人，能够正确运用介绍的礼节，都会使对方对你产生良好的第一印象。

（一）自我介绍

自我介绍是在没有中介人的情况下，自己把自己介绍给其他人，以便使对方认识自己。它是树立个人形象的一种重要方法与手段，也是社会交往的一把钥匙。

1. 基本做法

自我介绍时，本人要镇定，充满信心，微笑要亲切自然，眼神要友善坚定，先向对方点头致意，得到回应后，再向对方介绍自己的姓名、身份、单位，并可随之递上名片。自我介绍要根据交往目的来决定介绍内容的繁简以及介绍语言和方法。在聚会、宴请等社交活动中，你想多结识朋友，扩大社交圈子，最好的办法是做自我介绍。这样的介绍内容可以简单些，如找到合适的机会，向对方点头致意，并介绍自己说："我叫××，认识您很高兴。"需要的话可以补充一句供职单位，效果也很好。在不了解对方是否愿意认识你时，你不妨先请问对方尊姓大名，如对方立即回答了，说明愿意与你交往。此时，你便马上介绍自己，以使交往顺利进行下去。

总之，自我介绍是跨入社交圈、扩大工作面、结交更多朋友的好方法。在商务活动中，自我介绍也可以名片、介绍信、工作证等作为辅助手段，增强对方对自己的信任程度。

小贴士

正式自我介绍应包括的内容：单位、部门、职务、姓名。

2. 注意事项

（1）掌握时机。向别人介绍自己，总要在有必要之时，否则便会劳而无功。不仅如此，介绍自己还应选择适当的时机。一般来讲，干扰较少时，对方有兴趣时，初次见面时，都适合于进行自我介绍。

（2）简明扼要。介绍自己必须以简短为佳，避免夸夸其谈。

（3）内容有别。介绍自己时，应当根据具体的情况在内容上有所区别。就具体内容而论，有三种介绍自己的形式：一是应酬式，即只介绍自己的姓名；二是交流式，即除了介绍自己的姓名之外，还须同时介绍自己所在的具体单位、所担负的具体职务或者所学习的具体专业，其目的是使他人对自己的基本情况有所了解；三是答问式，即根据交往对象所提出来的具体问题来选择自我介绍的基本内容，有问有答，答其所问。

上述三种自我介绍的形式各有其适用的场合：应酬式自我介绍适用于面对泛泛之交；交流式自我介绍适用于面对意欲结交之人；答问式自我介绍则主要适用于在自我介绍时兼以答复他人的询问。

（二）居中介绍

居中介绍，又叫作第三者介绍或替他人做介绍。它是指由介绍者作为第三者来为彼此不相识的双方相互进行介绍。居中介绍架起了陌生人间相互了解的桥梁。

1. 基本做法

居中介绍，要先了解双方是否有结识的愿望，不要贸然行事。最客气的介绍方法是以询问的口气问："张先生，我可以介绍李先生与您认识吗?"或"您想认识××公司的李先生吗?"如对方同意，再正式介绍。介绍时应本着"尊者优先了解情况"的规则进行。

小知识

"尊者优先了解情况"的规则

在为他人介绍前，先要确定双方地位的尊卑，然后先介绍位卑者，后介绍位尊者。这样可使位尊者先了解位卑者的情况。

2. 注意事项

（1）了解介绍者。在一般情况下，为他人介绍时，介绍者应由下列身份者担任：

- 与被介绍双方相识者；
- 社交聚会中的主人；
- 商务往来之中的专职接待人员；
- 在场之人中地位最高者；
- 应被介绍人一方或双方要求者。

（2）掌握介绍顺序。为他人介绍时，介绍顺序是：先把年纪轻的介绍给年长的；先把职位低的介绍给职位高的；先把宾客介绍给主人；先把男士介绍给女士。在双方的地位和年龄差不多时，应该先把与自己关系疏的介绍给关系密的。

（3）注意介绍方式。

常用的介绍方式有四种：

- 简介式。即只提及双方的姓名或者姓氏，其他内容则留待被介绍者自己接下来见机行事。
- 标准式。即将双方的单位、职务、专业与姓名一并道来，它适用于正式场合。
- 引见式。即当一方认识另一方，而不为对方所认识时，由介绍者将前者引见给后者。至于后者的情况，则可以略表不谈。

• 强调式。即为了加深被介绍者双方之间的相互印象，而对其中的一方或者双方的某一方面的情况加以特别的介绍。

在非正式场合所做的介绍不必过分讲究正式介绍的规则，如果大家都是年轻人，就更可以轻松、随便一些。如介绍人可先说“让我来介绍一下”，然后就做简单的介绍。也不必遵循先介绍谁、后介绍谁的次序，最简单的介绍方式是直接报出被介绍者各自的姓名，当然也可加上“这位是”“这就是”之类的话以加强语气。采用这种较为随便、朋友式的介绍方法，可使被介绍者感到自然、亲切。把一位朋友介绍给大家时，只要说一句“诸位，这位是×××”，就可以了。

（三）集体介绍

集体介绍是为他人介绍的一种特殊情况。它指的是由介绍者为两个集体之间或者个人与集体之间所做的介绍。

1. 集体介绍的顺序

介绍集体时，依礼亦有顺序上的尊卑先后之别。在一般情况下，集体介绍同样应当遵守“尊者优先了解情况”的规则。比如，替两个团体进行介绍时，通常应当先介绍东道主一方，随后方可介绍来访者一方。至于具体介绍的内容则有两种：一是只做整体介绍。即只介绍双方集体的情况，而不具体涉及个人情况。二是介绍个人情况。在介绍集体时涉及个人情况，一般讲究“双方对等”，即在遵守“尊者优先了解情况”规则的同时，对双方的个人情况均应予以介绍，在具体介绍各方的个人情况时，则应当由尊而卑，依次进行。

2. 注意事项

在宴会、舞会或普通集会上，由于来宾较多，不必逐一进行介绍，主人只需介绍坐在自己旁边的客人相互认识即可，其余客人可自动和邻座聊天，不必等主人来介绍。

五、名片的使用

名片是商务人员重要的交际工具，是个人身份的代表。对方将自己重要的信息毫无保留地交给你，是对你的充分信任和尊重，对待名片应像对其主人一样尊重和爱惜。

（一）递送名片

将本人的名片递交给他人时，通常要注意以下五个方面的礼仪。

1. 有备而至

参加重要的人际交往活动之前，应当有意识地准备好自己的名片，并且将其置于易于取拿之处，以备不时之需。最为得体的做法，是将名片装入专用的名片盒、名片夹或名片包之内，然后将其放入自己的上衣口袋或随身携带的包、袋。

2. 讲究时机

一般来说，递送名片多在初次见面进行自我介绍之后，但是并非做过自我介绍之后就一定要递送自己的名片。将自己的名片递送给对方，除了希望对方进一步对自己有所了解之外，还含有对对方表示重视、希望结交对方、与对方保持联络之意。把自己的名片递送给熟人，仅见于本人的单位、地址或联络方式发生变更之后。

小贴士

发送名片的时机：

- 希望认识对方；
- 被介绍给对方；
- 对方向自己索要名片；
- 对方提议交换名片；
- 打算获得对方的名片；
- 初次登门拜访对方。

3. 考虑顺序

两人交换名片时，应当遵守“尊者优先了解情况”的规则，即双方之中地位较低者应当先把自己的名片递交给地位较高者。一人将本人的名片递送给多人时，要么应当由尊而卑依次而行，要么应当由近而远依次而行，不讲任何顺序是不适当的。

4. 态度恭敬

名片应双手呈递，态度上显得恭恭敬敬，使对方感到你对他很尊敬。具体来讲，有下述四点必须注意：

（1）起身站立；

（2）主动走近对方；

（3）以双手或右手递上名片；

（4）将名片正面面向对方。

5. 语言提示

按照常规，在递上本人名片的同时，应当对对方微笑，并略道谦恭之语。可以说“请多关照”“请多指教”“希望今后保持联系”，说“这是我的名片”也未尝不可。

（二）接受名片

接受他人递送过来的名片时，亦应认真遵守相关的礼仪规范。

1. 认真接受

名片者，具名之物也。因此，在接受他人名片时态度是否认真，往往会同对对方是否尊重直接联系在一起。接受别人名片时，要表现出自己的认真友好之意，就必须注意以下四点：

（1）起身站立；

（2）迎向对方；

（3）以双手或右手捧接；

（4）由名片的下方恭敬接过收到胸前，并认真拜读。

2. 口头道谢

当他人将名片递送给自己，尤其是当对方先递上名片时，理当口头向对方致谢，或是告知对方“非常荣幸”。

3. 专心通读

为了表示对递上名片者的尊重，在接过名片后，务必牢记“接受名片，一定要看，通读一遍”这12个字。这样做至少有三个好处：

（1）表示对对方的重视；

（2）可以及时了解对方的具体情况；

（3）可以当面请教不清楚的地方。

4. 妥为存放

接过名片后得体的做法，是在通读他人的名片之后，即应将其收入名片盒、上衣衣兜、随身携带的包或袋以及桌子的抽屉之中。客人走后，可在名片上记下初次见面的时间等，便于记忆。

5. 有来有往

收到他人递上的名片之后，亦应当立即回递自己的名片。有来而无往，难免会令对方不快。倘若尚无名片，则可直言相告，或者告诉对方："改日再补。"

（三）索取名片

在一般情况下，你想得到对方的名片，但他未给你，那最好不要直截了当地说："请您给我一张名片。"而应该以请求的口吻说："如果没有什么不便的话，能否请您留一张名片给我？"若对方确实已没有名片，一般会婉言说明的。

根据交换名片的礼仪，索取他人的名片，大体上共有如下四种常规方法：

（1）主动递上本人的名片。

（2）向对方建议互换名片。

（3）询问对方："今后怎样向您请教？"向有地位、有身份的人或者是长辈索要名片时，可采取这种暗示之法。

（4）询问对方："今后如何与你联系？"向平辈之人或者是晚辈索取名片时，可以做出这样的暗示。

以上四种索取他人名片的具体做法，各有各的适用对象。前两种做法主要适用于携带名片之人，后两种做法则主要适合于未带名片者采用。应当说明的是，不论他人以何种具体方式向自己索取名片，都尽可能地不要加以回绝。

表 2-1 总结了交换名片时的规范用语，可供参考。

表 2-1　　交换名片时应该说的话

向别人索要名片时	你想出示名片时	拒绝出示名片时	接受他人的名片时
• 你有名片吗？ • 你能给我一张名片吗？	• 这是我的名片，如有问题，打电话给我。	• 对不起，我的名片都用光了。 • 我忘带了。	• 谢谢。（浏览一下名片再放好。）

第二节　方位礼仪

方位礼仪的核心是位次，一般是指人们在交往中彼此之间各自所处位置的尊卑顺序。在正常情况下，位次的尊卑早已约定俗成，并广为人们所接受。讲究方位礼仪，可表现出对交往对象的敬重、友好。方位礼仪的具体做法，在不同情况下有所不同。

一、商务活动中的方位礼仪

（一）会客

安排会客时的位次可参考以下两种方式。

1. 相对式

双方就座时在室内分为左右两侧，面对面地就座。西方国家通常认为右为上，即进门之后，右侧一方为上座，应留给客人；左侧一方为下座，则留给主人。当宾主双方人员不止一人时，情况亦是如此。

2. 并列式

即宾主双方并排就座，以暗示双方之间“平起平坐”，地位相仿。它多适用于礼节性会客。

（1）宾主双方一同面门而坐。此刻还须讲究“以右为上”，即主人应请客人坐在本人的右侧。若双方人员不止一人，双方其他人员可分别在主人或主宾的一侧就座。

（2）宾主双方一起并排坐在室内的右侧或左侧。这时，通常讲究“以远为上”，即距门远处为上座，应让给客人；距门近处为下座，应留给主人。在安排座位时，一般长沙发留给客人，以单人沙发为下座。

（二）会谈

在商务会谈中，双方对自己的面子十分在意，因此安排谈判者的座次是一件礼仪性很强的大事。双边谈判的座次安排应注意下列事项：

（1）双边谈判时，应使用长桌或椭圆桌，通常宾主分坐桌子的两边。

（2）谈判桌横放于谈判厅内，则正对门的一侧为上座，归客方坐；背对门的一侧是下座，由主方坐。

（3）谈判桌竖放于谈判厅内，则以进门时右侧为上座，归客方坐；进门时左侧为下座，归主方坐。

（4）在进行谈判时，各方主谈人员应在自己一方居中而坐。

（5）其他人员则应遵循右高左低的原则，依照职位的高低自近而远地分别在主谈人员的两侧就座。

（6）假如需要译员，应安排其就座于仅次主谈人员的位置，即主谈人员之右。

（三）会议

会议有大型与小型之分。大型会议与小型会议在安排位次时，具体做法各有不同。

1. 大型会议的位次安排

大型会议是指千百人以上，多到上万人、几十万人参加的会议。会议的位次要求分为主席台与群众席。

主席台成员的排位，主要应当遵守三条规则：一是中央高于两侧；二是左侧高于右侧；三是前排高于后排。主持人的位子可在前排正中，也可居于前排最右侧。发言席一般可设在主席台正中，或者其右前方。

小贴士

主席台位次排列一般讲究居中为上，以右为上，前排为上。

群众席的排位方式主要有两种：一是自由式，即与会者自行择座，不做统一安排；二是按与会单位名称的汉字笔画的顺序或汉语拼音字母的顺序排位，或由前而后横排，或自左向右竖排。选择其中任何一种均可，两种方法亦可交叉使用。

2. 小型会议的位次安排

举行小型会议时位次排列需要注意以下三点：

第一，讲究面门为上，面对房间正门的位置一般被视为上座。

第二，讲究以右为上，坐在右侧的人为地位高者。在国内的政务交往中采用我国传统做法，以左为尊，而国际惯例则以右为尊，商务礼仪遵守的是国际惯例。

第三，小型会议也强调自由择座，例如主席可以选择坐在右侧，或者面门而坐，也可以坐在前排中央的位置，强调居中为上。

小贴士

小型会议的位次安排三注意：

- 面门为上；
- 居右（进门方向）为上；
- 自由择座。

（四）签字仪式

签字时各方代表的座次，是由主方代为先期排定的。规范做法是：签字桌面门横放，双方人员并排排列，双方签字人员居中面门而坐，主方居左，客方居右。在签署双边性合同时，应请客方签字人在签字桌右侧就座，主方签字人则应同时就座于签字桌左侧。双方各自的助签人，应分别站立于各自一方签字人的外侧，以便随时为签字人提供帮助。

小贴士

1. 双边签字仪式的位次安排三要求：

- 签字桌横放；
- 双方签字人面门而坐，主左客右；
- 双边仪式参加者列队站于签字人之后，中央高于两侧，右侧高于左侧。

2. 多边签字仪式的位次安排三要求：

- 签字桌横放；
- 签字座席面门而坐，仅为一张；
- 签字人按一定顺序依次上前签字。

（五）合影

在正式场合需要合影留念时，参加人员通常应当根据一定的序列来进行排位。应当说明的是，合影排位时有内外之别。在国内活动中进行合影排位时，一般讲究的是居中为上、居左为上、居前为上。在涉外活动中进行合影排位时，通常应遵守国际惯例，使主人居中，主宾居于其右侧，即讲究以右为上，同时两侧还应由主方人员位于最外侧。不管采用哪种方法为合影排位，都首先要方便拍摄，同时还要兼顾场地大小、人员多少、单数或双数、身材高矮等。

（六）宴会

在正式的商务宴请中，位次的排列往往比菜肴的选择更受人关注。宴会的位次排列涉及两个问题：其一，桌次，即不同餐桌数目的安排；其二，位次，即每张餐桌具体的上下尊卑位次。

1. 桌次

在正式宴会上，进餐者往往不止一桌。当出现两张以上的餐桌时，就出现了桌次排列问题。桌次排列的基本要求有三：第一，居中为上；第二，以右为上；第三，以远为上，即离房间正门越远，位置越高。

2. 位次

餐桌上具体位置的排列需要抓住以下两个关键点：第一，面门居中者为上，坐在房间正门中央位置的人一般是主人，称为主位；第二，主人右侧的位置是主宾位。

（七）旗帜的位次排列

在重要的场合尤其是在涉外交往中，旗帜的悬挂特别是国旗的悬挂往往备受重视。旗帜悬挂，主要分为国旗与其他旗帜同时悬挂及中国国旗与其他国家国旗同时悬挂两类情况。

1. 国旗与其他旗帜同时悬挂

当国旗与其他旗帜同时悬挂时，按照《中华人民共和国国旗法》的有关规定，国旗代表国家，所以必须居于尊贵位置。所谓尊贵位置是指：第一，居前为上，当国旗跟其他旗帜有前有后时，国旗居前；第二，以右为上，当国旗与其他旗帜分左右排列时，国旗居右；第三，居中为上，当国旗与其他旗帜有中间与两侧之分时，中央高于两侧；第四，以大为上，当国旗与其他旗帜有大小之别时，国旗不能够小于其他旗帜；第五，以高为上，当国旗升挂位置与其他旗帜升挂位置有高低之分时，国旗为高。

小贴士

国旗与其他旗帜同时使用的礼仪：

- 国旗居中；
- 国旗居右；
- 国旗居前；
- 国旗为高；
- 国旗为大。

2. 中国国旗与其他国家国旗同时悬挂

在国际商务交往中，有的时候会出现中国旗帜和其他国家旗帜同时悬挂的情况，这时应分别对待。如果活动以我方为主，即我方扮演主人的角色时，以右为上，客人应该受到尊重，因此其他国家的国旗应挂于上位；如果活动以外方为主，即由外方扮演主人的角色，中国国旗应该处于尊贵位置。

二、行进中的位次礼节

所谓行进中的位次礼节，指的是人们在步行的时候位次排列的顺序要求。在陪同、接待来宾或领导时，行进的位次需要重点关注。

（一）常规做法

常规做法分两种情况：当与客人并排行进时，要求是中央高于两侧，内侧高于外侧，一般要让客人走在中央或者走在内侧；当与客人单行行进时，即一条线行进时，标准的做法是前方高于后方，以前方为上，如果没有特殊情况，应该让客人在前面行进。

小贴士

并行时，中央高于两侧，内侧高于外侧。单行行进时，前方高于后方。

（二）上下楼梯

上下楼梯时位次排列要注意两点：

首先，要单行行进。上下楼梯时，因为楼道比较狭窄，并排行走会阻塞交通，是没有教养的表现，所以，若没有特殊原因，应靠右侧单行行进。

其次，单行行进时要注意以前方为上。一般情况下，应该让客人走在前面，把选择前进方向的权利让给客人。不过需要强调的是，如果陪同接待的客人是一位女士，而女士又身着短裙，在这一情况下，接待陪同人员要走在女士前面，不要让女士先上楼梯，因为女士穿着短裙先上楼梯有可能会出现“走光”的问题，这是不允许的。

（三）出入电梯

目前很多大公司的办公楼中都有升降式电梯，它们一般无人值守。出入无人值守的电梯时，标准化的做法应该是陪同者先进后出，而被陪同者一般要后进先出。因为电梯门口的按钮是升降钮，而电梯里的按钮则是开关钮，陪同者先进后出，就是为了控制开关钮，不使它夹挤客人。

（四）出入房门

没有特殊原因，出入房门的标准做法是位高者先进或先出房门。但是如果有特殊情况，比如需要引导，室内灯光昏暗，男士和女士两人单独出入房门，那么标准的做法是陪同接待人员要先进去，为客人开灯开门，出的时候也是陪同接待人员先出去，为客人拉门导引。

三、乘车的位次礼节

乘车的座位次序也分尊卑。

乘坐轿车存在上下车的问题，一般情况下让客人先上车、后下车。当然，如果很多人坐在一辆车上，那么谁最方便下车谁就先下车。轿车里的位次，大体上有三种情况，不同情况有不同的讲究。

（一）公务

第一种情况称为公务交往。参与活动的车辆归属于单位，驾驶司机一般是专职司机。就双排座轿车而论，公务接待时轿车的上座指的是后排右座，也就是司机对角线位置，因为后排比前排安全，右侧比左侧上下车方便。公务接待时，副驾驶座一般叫随员座，由秘书、翻译、保镖、警卫、办公室主任或者导引方向者坐。

（二）社交

第二种情况称为社交应酬。工作之余，三五好友外出吃饭娱乐，这时一般车辆的归属是个人的，开车的人是车主。车主开车时，上座是副驾驶座，表示平起平坐。在这一情况下让上宾坐后座是不礼貌的。

（三）重要客人

第三种是接待重要客人。接待高级领导、高级将领、重要企业家时人们会发现，轿车的上座往往是司机后面的座位，因为该位置隐秘性比较好，而且是车上安全系数较高的位置。

小贴士

乘坐轿车的位次排列：

- 公务交往时，上座为后排右座；
- 社交应酬中，上座为副驾驶座；
- 接待重要客人时，上座为司机后面之座。

第三节　馈赠礼仪

馈赠即赠送礼品，它是社会交往中人们表达敬重、友好之意的常用形式，是人们借物抒怀、表达情感、满足需求以及留作纪念之用的一种方式。其目的在于沟通感情和保持联系，从而体现馈赠者的人品和诚意。

馈赠的要领是：问→选→送。

一、选择礼品

在商务活动中，礼品往往必不可少。它既是一种纪念品，又是一种宣传品。选择礼品，关键要看对象、看关系、看场合、看目的。

（一）礼品要有特色

在选择礼品时要注重其特色，可从如下方面突出特色。

1. 宣传性

在商务交往中，首先要注意礼品的宣传性，即通过赠送礼品宣传企业形象，而并非贿赂、拉拢他人。

2. 纪念性

在商务交往中，所使用的礼品要能达到使对方记住自己，记住自己的单位、产品和服务的作用，使双方友善和睦地交往。总之，让对方记住自己是商务交往中礼品的主要功效之一。

3. 独创性

商务活动中向别人赠送具有独特性的礼品，不但可以反映出自己对对方的重视，而且也可以令对方耳目一新，爱不释手，久久难忘。要注意的是，讲究礼品的独创性，并不意味着非要去进行“高消费”。

4. 时尚性

在力所能及的条件下，送给他人的礼品还必须适当地兼顾时尚性，即可以酌情选择一些时下正在流行的物品作为礼品送人。有些时候，选择稍前卫一些的东西送给别人也是可以的。应当注意的是，将落伍之物充当礼品送给别人，往往会被视为以“处理品”搪塞对方，因而会被对方理解为应付或者轻视自己。

5. 针对性

有经验的人都懂得，为他人选择礼品，理当投其所好。为他人选择礼品时，要根据对对方的了解，慎重选择。例如，将一盘优质的西洋古典音乐的激光唱盘送给一位西洋古典音乐的爱好者，好比“雪中送炭”，必定会让对方欣喜若狂；但是若将它送给一名对西洋古典音乐一无所知的“音乐盲”，想要博得对方开心一笑恐怕也困难。

（二）不宜赠送的礼品

（1）不能送大额现金和有价证券，否则就有收买对方之嫌。与此同时还要注意，金银珠宝也不适合送与别人。

（2）粗制滥造的物品或过季的商品不能送，否则有愚弄对方、滥竽充数之嫌。

（3）不能送给对方药品或营养品，否则有暗示对方身体欠佳之意。

（4）有违社会公德和法律规章的礼品不能送，比如涉及黄、赌、毒之类的物品。

（5）有违交往对象民族习俗、宗教信仰和生活习惯的物品不能送，否则有不尊重对方之嫌。

（6）带有明显广告标志和宣传用语的物品不能送，否则有利用对方为自己充当广告标志之意。

小资料

送礼小测验

你能指出下面的这些礼物会被哪些国家的客人认为不妥吗？请连线，并解释一下为什么不妥。

A. 座钟	1. 英国
B. 白色百合花	2. 法国
C. 四件套的瓷器	3. 中国
D. 印有猫头鹰的手工织品	4. 日本

E. 苏格兰威士忌　　5. 意大利
F. 刀子　　6. 沙特阿拉伯
G. 印有醒目标志的物品　　7. 瑞士

〔参考答案〕
1. B. 它们用于葬礼。
2. G. 它被当作在做广告，品位不佳，也不个性化。
3. A. 因“送钟”与“送终”谐音，故钟是坏运气和死亡的象征。
4. C. 日本人将数字“4”与死联系在一起，所以送四件东西是不礼貌的。
5. F. 它象征切断关系。
6. E. 违反禁酒法规。
7. D. 瑞士人忌讳猫头鹰图案，认为它是死人的象征。

二、馈赠的技巧

在送礼活动中，常常遇到秘书要为上司策划送什么礼品给对方、以什么样的方式送等送礼的细节问题。一件精心挑选的礼品往往代表了送礼人的智慧、才干，也给接受者带来无比的愉悦。但一份不适当的礼物会适得其反，非但达不到送礼的目的，甚至会造成双方关系的不融洽。因此送礼也是一门学问。

（一）明确目的

向他人赠送礼品并非无的放矢，自然具有一定的目的。

1. 向他人赠送礼品的正确目的

（1）用以向对方表示尊敬；
（2）用以向对方表示友好；
（3）用以向对方表示歉意；
（4）用以向对方表示感谢；
（5）用以向对方表示祝贺；
（6）用以向对方表示纪念。

2. 不正确的送礼目的

（1）指望摆阔炫耀；
（2）指望收买人心；
（3）指望贿赂对方。

（二）选准时机

赠送礼品，时间上应兼顾两点：一是具体时机。一般而论，赠送礼品的最佳时机是节假日，对方重要的纪念日、节庆日等。二是具体时间。一般而言，当我们作为客人拜访他人时，最好在双方见面之初向对方送上礼品，而当我们作为主人接待来访者之时，则应该在客人离去的前夜或者告别宴会上把礼品赠送给对方。

在商务交往中，常见的送礼时机有下述六种。

1. 适逢节庆

当交往对象有可喜可贺之事时，比如：我国传统节日春节、中秋、端午、重阳；西方的圣诞节、情人节、母亲节等；国际通行的妇女节、青年节、儿童节、教师节、护士节；升学、毕业、就业、晋级、乔迁、获奖、生日、结婚、生子等，都是送礼的最好时机，恰当的礼品能起到锦上添花的作用。

2. 酬谢他人

你在生活中遭遇困难或挫折时，亲朋好友对你伸出援助之手，事后应考虑送点礼物以表酬谢。

3. 拜访、做客

当你前去拜访或做客时，一方面是对打扰对方表示歉意或对接受对方款待表示感谢，另一方面是向对方表示自己的问候，往往也要带上一份礼物登门。特别是初次前往他人家中拜访，且对方是自己尊敬的师长时，更应为对方准备礼物。初次应邀去外国人家里做客时，也应带上礼物。

4. 进行慰问

当自己的至交挚友遭遇挫折或不幸，你可在探访对方之际，向其赠送含有慰问、安抚、勉励之意的礼品。

5. 还礼

"来而不往非礼也"，这是中国的传统。接受过对方的礼物，就等于欠着对方一个人情，因而须在对方送礼离开时还赠一份自己的礼物，或者事后在合适的场合向对方送上一份礼品。

6. 收请柬必送礼

收到活动请柬是一种殊荣，说明主人对你重视，因此出席时应备礼物表示祝贺。

（三）重视方式

在目前情况下，常规的送礼方式主要有下述三种。

1. 亲自赠送

向他人亲自赠送礼品，不仅最为普遍，而且也易于产生较好的反响。如果有必要，礼品可以提前送达受礼人的手中。

2. 托人转送

若自己不能向受赠对象面交礼品，可委托双方或其中一方的熟人将礼品转送给对方。

3. 付费代送

必要时，可以通过付费的方式，委托邮局、快递公司、礼仪公司代送礼品。

三、受礼与回赠

赠礼往往是一种双向的行为，即不单自己时常需要向他人赠送礼品，也时常会接受他人所赠送的礼品，因而必须掌握一定的受礼和回赠的礼仪。

（一）受礼

1. 一般做法

接受礼物时应正视对方，双手捧接，口头致谢，表情欣喜。接过礼物后一般不应打开欣赏，尤其是包装好的礼品，不仅不能当场撕开，也不能随手乱放。

2. 涉外做法

在涉外交往中接受外国友人赠送的礼品时，大致上有如下四个方面的问题需要注意：

（1）要欣然接受。当外国友人向自己赠送礼品时，一般应当大大方方、高高兴兴地接受。没有必要跟对方推来推去，过分地客套。在接受礼品时，应当起身站立，面含笑容，用双手接过礼品，然后与对方握手，并且郑重其事地向对方道谢。

（2）要启封赞美。在国际社会，特别是在许多西方国家，受礼人在接受礼品时习惯于当着送礼人的面立即拆启礼品的包装，然后认真地对礼品进行欣赏，并且对礼品适当地赞美几句。

（3）要拒绝有方。一般而言，外国人赠送的以下五类物品不宜接受：

- 违法、违禁物品；
- 有辱我方国格、人格的物品；
- 可能会使双方产生误会的物品；
- 价格过分昂贵的物品；
- 一定数额的现金、有价证券等。

如果不能接受外方赠送的礼品，应当立即向对方说明原因，并且将礼品当场退还。若对方并无恶意，在退还或拒绝礼品时，还须向对方表示感谢。若送礼人不怀好意（如带有性暗示、隐含附加条件），则只需告诉他礼品不合适。

（4）要事后再谢。接受外方人员赠送的礼品后，尤其接受了对方赠送的较为贵重的礼品后，最好在一周之内写信或打电话给送礼人，向对方正式致谢。

小贴士

接受外国友人赠送的礼品时的注意事项：

- 态度大方；
- 拆启包装；
- 欣赏礼品；
- 表示谢意。

（二）回赠

收礼应回礼，即“礼尚往来”。回赠的时间可以选在客人离开时、隔一段时间登门回访时或以后喜庆的日子。

回赠的礼品切忌重复，一般讲究价值相当，也可以根据自己的情况而定，但也不必每礼即回。

（三）拒绝

在商务交往中，有时万不得已必须拒绝别人的礼品。当拒绝别人的礼品时，商务礼仪要求人们兼顾以下三点：

（1）说明拒绝的原因，比如身份不允许、单位规定不允许等，不分青红皂白一概拒绝是不妥的。

（2）要表达谢意，即便是拒绝了对方的礼品，也要感谢对方的好意。

（3）拒绝时态度要友善，无论如何不能对对方加以谴责、质疑、质问或者谩骂。

本章小结

商务人员在日常的交往活动中，同社会的各界人士有着广泛的联系，见面时要施以恰当的礼节，这已成为一种共识。见面礼节所包括的内容主要有问候、握手、介绍、使用名片。见面时向对方问候、致意并表示友好，不仅可塑造自身形象，而且为今后的交往创造了良好的开端。

在商务活动中，方位礼仪越来越受到人们的重视。讲究方位礼仪既反映了商务人员自身的素养、阅历和见识，又反映了对交往对象的尊重和友善的程度，因此，每位商务人员在正式交往中，尤其是在一些较为隆重而热烈的场合，对位次的问题必须认真对待。

馈赠是人们以物的形式向交往对象表示祝贺、感激、慰问、惜别之情，是一种正常的人际交往，它同行贿受贿有着本质的区别。因此，在馈赠时应遵循有关礼仪：明确馈赠的目的、注意礼品的选择、确定馈赠的时机、讲究馈赠的礼节。只有这样，才能收到馈赠的预期效果。

关键概念

问候　鞠躬　握手　方位礼仪　馈赠礼仪

课堂讨论题

1. 在商务活动中，常用的见面礼节有哪些？

2. 自我介绍应注意哪些问题？若你代表你的公司参加一个重要会议，想让大家认识你及你的公司，你将如何介绍？

3. 试分析名片在商务活动中的重要作用。

复习思考

1. 什么叫见面礼节？它的基本内容是什么？
2. 在不同的场合，正确问候的顺序是什么？
3. 与陌生人打交道，要想留给对方良好的第一印象，应注意哪方面的礼仪？
4. 在行鞠躬礼时，应注意哪些事项？
5. 握手时，伸手的顺序有哪些讲究？握手的禁忌有哪些？
6. 怎样运用介绍礼仪为他人介绍？
7. 递送名片的礼仪都有哪些内容？
8. 在商务会谈中，如何安排宾主的座位？
9. 商务活动中，悬挂国旗应注意什么问题？
10. 说说乘轿车时座位次序的安排。
11. 如何向别人赠送礼品？

12. 送礼的避讳与禁忌有哪些？

案例分析题

周先生乘坐专车前往机场迎接来自德国的一位企业家施罗德先生。宾主相见，寒暄握手完毕，周先生便毕恭毕敬地将施罗德先生让到了轿车前排的副驾驶座上，而自己则就座于轿车的后排。让周先生没有料到的是，原本笑容可掬的施罗德先生竟然立刻面沉似冰，老大不高兴的样子。此事过了许久，周先生才晓得，自己原先一直视为“上座”的轿车前排的副驾驶座，在正式的社交场合其实是地地道道的“下座”。不远万里前来的施罗德先生上车伊始便被迫屈居于公认的“下座”，焉有不生气的道理。

问题：

1. 结合案例，试分析注重方位礼仪有何积极意义。
2. 请说出一些常见的方位礼仪规范。

工作实务题

1. 请你判断下列行进中的位次排列是否正确。

（1）一女士陪三四位客人乘电梯，女士先入后出。（　　）

（2）一男一女一同上下楼，女后，男先。（　　）

（3）一男一女在公司门口迎候客人。一客人至，男女主人将其夹在中间行进，至较狭之处，令客人先行。（　　）

〔参考答案〕

（1）√　　（2）√　　（3）×

2. 请完成下面的表格。

馈赠理由	馈赠礼物名称	馈赠时机
参加他人厂庆		
恭喜同事晋升		
春节慰问职工		
酬谢他人的帮助		
参加家庭小聚会		

（1）把下面这些礼品填入表格“馈赠礼物名称”一栏的合适位置。

A. 微波炉　　B. 镜框　　C. 一瓶葡萄酒

D. 面粉、色拉油　　E. 香槟酒

（2）在“馈赠时机”一栏列举几种馈赠的时机。

〔参考答案〕

（1）BEDAC

（2）略。

3. 分析在下列情况下见面的双方应该由谁先伸出手来促成握手，并说明原因。

（1）甲单位的张小姐和乙公司的董先生。

（2）公司的总经理和营销主管。

（3）退休的老李和其接任者小王。

（4）宴会主办者和嘉宾。

（5）有 5 年资历的公关经理和刚来的客户服务部副主任。

〔参考答案〕

（1）张小姐。（2）总经理。（3）老李。（4）宴会主办者。（5）公关经理。

第三章

商务活动礼仪

案例导入

在比利时某画廊发生了这样一件事情：美国画商看中了一位印度人带来的三幅画，总价为250美元。美国画商认为价格过高，而印度人执意不肯降价，双方的谈判陷入僵局。那位印度人被惹火了，怒气冲冲地跑出去，当着美国画商的面把其中一幅画烧了。美国画商见此惋惜不已，问剩下的那两幅画卖多少钱，印度人回答还是250美元，美国画商又拒绝了这个价。这位印度人横下一条心又将其中的一幅画烧了。美国画商急得乞求印度人千万不要再烧最后一幅画了。当美国画商再次询问这位印度人要卖多少钱时，印度人说道："最后一幅画能与三幅画卖一样的价钱吗?"最终，这位印度人手中的最后一幅画竟以600美元的价格拍板成交了。

评　析

这个案例说明，商务人员在进行洽谈时应当熟悉程序，学习洽谈策略和谈判的语言技巧。任何一方在洽谈中的成功，不仅要凭借实力，更要依靠对洽谈策略的灵活运用。

第一节　商务洽谈

商务洽谈也称商务谈判，是指人们为了满足各自的需要、协调彼此之间的利益关系，而在一定条件下通过协商对话达成交易的行为和过程。商务谈判是由谈判利益主体的需求引发的，谈判各方是既合作又竞争的关系。在商务谈判中，一方面，只有满足了对方的需求，才能满足自己的需求，因此需要合作；另一方面，满足了对方的需求，又会反过来影响自己一方需求满足的程度，所以又免不了要竞争。因此，谈判各方在合作中有竞争，在竞争中有合作，竞争与合作的目的都是满足自己的利益需求。成功的谈判过程也是一个成功的沟通过程。

小知识

商务洽谈，是交易双方在维护各自经济利益的前提下，进行双向沟通，经过协商达成交易的行为。它既是一门科学，又是一门艺术。

商务洽谈礼仪不是附着在商务洽谈之上的一种形式，而是商务洽谈本身的重要组成部分。在学习运用商务洽谈技术和技巧的同时，应注重洽谈礼仪，以促进洽谈成功。

一、商务洽谈的准备

洽谈者在谈判过程中能够滔滔不绝、有理有据，全凭洽谈前周密、艰苦的准备工作。洽谈之前，准备工作做得是否充分，对洽谈结果有着直接的影响。

（一）确定目标

商务洽谈的目标，是洽谈过程的核心和导向。

(1) 洽谈目标一般由公司的决策层提出主导意向，再经各有关部门和业务专门人员进行可行性研究，反复推敲而成，最后报公司决策层审核通过。

(2) 洽谈者在谈判过程中自主掌握具体目标，留有余地。

（二）选择人员

(1) 根据对方的洽谈阵容，选出公司在洽谈时的主谈人。双方的主谈人应当在职务、身份上大体相当。

(2) 考虑洽谈人员的知识结构、谈判经验、个人性格、应变能力等因素，组成合适的洽谈班子。

(3) 确定参加洽谈人员的数量。人数在5人以下为宜。

（三）收集资料

(1) 对方的基本情况，如该公司的发展历史、主导产品及市场信誉、产品性能和市场占有率、市场竞争情况、公司规模和管理能力、经营水平和财务实力等。

(2) 谈判对手的基本情况，尤其是主谈人的资历、地位、风格、心理、习惯，以及他个人对我公司的态度、业务往来史等。

(3) 对手洽谈班子搭配。对这方面内容，除了了解，还要进行一定的分析。

(4) 对手的背景材料，如他们所在地的历史传统、民俗习惯、文化背景等。

（四）细节安排

(1) 洽谈双方既已正式确定了洽谈的时间和地点，就不应随便变动。

(2) 如对方有变动要求，应予考虑。

(3) 注意诸如会场布置、交通、通信工具的落实。

（4）尽量让对方对食宿和洽谈以外活动等工作满意。

二、商务洽谈中的礼仪

（一）商务人员着装礼仪

最值得出席洽谈会的商界人士重视的就是服装。洽谈会关系大局，所以商界人士在这种场合理应穿着传统、简约、高雅、规范的正规服装。一般来说，男士应穿深色西装、白衬衫，打领带，配深色袜子和黑色系带皮鞋，不要穿夹克衫、牛仔裤、短袖衬衫、T恤衫，或配旅游鞋、凉鞋。女士则须穿深色西装套裙和白衬衫，配肉色长筒或连裤式丝袜和黑色高跟或半高跟皮鞋，不要穿紧身装、透视装、低胸装、露背装、超短装，甚至浑身上下戴满各式首饰。如果你穿着不正式，会让人感觉你既不尊重自己，也不尊重别人，不重视洽谈，自以为了不起。除此之外还要注意整洁和卫生，这方面内容可参考后面相关章节。

谈判时还需要着重注意的是，穿着要与年龄、体形、职业和所处的场合（包括国家、地区、谈判场所与谈判议题等）相适宜，并注意服装的色彩及整体搭配要协调。例如，如果你去日本和韩国谈判时，最好穿得老成一点，因为这两个国家认为年轻的人没有经验和地位。

另外，还有如下细节需要引起注意：

（1）代表公司与客户进行商务洽谈，要注重出席洽谈场合的着装。最好穿黑色西装，深蓝色和铁灰色次之。

（2）西装应配白衬衫。场合越正规，衬衫的条纹应该越细。

（3）领带最好选用有规律排列的图形，它能给人以实在、公正的感觉。领带的颜色也有讲究，深色意味着成熟，浅色意味着有活力，可根据需要去选择。

（4）袖口、袖扣不可忽视。在洽谈中，袖口和袖扣常常展露于对方的视线里。如袖扣不全，袖口污浊，会引起对方的反感。

（5）着装原则是追求整体和谐、庄重大方，不应花哨。

（6）皮包、笔记本、手表等细节也不要忽视。

（二）迎见礼仪

（1）作为东道主，应在洽谈前到达约好的洽谈地点，迎接对方洽谈人员。

（2）迎接地点可以选择在大楼门口，也可以在洽谈厅（室）门口。

（3）进入洽谈厅（室），主人应与客方的洽谈代表一一握手，请客人首先入座，或双方人员同时落座，主人一定不能自己抢先坐下。如果是等待客人已久，事先坐下了，当客户到来时应马上起身致意邀坐。

（4）宾主双方人员到齐并均已入座后，非谈判人员应退出洽谈场所，并不准随意出入，以免影响洽谈的进行。

（三）举止礼仪

洽谈是严肃的商务活动，行为举止要加倍注意。

（1）做自我介绍时要得体。既不可傲慢无礼，也不必过于拘泥，要考虑大家是同行或相关人员，是平等的关系，应以轻松自然的方式落落大方地说明自己的姓名、单位及身份。另外，如果需要了解对方的有关情况，在询问时要注意使用礼貌语，比如“请教尊姓大名”之类。

（2）谈判者的体态、动作对谈判氛围有很大影响。一般而言，谈判人员在谈判开始后应该一直注视着对方双眼与前额之间的三角部位，这会使对方感到你是认真严肃、充满诚意的。如果能在谈判中始终如一地保持这种凝视，你就能够把握谈话的主动权和控制权。谈判人员的手势和脚的动作也往往会传达出无声的信息，影响谈话氛围。比如，在握手时，如果你的手心朝下，就会使对方感到你是想支配他，从而对你心生戒备；如果你手心朝上，对方则会感到你可以被他支配。另外，在谈判的过程中，假如能够在讲话时夹带一些适当的手势，往往会增加你谈话的感染力；但如果手势过多，如双手乱动甚至成手舞足蹈状，则会使对方心生反感，认为你太过轻浮无礼。谈判人员的脚的动作则往往能够反映其心理状态。一般来讲，人在平静时脚尖是静止的、着地的，而紧张时则会自然抬高。在谈判的过程中注意观察对方的脚，便可以判断其紧张与否。

小知识

部分举止动作所阐述的信息

• 双手放在桌上，挺腰近台面坐，表示洽谈态度积极。

• 一只手撑着头，另一只手摆弄笔、本子、钥匙等小东西，表明对讲话不感兴趣，注意力不集中。

• 站立时双脚并拢，双手自然前合，目光友善，面带微笑，是谦恭、礼貌、诚意的表现。

• 稍息式的站姿，双手垂直或放在背后，眼光散视，不随话题的变化而变化，表明洽谈者倦怠分神。

• 洽谈者谈话时所做手势掌心向上，表示谦虚、诚实，愿意合作；掌心向下，则有控制、压抑、强制感。

• 十指端相触撑起，呈塔尖状，并伴以身体后仰，有高傲之嫌。

• 洽谈者双臂紧紧交叉于胸前，流露出的是防御和敌意。

（四）谈吐礼仪

商务洽谈当然离不开“谈”。在洽谈中注意谈吐的礼仪，会使洽谈内容更富人情味，更易为对方理解和接受。洽谈时主要应注意以下几方面。

1. 寒暄

在尚未正式进入谈判内容时，相互之间的寒暄要注意所谈的话题、范围等。一般应选择容易引起双方共鸣又和正题无关的中性话题来谈，比如近期较流行的文艺节目或体育活动、个人的爱好与兴趣、以前相互合作的情形等。这一类的谈话往往可以起到沟通情感、创造良好谈判气氛的作用。

2. 谈话距离

在洽谈中，谈话者应保持相对固定的距离，站着应在半米左右，坐着以桌宽为准。双方各自在陈述观点和态度时，位置基本不变。

如果双方有了争执，则易逼近对方发表己见；双方意见无法趋同时，又容易有意拉大双方的空间距离，以表达不满情绪。这两种情形都是富有经验的洽谈者应避免的情况。

3. 谈话语气

在洽谈中，准确把握语气，既是促成洽谈的需要，也是洽谈中应遵循的礼仪。用审问式的威胁性语气和对方讲话，往往会激起对方的逆反心理，不利于洽谈目的的达成。最好的方法是多采用询问性语气，凡事都应看起来是在商量，而不是谁命令谁。

4. 谈话语速

洽谈中说话的速度要平稳，以中速为宜。过快，对方听不清、记不住、弄不懂，且给人以急躁的感觉；过慢，则让人觉得吞吞吐吐，欲言又止，缺乏干练果断的利索劲儿，进而对其工作能力产生怀疑。控制语速的原则就是快而不失节奏、慢而不失流畅，并适时观察对方的反应加以调整。

5. 谈话声调

一般地讲，升调表示惊讶与不满，降调表示遗憾与懊丧，平调显示信心和力量。声调波动也可反映谈判者的思想和感情。在阐述立场时，尽量控制声调，避免过于尖厉、高亢、刺耳的声调。声调中要表现出自己坚定的信心。

小贴士

声调可以流露谈话者的感情或情绪变化。

6. 谈话态度

选择洽谈中的寒暄用语、开场用语、交谈用语、结束用语等时，都应注意谈吐的礼貌文明，既充满自信，又不显得自傲；既热情友好，又不卑不亢；既据实争辩，又适度退让，以达到双赢的最佳结果。

在商务洽谈过程中，除要坚持洽谈原则和掌握洽谈技巧外，最应注意的就是洽谈礼仪的运用。良好的礼仪风貌，不但有利于实现公司的预期目标，而且可给对方留下难忘的良好印象，以便以后长久的合作。

小知识

商务洽谈的基本原则

- 互惠互利原则，即“双赢”（Win-Win）原则。
- 平等协商原则，即以平等的态度、协商的方式去妥善处理双方关系。
- 求同存异原则，即共同寻求双方的共识，允许出现一些分歧。
- 依法办事原则，即得到法律的承认和保护。

第二节　商务接待与拜访

一、接待人员的形象

接待人员的服装仪容，往往关系到个人修养及公司形象。一些接待人员在贵宾面前拍头皮屑、拉裤链、扯领带、拉袜子，甚至拉扯内衣带子及衬衣，有损形象。这些不雅的动作都不宜在客人面前展现。

在商务接待与拜访中，接待人员应从以下几方面塑造自己的形象。

（一）头发

头发要随时梳理整齐，并保持干净。头发的分界线要清楚，刘海不要遮到眼睛，且要将头发固定好，勿让头发影响工作。千万不要在客人面前撩头发，有损专业形象，尤其是餐厅服务员，如出现这个动作会让人觉得不卫生。身为接待人员，整洁的头发便是良好精神面貌的体现。

（二）化妆

女性接待人员应化妆，显得比较隆重、正式。而男士不用化妆，一般来说，只要将胡子刮干净，头发梳理整齐即可。别擦太多发油，否则会令人感觉很不干净。

另外，无论男女都应注意口腔卫生，这也是化妆的一部分。与客人交谈要保持口腔清爽，避免因不洁的口气味道影响谈话的氛围。有条件的情况下，可每半年去检查一次牙齿，因为蛀牙及口腔毛病也会产生不好的口气。此外要注意饮食习惯，易上火气及口味浓烈的食物则不宜经常食用。

（三）香水

擦一点清淡的香水在商务行为中也是礼节及修养的一部分，但不可擦香气太浓烈或太奇怪的香水，因要顾及有些人会对香水敏感。男士亦可用古龙水及一般的花露水。

（四）手部

手部的卫生及保养是很重要的，因为手部肢体语言受人注意的程度仅仅次于脸部。当你第一次与人见面时，首先看整体气质及脸部的表情，其次就是看手了。与人握手、交换名片、递呈公文或是推销产品时都必须伸出手，这时应让人觉得健康干净，否则会有损个人及企业形象。因此，任何行业的接待人员都要注重手部保养，若需使用清洁剂清理物品，最好戴手套，之后马上用护手霜护手，以便将手护理好。

（五）衣服、鞋子及袜子

服饰方面应注意的问题后面有章节专门说明，这里不再赘述。

二、接待工作的一般要求

迎送客人是接待工作中最常见的礼仪活动。热情友善的欢迎能给来宾留下良好的第一印象，圆满周密的欢送能给客人留下美好永久的回忆。

小知识

接待访客的五大要领和六大禁忌

五大要领：

• 态度要亲切，不管对方是什么样的人，都应一视同仁。

• 口气要平和、热忱，让访客感觉自己是受欢迎的。

• 动作要精确而从容，带路、指示方向、接受名片、递送茶水等都要迅速、敏捷而且合乎礼仪，不要显得毛躁匆忙或生涩僵硬，给访客留下不成熟、不稳重的印象。

• 尽快确定对方姓名、头衔和来意并做适当处理。

- 事后要建立访客资料，并归档。

六大禁忌：

- 忌埋首工作，对访客不理不睬。
- 忌态度冷淡、不耐烦。
- 忌以貌取人。
- 忌用狐疑的眼神猜测访客的身份。
- 忌用眼睛瞄访客或紧盯着访客。
- 忌访客在场或刚离开便与同事议论访客。

只要把握上述五大要领、六大禁忌，再配合适当礼仪，就能做一位称职的接待人员。

（一）制定相应的规格

1. 制定迎送礼仪规格要考虑的主要因素

（1）来访客人的身份、地位。

（2）来访客人的访问性质。

（3）主宾两个单位之间的关系。

（4）主要迎送人员应与来宾的身份对等。

2. 遇特殊情况需做出解释

相关迎送人因故不能出面，或身份不能完全对等时，应由职务相当者或相关副职出面迎送，并向对方做出解释。

小贴士

来访客人主要分为三大类：直接关系的来客，如客户、股东、单位内部高级人员等；间接关系的来客，如税务人员、媒体记者等；与工作无关的来客，如上司的朋友、宗教团体、员工家属等。

接待人员在接待中对各类访客都要以机敏爽快、笑容可掬的态度相待，对客人要有“感谢光临”的心理，使客人有“如沐春风”之感。

（二）了解迎送仪式的类型

1. 隆重的迎送仪式

适用于高级领导人、贵宾，反映了对其莅临的欢迎与重视。

2. 一般迎送

适用于一般来访者。无论是官方人士、专业代表团、社会团体还是个人访问，如果需要，都应安排相应人员前往迎送，以示尊重。

（三）确定迎送程序

1. 地点的选择与布置

贵宾抵达和离开时，都应在适当的场合举行正式的迎送仪式。如是涉外仪式，还应在举行仪式的场所悬挂宾主双方国旗。

2. 对等

必须准确掌握来宾抵离时间，通知与来宾身份对等的有关迎送人员（如身份相当的领导人和一定数量的高级管理人员）出席。

3. 守时

所有迎送人员应先于来宾到达指定地点，并由接待人员提前办好有关手续。

4. 献花

一般的迎接不需献花，但对高级贵宾应安排献花。献花时必须用鲜花或花环。不论献什么品种的花都应注意保持花束整洁、鲜艳。通常是在主人同主宾握手之后，由礼仪小姐将花献上，并向来宾行礼。

小贴士

迎接贵宾，最好不要献菊花、杜鹃花、石竹花和黄色的花。

5. 介绍

宾主见面时应互相介绍，通常先将主人介绍给来宾，介绍时按职位从高至低的顺序进行。介绍人由礼宾人员或主方人员中职位最高者担任。有时也可以交换名片。

6. 寒暄

客人初到，主人宜主动与客人寒暄。

7. 讲话

一般在欢迎仪式上会安排主宾与主人做简短的讲话，有时还会在现场散发书面讲话稿。

8. 陪同乘车

来宾抵达后，应安排迎送人员陪同乘车。乘车礼仪有章节专门论述，这里不再赘述。

（四）掌握迎客礼仪

（1）迎送贵宾时，应事先在机场、车站安排贵宾休息室，准备饮料。

（2）如有条件，在客人到达之前将客房号和接待车辆的车号通知客人。

（3）派专人协助办理出入境有关手续。

（4）宾客抵达住所后，应为其留出休息更衣的时间，一般不宜马上安排活动。

（5）安排以热情周到、无微不至、有条不紊为原则，让客人有宾至如归的感觉。不能表现得冷淡、粗心、怠慢或使客人感到过于紧张与不便。

（6）注重效率。根据情况，在迎送时适当安排献花、介绍、陪车等几项即可。

（7）住宿安排要合乎规格。

（8）如来宾自备车辆前来，应告知其来回的路线。

（9）客人来访常带有礼品，主人应表示谢意，如说："让您破费了，真不好意思！"

（10）在收下客人礼品的同时应回赠必要的礼品。

（五）了解送客礼仪

（1）当客人要走时，应婉言相留。

（2）当客人起身告辞时，主人和在场的人应起身道别。

（3）主人送客，一般应送到门外或楼下。

（4）客人伸出手来握别时方可以手相握，切不可在送客时先"起身"或先"出手"，免得有厌客之嫌。

（5）迎客时主人应走在前面，送客时客人应走在前面。

（6）目送客人远去时，可挥手致意，并道以“欢迎再来”。

（7）对远客或年纪大的客人，如有需要（如路不熟、走路不方便等）应当送一程。

（8）若送客送到车站或码头，则应待客人上车、上船并等车船开动消失在视线以外再返回。

（9）若送客至机场，应待客人通过安全检查之后再返回。

（10）和上司一起送客时要走在上司稍后一步。

（六）送客注意事项

1. 为客人的返程提供方便

（1）问清客人对返程有哪些具体要求。

（2）尽可能为客人提供返程的车票、船票或机票。

（3）如果无力解决返程票问题，要尽早通知客人，并为其预订或购买返程票提供方便。

（4）代购返程票时应问清车次、航次、航班以及返程时间等。

2. 礼貌送行

（1）应到客人的住地送行。

（2）公务送行一般要送到火车站、飞机场或轮船码头。

（3）送行仪式可以在客人返程的当天举行，也可以在前一天举行，视具体情况而定。

迎送仪式是商务活动中迎来送往的礼宾形式，已经形成一整套规范程序。由于交往的规格与来宾身份不同，迎送的隆重程度与程序内容是有较大区别的，因此应酌情处理，但在礼仪规范和真诚态度上不能马虎。

三、几种不同的接待

（一）接待预约来访者

1. 了解来访者情况

对于预约的访客，在其来之前，接待人员要有所准备，事先记住他的姓名（包括写法及发音），并了解客人的头衔及公司的情况。

2. 热情迎接

当来访者应约而来时，接待人员应马上放下手中的工作，抬起头来朝来人微笑，或从椅子上站起来，礼貌地招呼一声“你好，欢迎光临”。一般情况下不用主动和来访者握手，除非来者非常重要或年事很高。但是如果来者主动把手伸过来，则不要使对方的手悬空，要顺其自然地回握，并最好能立即确定对方从何处来以及叫什么名字。

3. 礼貌待客

接待人员可能会遇到事先并不知道的预约来访客人。例如，接待人员问客人：“事先约好时间了吗？”客人答：“约好两点钟见面。”这时接待人员一定要赶紧道歉：“啊，真对不起，失礼了。”因为站在客人的立场来说，本是约好时间才来的，却被问有没有预约，客人内心一定感到不大舒服，而且这一状况也显示出公司没做好信息传达工作，所以一定要道歉。

迎接来访客人后，应询问客人约定见面的部门或人员，并请教对方身份以便通报。若被访者表示与该客人有约，此时对客人的接待要更为有礼，可说声“您好，××正等着您”，必要时，要主动取过客人的伞、帽子、外套，放在衣帽架上，并说“帮您挂在这儿”。

4. 通知被访者

若来访者在约定的时间到达，应立即通知被访者。

若来访者比约定的时间早到，不要露出慌忙、不知所措的表情，或抱怨对方来得太早，而应先请宾客至接待室休息，为之奉茶倒水，并向客人表示将请示被访者可否提前会面，以使客人感觉愉快。若被访者无法提前与客人见面，可以送上书报资料供来访者排遣时间。接待服务人员应不时地对宾客讲两句客套话，如“经理马上就来了，请稍候”，不要让客人呆坐在接待室而无人招呼。

5. 正确引导

正确引导客人至被访者处，引导时要走在客人的左前方。接待人员在退出会客室、关上门时，不要背对访客，而应以正面倒走方式退出。

6. 奉茶倒水

客人与被访者见面后，接待人员要负责奉上茶水。

7. 礼待迟到者

若预约的宾客迟到，千万不可埋怨指责客人，因为迟到的人已很心慌，此时应亲切地表示问候及关心，也可适时为对方找个借口表示体贴与谅解之意。

8. 礼貌送客

客人离开时，应礼貌送客，并满足客人正当的要求。

（二）接待未预约来访者

有些客人事先没预约而临时来访，作为接待人员也应热情友好地接待，并有礼貌地询问客人的来意，让客人感觉是受欢迎的。甄别客人后，请对方稍候，通报主管办公室。无论是谁接听电话都应问：“××办公室吗?”不要直呼：“主管您好。”说明有客人来访后由主管决定是否接待，不要擅作主张。

当主管表示不愿接见访客时，要小心对答，应向客人表示主管不在，不能直说主管不愿接见。可向客人要张名片并表示主管回来时会“告知”他的来访，切不可说主管回来时会回电。随便替主管答应回电是很失礼的做法。

（三）内宾接待

1. 接待来自上级单位的客人

上级单位领导来了解情况或视察工作进展时，要请本单位的领导亲自出面接待。如果领导让接待人员介绍某些情况，可就事而论，不要对整个工作的是非优劣做出评价；如果领导主动征求意见，接待人员应直言不讳，讲出自己的看法；如果本单位领导不在，而上级领导要求接待人员介绍情况或向其询问问题，接待人员要实事求是地汇报。对上级领导交办的任务，接待人员应问清记好，待本单位领导归来后进行汇报。上级单位普通工作人员进行工作访问时，也应由本单位领导出面介绍情况，以示尊重。

2. 接待来自平级单位的客人

平级单位的领导来访，应由单位领导出面接待。如果本单位领导不在或有事不能分身，经领导委托，接待部门领导或工作人员可出面接待，并向来宾做出解释，以求谅解。如果来宾是来参观学习、了解情况的，应实事求是地介绍；如果是来进行业务联系的，可由对口部门负责人接待，重要问题要向主管领导汇报。接待时要注意互通有无，互相交流情况，掌握各兄弟单位的工作情况，事后整理出材料，供单位领导人参考。

3. 接待本系统的客人

本系统下属单位人员来访，除领导点名找来的以外，一般由各对口部门负责接待。对来汇报工作的人员，接待人员应详细记录汇报的内容，有不清楚的地方一定要问清楚，若汇报的情况参考价值较大，要向来人索要书面材料。对于来请示解决问题的，属于接待部门职权范围的事，可按有关规定答复和处理；凡是新问题、重要问题都要请示领导后再做答复。对来反映问题的，一般由秘书部门负责接待，然后视问题的性质和解决的途径，及时与有关职能部门联系，尽快给予答复和解决；重大问题要向领导报告；对申诉性或检举揭发性的来访，要为来人保密。若来人指名直接向某领导报告，接待人员要向领导通报，经领导同意后再约定会见时间、地点。

小知识

迎接客人的要领

• 第一时间甄别客人：迅速准确地区分预约好的、没预约但有接待必要的、没预约且事务不太紧急的等各类客人，使之及时得到相应接待。

• 第一时间的动作表情：3S——Stand up（站起来）、See（注视对方）、Smile（微笑）。

• 第一时间的迎客语言："您好，欢迎您！""您好，我能为您做点什么？""您好，希望我能帮助您。"

四、商务拜访礼仪

拜访有事务性拜访、礼节性拜访和私人拜访三种，事务性拜访又有商务洽谈性拜访和专题交涉性拜访之分。

（一）商业拜访前的准备

为了做个有礼且受欢迎的客人，必须做好拜访需要的准备工作，做到"知己"和"知彼"。

1. "知己"

（1）根据拜访的性质做好相应的准备。如果是商务洽谈性拜访，应事先准备好相应的资料，将自己的目的、宗旨理清，这样就不会仓促而去，浪费对方的时间。充分的准备是尊重对方的表现。

（2）注意着装和个人形象。拜访之前，衣着方面除了注意因地制宜及整洁、舒适之外，还须符合自己及所拜访对象的身份。拜访者的外观代表着公司形象，如果客户对其产生美好的第一印象，就等于为公司挣了印象分。

2. "知彼"

拜访之前要先了解对方的基本情况，如经营状况等，这有助于编排谈话内容的顺序。

有了充分的准备，在拜访的时候才能驾轻就熟，成功地达到预期的拜访目的。

3. 注意时间和场合

要事先预约拜会的时间。预约时要有礼貌地请教对方在你所定的时间内是否有空，同时也必须告知对方此次拜访需要多长时间。

在选择时间时要特别注意：对方公司刚开门时、对方中午用餐及休息时间、对方即将下班时，这三个时段都不适合作为拜访时间。

（二）等待会见时的礼仪

1. 拜访时一定要准时

最好提早5～10分钟到达，这表示你能完全掌握时间。

2. 主动登记，说明拜访对象

告诉接待员你的姓名、公司名称，并递上一张名片（上面印有你的职务），并告知约见人的姓名。

3. 耐心等候通报

若被拜访者的前一个约会还没结束，接待员会请你在贵宾室或会客室稍候，这时千万不要显出一副不耐烦的样子，而要安静耐心地等待。如果提前到达，千万不要在被拜访的公司内乱走，更不要乱翻别人的资料、档案。在拜访地借用电话时，要尊重主人，先打招呼再用。

若你准时赴约，在接待室中等了很久还是没有人来与你会面，不管是否能继续等待，只要已超过20分钟，就可以请问秘书或接待员：“您是否能告诉我，××先生何时有空呢?”对秘书也要有礼貌，就算你对他的上司非常生气，也不能把气出在他身上。

小贴士

当要拜访的对象始终没有办法和你见面，而你又无法再继续等候下去时，可以留下名片，并将名片左上角往内折，这表示你已经来过。一定要请前台人员转送，并向前台人员致谢，也可要求前台人员再约下次拜访时间。

（三）拜访时的注意事项

1. 进入主人的房间后不要贸然行事

应把公文包或手袋放在地上，不可放在桌子上，那是主人的领地。同样，不要自行取用桌子上的茶水，也不要去碰或表现出想看桌子上任何文件的企图。

2. 按主人之意就座

如果主人出于某种原因没有指明（也许忘了）客人的座位，客人最好先问一下再坐，以免错误地坐在别人的座位上。

3. 注意特殊天气

碰到下雨或特殊的天气时，在进入别人的办公室前，要先请教前台人员是否有衣帽间可以放置你的伞或雨衣，最好不要随身携带雨具去见你所要拜访的人。在这种天气里，更要提早到达约定地点，以免因交通阻塞而误了约定时间。

4. 携带足够的名片

名片的使用方法也要得当。拜访他人公司时，先给前台人员一张名片，并告知：“我是×××，跟贵公司×××下午×点有约，麻烦您。”对方接到名片后会马上为你联系。当你见到所要见的人，如果是初次见面，应马上拿出名片给对方，以证明你的身份。如果主人没回赠名片，应向他索要一张，或在征得同意后从主人的名片盒中取一张。

5. 稍作寒暄

初见面时，一般应与主人寒暄一下。例如：“您好！我是×××公司的×××，感谢您对我们公司的照顾。”在通常情况下，几分钟甚至几句话就足够了。

6. 适时告辞

在告辞的礼节方面，说过“再见”后，你的身体就该离开椅子了，不要“半个钟头前说再见，半个钟头后还坐在椅子上”，这是很不礼貌的行为。如果碰到受访者非常忙碌的时候，你要很有礼貌地请对方留步，不必其远送。

五、奉茶及接受奉茶的礼仪

客户来访时，除了请客人入座外，还应马上奉茶。奉茶前可事先请教客人的喜好——是茶、咖啡，还是其他饮料？如附带有点心招待的话，就应先将点心端出，然后再奉茶。

（一）奉茶时的注意事项

（1）茶水不要倒得太满，以八分满为宜。

（2）水温不宜太烫，以免客人不小心被烫伤了。

（3）同时有两位以上的访客时，端出的茶色要均匀，并要配合茶盘端出，左手捧着茶盘底部，右手扶着茶盘的外缘。如有点心则放到客人的右前方，茶杯应摆在点心右边。

（4）奉茶时应向在座的人说声：“对不起!”再以右手端茶，从客人右方奉上，面带微笑，眼睛注视对方并说：“这是您的茶，请慢用!”

（5）奉茶时应依职位的高低顺序端给各位客人，再依职位高低端给自己公司的接待人员。

（6）以咖啡或红茶待客时，杯耳和茶匙的握柄要朝着客人的右边。此外，要替每位客人准备一包砂糖和奶精，放在杯子旁（碟子上），方便客人取用。

（二）接受奉茶的注意事项

（1）表达谢意。注视奉茶者，并诚恳地说声“谢谢”。在商务活动中，当别人奉茶时不要以手去接，以免增加奉茶者的困扰。但若是上司或长辈亲自给你奉茶，则要起身双手恭敬地接迎。接受奉茶时如果无法说感谢，也要以和蔼的眼神回谢奉茶者，绝不可视而不见、听而不闻。

（2）动作规范。如需调和糖与奶精，应先调好，将茶匙横放在碟子上，再以右手端起杯子（除非你惯用左手）。

喝茶时不需将杯垫一起端起，应以单手端起茶杯，另一手轻扶杯垫，预防杯垫掉落。但若坐在矮茶几旁，则必须连同杯垫一起端起，以免不慎打翻。

（3）文明用茶。喝茶时不可出声，尤其是喝工夫茶时，不要因怕将茶叶喝入口中而以嘴滤茶，如果发出声音则是十分不雅的。

女士喝茶前先用化妆纸将口红轻轻按掉些，以免口红印留在杯子上。

商务拜访时，如对方未备饮料款待，来访者不宜主动要求提供饮料。

第三节　商业仪式与活动

一、开业典礼

典礼活动很多，常见的有节日庆典、奠基竣工典礼等。开业典礼，是指在单位创建、开业，项目完工，某一建筑物正式启用，或是某项工程正式开始之际，为了表示庆贺或纪念，而隆重举行的专门的仪式。有时，开业典礼亦称作开业仪式。举行开业典礼，要遵循“热烈、隆重、节俭”的原则。

（一）开业典礼的筹备

1. 做好开业典礼的舆论宣传工作

此类工作有二：一是选择有效的大众传播媒介进行集中性的广告宣传。企业可在报纸、电台、电视台广泛发布广告或在告示栏中张贴开业告示，其内容多为开业典礼举行的日期及地点、开业之际对顾客的优惠、开业单位的经营范围及特色等，以引起公众的注意。开业广告或告示发布时间在开业前的3天内为宜。二是邀请有关的大众传播界人士在开业典礼举行之时到场进行采访、报道，以期对本单位做进一步的正面宣传。

2. 做好来宾邀请工作

开业典礼影响的大小，往往取决于来宾的身份高低与数量多少。在力所能及的条件下，要力争多邀请一些来宾参加开业典礼。地方领导、上级主管部门与地方职能管理部门的领导、合作单位与同行单位的领导、社会团体的负责人、社会名流、新闻界人士，都是邀请时应予优先考虑的重点。其中，新闻界人士是邀请的首要对象。

3. 发放请柬

提前一周发出请柬，便于被邀者及早安排和准备。

请柬的印制要精美，内容要完整，文字要简洁，措辞要热情。被邀者的姓名要书写整齐，不能潦草马虎。

一般的请柬可派人送达，也可通过邮局邮寄。给有名望的人士或主要领导的请柬应派专人送达，以表示诚意和尊重。

4. 布置现场

应突出喜庆、热闹的气氛，营造出一种隆重而令人振奋的氛围。开业典礼多在开业现场举行，需要较为宽敞的活动空间，所以正门之外的广场、正门之内的大厅、展厅门前等处均可作为开业典礼的举行地点。

按照惯例，举行开业典礼时宾主一律站立，故一般不布置主席台及座椅。为显示隆重与敬客，可在来宾尤其是贵宾讲话之处铺设红色地毯，并在场地四周悬挂横幅、标语、气球、彩带、宫灯。此外，还应当在醒目之处摆放来宾赠送的花篮、牌匾等。

5. 准备开幕词、致辞

仪式开始，组织的负责人致辞，向来宾表示感谢，并介绍本组织的经营特色和服务宗旨等。上级领导和来宾可在会上致辞，应多讲一些祝愿的话，但要注意限制发言时间。开幕词、致辞要言简意赅、热情庄重，起到密切感情、增加友谊的作用。

6. 做好接待服务工作

接待人员在会场门口接待来宾，待来宾签到后，引导来宾就位。

重要来宾须由本单位主要负责人亲自出面接待，其他来宾可由本单位的礼仪小姐负责接待。

若来宾较多，应准备好专用的停车场、休息室，并为其安排饮食。

7. 要做好礼品馈赠工作

开业典礼赠予来宾的礼品应具有如下三大特征：其一，宣传性。可在礼品及其外包装上印上本单位的企业标志、广告用语、产品图案、开业日期等。其二，荣誉性。要使之具有一定的纪念意义，让拥有者对其珍惜、重视，并为之感到光荣和自豪。其三，独特性。它应当与众不同，具有本单位的鲜明特色，使人爱不释手。

8. 拟订典礼程序

从总体上来看，开业典礼大都由开场、过程、结束三个阶段构成：

（1）开场：奏乐，邀请来宾就位，宣布典礼正式开始，介绍主要来宾。

（2）过程：这是开业典礼的核心内容，它通常包括本单位负责人讲话、来宾代表致辞、启动某项开业标志等。

（3）结束：包括开业典礼结束后宾主一道进行现场参观、联欢、座谈等。它是开业典礼必不可少的内容。

9. 做好各种物质准备

（1）用品准备。如来宾的签到簿、本单位的宣传材料、待客的饮料等。

（2）设备准备。对于音响、录音录像、照明等设备以及开业典礼所需的各种用具、设备，必须事先认真检查、调试，以防在使用时出现差错。一般在开业典礼前一小时应再调试一次。

（二）掌握参加开业典礼的礼仪

1. 主办方礼仪

（1）仪容整洁。出席典礼的人员事前要做适当修饰。女士要适当化妆，男士应梳理好头发，刮净胡须。

（2）服饰规范。最好着统一式样的服装。如果着装不统一，也至少要保证男士穿深色西装或中山装，女士穿深色西装套裙或套装。

（3）准备充分。请柬的发放应及时，无遗漏；安排好席位、座次；安排好来宾的迎送车辆等。

（4）遵守时间。不得迟到、无故缺席或中途退场。典礼应准时开始，准时结束。

（5）态度友好。见到来宾要主动热情地问好，对来宾提出的问题应予以友善的答复。当来宾发表贺词后，应主动鼓掌表示感谢。不能随意打断来宾的讲话，提出挑衅性问题，或是对来宾进行人身攻击。来宾致辞中如有不能接受的内容，当场一般不加理睬，如果敌意过于明显，应以委婉而简短的语言引开话题。

（6）行为自律。主办方人员不得嬉笑打闹，不要东张西望，表现出心不在焉的样子。

2. 宾客礼仪

（1）准时参加。如有特殊情况不能到场，应尽早通知主办方，说明理由并表达歉意。

（2）最好送贺礼。贺礼可以选择花篮、镜匾、楹联等，以表示对开业方的祝贺，并在贺礼上写明庆贺对象、庆贺缘由、贺词及单位名称。

(3) 恭致祝贺。致贺词要简短精练，以祝顺利、发财、兴旺等吉利话为主，不能随意发挥。

(4) 广交朋友。到场后应礼貌地与周围的人打招呼，可通过自我介绍、互换名片等方式结识更多的朋友。

(5) 礼节性支持。如鼓掌、合影、跟随参观、写留言等。

(6) 礼貌告辞。典礼结束后应和主办人握手告别，并致谢意。

二、交接礼仪

交接仪式，在商务活动中一般是指施工单位依照合同将已经建设、安装完成的工程项目或大型设备，例如厂房、商厦、宾馆、办公楼、机场、码头、车站，或飞机、轮船、火车、机械等，经验收合格后正式移交给使用单位之时举行的庆祝典礼。

交接的礼仪，指在举行交接仪式时须遵守的有关规范。它具体包括交接仪式的准备、交接仪式的程序、交接仪式的注意事项等内容。

（一）交接仪式的准备

1. 来宾的邀请

一般应由交接仪式的主办方——施工或安装单位负责。从原则上来讲，交接仪式的出席人员应当包括：施工、安装单位的有关人员，接收单位的有关人员，上级主管部门的有关人员，当地政府的有关人员，行业组织、社会团体的有关人员，各界知名人士，新闻界人士，以及协作单位的有关人员，等等。

交接仪式上应尽可能地为参加仪式的媒体提供便利。至于邀请海外的媒体人员参加交接仪式的问题，则必须认真遵守有关的外事规则与外事纪律，事先履行必要的报批手续。

2. 现场的选择

一般可将交接仪式的进行地点安排在已经建设、安装完成并已验收合格的工程项目或大型设备所在地的现场。有时，亦可将其酌情安排在主办方单位本部的会议厅，或者由施工、安装单位与接收单位双方共同认可的其他场所。

如果将被交付的工程项目或大型设备的现场条件欠佳，或是出于主办方单位的本部不在当地以及将要出席仪式的人员较多等其他考虑，经施工、安装单位提议，并经接收单位同意，交接仪式亦可在其他场所举行。如宾馆的多功能厅、外单位出租的礼堂或大厅等处，都可用来举行交接仪式。

3. 物品的预备

在交接仪式上，有不少需要使用的物品应由主办方提前准备，例如：

(1) 验收文件：已经公证的由交接双方正式签署的接收证明文件。

(2) 一览表：交付给接收单位的全部物资、设备或其他物品的名称、数量明细表。

(3) 钥匙：用来开启被交接的建筑物或机械设备的钥匙。

小贴士

一般来说，钥匙只具有象征性，预备一把即可。

（4）特色物品：烘托喜庆气氛的物品以及为来宾准备的礼品。赠送给来宾的礼品，应突出其纪念性、宣传性，如被交接的工程项目、大型设备的微缩模型，或以其为主角的画册、明信片、纪念章、领带针、钥匙扣等，皆为上佳之选。

（二）交接仪式的程序

主办单位在拟订交接仪式的具体程序时，必须注意两方面的问题：其一，参照惯例，尽量不要标新立异；其二，实事求是，量力而行。常见的交接仪式程序如下：

（1）主持人宣布交接仪式正式开始。

（2）奏国歌，然后演奏东道主单位的标志性歌曲。奏国歌时，全体与会者必须肃立。

（3）由施工、安装单位与接收单位正式进行有关工程项目或大型设备的交接。具体的做法是：由施工、安装单位的代表将有关工程项目、大型设备的验收文件、一览表或者钥匙等象征性物品，正式递交给接收单位的代表。此时，双方应面带微笑，双手递交、接收有关物品，在此之后还应热烈握手。

（4）各方代表发言。发言的顺序如下：施工、安装单位的代表，接收单位的代表，来宾的代表。发言宜短忌长，点到为止即可，原则上每个人的发言应以3分钟为限。

（5）宣告交接仪式正式结束，随后安排全体来宾进行参观或观看文娱表演。

（三）交接仪式的注意事项

1. 主办方

（1）仪表整洁。主办方参加交接仪式的人员必须妆容规范、服饰得体、举止大方。

（2）保持风度。在交接仪式举行期间，主办方的人员不得东游西逛、交头接耳、打打闹闹。在为发言者鼓掌时，不允许厚此薄彼。

（3）待人友好。主办方的全体人员都应当自觉地树立起主人翁意识。一旦来宾提出问题或需要帮助时，都要鼎力相助。不允许一问三不知、借故推脱、拒绝帮忙，甚至胡言乱语、大说风凉话。即使自己力不能及，也要向对方说明原因，并且及时向有关方面反映。

2. 来宾方

（1）热烈祝贺。接到正式邀请后，被邀请者应尽早以单位或个人的名义发出贺电或贺信，向主办方表示热烈祝贺，也可在出席交接仪式时将贺电或贺信面交主办方。不仅如此，被邀请者在参加仪式时还须郑重其事地与主办方的主要负责人一一握手，再次口头道贺。

（2）略备贺礼。为表示祝贺之意，可向主办方赠送一些贺礼，如花篮、牌匾等。

（3）预备贺词。假若自己与主办方关系密切，还须提前预备一份书面贺词，供发言时使用。其内容应当简明扼要，主题是向主办方道喜祝贺。

（4）准时到场。若无特殊原因，接到邀请后，务必牢记在心，届时正点抵达，为主人捧场。若不能出席，则应尽早通知主办方。

三、剪彩礼仪

剪彩仪式，指的是商界的有关单位为了庆贺公司的设立、企业的开工、宾馆的落成、商店的开张、银行的开业、大型建筑物的启用、道路或航线的开通、展销会或博览会的开幕等而隆重举行的一项礼仪性程序。因其主要活动内容是邀请专人使用剪刀剪断被称为

“彩”的红色缎带，故此被人们称为剪彩。

小知识

剪彩的来历

1912 年，美国得克萨斯州的华狄密镇有一家大百货公司将要开业。开张这天的一大早，老板按当地风俗在开着的店门前横系一条布带，防止公司未开张前有闲人闯入。这时，老板的小女儿牵着一条哈巴狗从店里匆匆跑出来，无意中碰断了这条布带。等在门外的顾客以为这是该店为了开张而搞的独特仪式，便蜂拥而入，争先购物，公司的生意自然兴隆无比。不久，当老板的一个分公司要开张时，老板想起第一次开张时的盛况，便有意让小女儿把布带碰断，果然效果又很好。于是，人们争相效法。这种仪式发展到了今天就叫“剪彩”。

目前通行的剪彩礼仪主要包括剪彩的准备、剪彩人员的选定、剪彩的程序等内容。

（一）剪彩的准备

它主要涉及场地的布置、环境的卫生、灯光与音响的准备、媒体的邀请、人员的培训等。在准备这些方面时，必须认真细致、精益求精。除此之外，尤须对剪彩仪式上要使用的某些特殊用具，诸如红色缎带、新剪刀、白色薄纱手套、托盘以及红色地毯等，进行仔细的选择与准备。

1. 红色缎带

剪彩仪式之中的“彩”，应当用一整匹未曾使用过的红色绸缎，并在中间结成数朵花团做成。

2. 新剪刀

剪彩者人手一把新剪刀。剪刀专供剪彩者在正式剪彩时使用，必须锋利而顺手。

小贴士

万不可因剪刀不好用而使台上的剪彩者尴尬！

3. 白色薄纱手套

这是专为剪彩者准备的。剪彩者剪彩时每人戴上一副白色薄纱手套，以示郑重。在准备白色薄纱手套时，除了要确保数量充足之外，还须注意手套的大小适度、崭新平整、洁白无瑕。

4. 托盘

托盘用作盛放剪刀、白色薄纱手套。最好是崭新、洁净的，通常首选银色的不锈钢制品。为了显示庄重，可在使用时在盘上铺上红色绒布或绸布。

5. 红色地毯

红色地毯主要用于铺设在剪彩者正式剪彩时的站立之处。其长度可视剪彩者人数的多寡而定，其宽度则应在一米以上。在剪彩现场铺设红色地毯，主要是为了提升档次，营造一种喜庆的气氛，有时亦可不予铺设。

（二）剪彩人员的选定

对剪彩人员必须认真进行选择，并于事前进行必要的培训。

除主持人之外，剪彩人员主要由剪彩者与助剪者组成。

1. 剪彩者

剪彩者可以是一个人，也可以是几个人，但是一般不应多于 5 人。剪彩者多由上级领导、合作伙伴、社会名流、员工代表或客户代表担任。剪彩者应着套装、套裙或制服，并将头发梳理整齐，不允许戴帽子、墨镜，也不允许穿着便装。

若剪彩者仅为一人，则其剪彩时居中而立即可。若剪彩者不止一人，一般的规则是：中间高于两侧，右侧高于左侧，距离中间站立者愈远，位次便愈低，即主剪者应居于中央的位置。

2. 助剪者

多由主办方的女职员担任，即礼仪小姐。

在剪彩仪式上服务的礼仪小姐又可以分为迎宾者、引导者、服务者、拉彩者、捧花者、托盘者。迎宾者的任务，是在活动现场负责迎来送往。引导者的任务，是在进行剪彩时负责带领剪彩者登台或退场。服务者的任务，是为来宾尤其是剪彩者提供饮料和安排休息之处。拉彩者的任务，是在剪彩时展开、拉直红色缎带。捧花者的任务，是在剪彩时手托花团。托盘者的任务，则是为剪彩者提供剪刀、手套等剪彩用品。

礼仪小姐的基本条件是：相貌姣好、身材颀长、年轻健康、气质高雅、音色甜美、反应敏捷、机智灵活、善于交际。礼仪小姐的最佳装束应为：化淡妆，盘起头发，穿款式、面料、色彩统一的单色旗袍，配肉色连裤丝袜、黑色高跟皮鞋。除戒指、耳环或耳钉外，不佩戴其他任何首饰。有时，礼仪小姐身穿深色的单色套裙亦可。但是，她们的穿着打扮必须尽可能整齐划一。必要时，可向外单位临时聘请礼仪小姐。

（三）剪彩的程序

剪彩仪式宜紧凑，忌拖沓，所耗时间愈短愈好，短则一刻钟，长也不宜超过一个小时。按照惯例，剪彩既可以是开业典礼中的一项具体程序，也可以独立出来，由其自身的一系列程序组成。剪彩仪式通常应包含如下六项基本的程序。

1. 请来宾就位

在剪彩仪式上，通常只为剪彩者、来宾和本单位的负责人安排座席。

2. 宣布仪式正式开始

在主持人宣布仪式开始后，乐队演奏音乐，现场可燃放鞭炮，全体到场者应热烈鼓掌。此后，主持人向全体到场者介绍到场的重要来宾。

3. 奏国歌

此刻全场起立。奏国歌后亦可演奏本单位标志性歌曲。

4. 进行发言

发言者依次应为主办方单位的代表、上级主管部门的代表、地方政府的代表、合作单位的代表。发言内容应言简意赅，每人不超过 3 分钟，重点分别应为介绍、道谢与致贺。

5. 进行剪彩

此刻全体应热烈鼓掌，必要时还可奏乐或燃放鞭炮。在剪彩前须向全体到场者介绍剪彩者。

6. 组织参观

剪彩之后，主人应陪同来宾参观被剪彩之物。仪式结束后，主办方单位可向来宾赠送纪念性礼品，并以自助餐款待全体来宾。

四、签字礼仪

签字，即合同的签署。它在商务交往中被视为一项标志着有关各方的相互关系取得了更大的进展，以及为消除彼此之间的误会或抵触而达成了一致性见解的重大成果。

在具体签署合同时，应严格地依照规范，讲究礼仪，应用礼仪，依例举行一系列程式化的活动，即签字的仪式。签字仪式分为草拟阶段、准备阶段与签署阶段。

（一）草拟阶段

草拟合同文本。

1. 合同写作的要求

合同的写作有一定之规。它的要求是：目的要明确，内容要具体，用词要标准，数据要精确，项目要完整，书面要整洁。

2. 合同的不同格式及写作规范

从具体的写法上来说，合同大体上有条款式与表格式两类。所谓条款式合同，指的是以条款形式出现的合同。所谓表格式合同，则是指以表格形式出现的合同。条款式合同与表格式合同在写法上都有各自的具体规范，在实践中必须严格遵守。一般来说，标的、费用与期限被称作合同内容的三大要素。三者在任何一项合同中都应当齐备，缺一不可。从具体的条款撰写上来讲，一项合同至少需要具备标的、数量或质量、价款或酬金、履约的期限与地点及其方式、违约责任等五大基本内容。对于这种规范，商界人士必须自觉地遵照执行。

3. “双方均受益”原则

商务人员在草拟合同的具体条款时，既要“以我为中心”，优先考虑自己的切身利益，又要使“双方均受益”，尽可能照顾他方的利益，这是促使合同为对方所接受的最佳途径。

4. 原则性与灵活性相结合

草拟合同时，在具体条款上，商务人员不仅要讲原则性，也要讲灵活性。

（二）准备阶段

1. 布置签字厅

签字厅有常设的、专用的，也有临时以会议厅、会客室来代替的。签字厅的布置要求庄重、整洁、清静，室内应铺地毯，正规的签字桌应为长桌，其上最好铺设深绿色台呢布，其他陈设视情形而定。签字桌应横放于室内，在其后可摆放适量的座椅。签署双边性合同时，可放置两张座椅，供签字人就座。签署多边性合同时，可以仅放一张座椅，供各方签字人签字时轮流就座，也可以为每位签字人都提供座椅。签字人就座时，一般应面对正门。

2. 准备所需物品

（1）待签的合同文本。应由举行签字仪式的主方负责准备待签合同的正式文本。主方应会同有关各方一道，指定专人，共同负责合同的定稿、校对、印刷与装订。

签署涉外商务合同时，按照国际惯例，待签的合同文本应同时使用有关各方法定的官方语言，或是使用国际上通行的英文、法文。此外，亦可同时并用有关各方法定的官方语言与英文或法文。使用外文撰写合同时，应反复推敲，字斟句酌，不要望文生义或不解其意地乱用词语。

待签合同文本应以精美的白纸印制而成，按大八开的规格装订成册，并以高档质料如真皮、金属、软木等作封面。

负责为签字仪式提供待签的合同文本的主方，按常规应为在合同上正式签字的有关各方均提供一份待签的合同文本，必要时还可再向各方提供一份副本。

（2）签字笔。不能使用圆珠笔签订合同。循例应事先安放好签字笔、吸墨器等。

（3）国旗。与外商签署涉外商务合同时还需在签字桌上插放有关各方的国旗。插放国旗的位置与顺序，必须按照礼仪而行。有关各方的国旗须插放在该方签字人座椅的正前方。

（4）座次安排。签字时各方代表的座次由主方代为先期排定。

签署双边性合同时，应请客方签字人在签字桌右侧就座，主方签字人则应同时就座于签字桌左侧。双方各自的助签人应分别站立于各自一方签字人的外侧，以便随时为签字人提供帮助。双方其他的随员，可以按照一定的顺序在己方签字人的正对面就座，也可以依照职位的高低自左至右（客方）或是自右至左（主方）依次列成一行，站立于己方签字人的身后，当一行站不完时，可以按照以上顺序并遵照“前高后低”的惯例，排成两行、三行或四行。原则上，双方随员人数应大体上相近。

签署多边性合同时，一般仅设一个签字椅。各方签字人签字时，须依照有关各方事先同意的先后顺序，依次上前签字。各自的助签人应随之一同行动。助签时，依“右高左低”的规矩，助签人应站立于签字人的左侧。与此同时，有关各方的随员应按照一定的序列面对签字桌就座或站立。

（5）香槟酒和高脚杯。双方在交换已签的合同文本后，为增添喜庆色彩，使用高脚杯共饮香槟酒。

（三）签署阶段

签署阶段是签署合同的高潮，它的时间不长，但程序规范、庄重而热烈。

1. 签字仪式正式开始

有关各方人员进入签字厅，在既定的位次上各就各位。

2. 签字人按“轮换制”正式签署合同文本

（1）首先签署己方保存的合同文本，接着再签署他方所持的合同文本。

（2）签字人正式交换已经有关各方正式签署的合同文本。

此时，各方签字人应热烈握手，互致祝贺，并相互交换各方刚才使用过的签字笔，以示纪念。全场人员应鼓掌表示祝贺。

小知识

签字的“轮换制”，指每位签字人均应首先签署己方保存的合同文本，然后再交由他方签字人签字。这样在位次排列上，有关各方均有机会居于首位一次，以显示机会均等、各方平等。

3. 共饮香槟酒互相道贺

在一般情况下，在正式签署商务合同后，各方应开香槟举杯庆祝。

此外，签署的合同应提交有关方面进行公证才正式生效。

五、新闻发布会礼仪

新闻发布会，简称发布会，有时也称记者招待会。

它是以发布新闻为主要内容的会议，是社会组织主动传播各类有关的信息，谋求新闻界对其或与其相关的某一活动、事件进行客观而公正的报道的有效沟通方式。

新闻发布会礼仪，一般指的就是有关举行新闻发布会的礼仪规范，包括会议的筹备工作、媒体的邀请、现场的应酬、善后事宜等。

（一）会议的筹备工作

1. 主题的确定

新闻发布会的主题大致上有三类：一类是发布某一消息，一类是说明某一活动，还有一类则是解释某一事件。

2. 时间的选择

一般来说，一次新闻发布会所使用的全部时间应当限制在两个小时以内。在选定举行新闻发布会的时间时，还须谨记以下四个方面的细节问题：

（1）避开节日与假日；

（2）避开本地的重大社会活动；

（3）避开其他单位的新闻发布会；

（4）避开与新闻界的宣传报道重点撞车或相重叠。

通常认为，举行新闻发布会的最佳时间，是在周一至周四的上午 10 点至 12 点或是下午的 3 点至 4 点。在此时间内，绝大多数人都是方便与会的。

3. 地点的确定

新闻发布会的举行地点，除可以考虑本单位所在地、活动或事件所在地之外，还可优先考虑首都或其他影响巨大的中心性城市。必要时，还可在不同地点举行内容相似的新闻发布会。举行新闻发布会的现场，应交通方便、条件舒适、面积适中，本单位的会议厅、宾馆的多功能厅、当地最有影响的建筑物等均可酌情予以选择。

4. 人员的安排

在准备新闻发布会时，主办者一方必须精心做好有关人员的安排。

发布会的主持人大都由主办单位的公关部部长、办公室主任或秘书长担任。他的基本条件是：仪表堂堂、年富力强、见多识广、反应灵活、语言流畅、幽默风趣、善于把握大局、长于引导提问，并且具有丰富的主持会议的经验。主持人的发言内容是简单介绍会议概要。

发布会的发言人是会议的主角，通常应由本单位的高级领导担任。此人除了在社会上口碑较好、与新闻界关系较为融洽之外，还应当修养良好、学识渊博、思维敏捷、记忆力强、善解人意、能言善辩、彬彬有礼。发言人的发言内容应详细。

发布会的礼仪服务人员最好是由品行良好、相貌端正、工作负责、善于交际的主办方的年轻女性担任。

5. 材料的准备

（1）发言提纲。它是发言人在新闻发布会上进行正式发言时的发言提要。它既要紧扣主题，又必须全面、准确、生动、真实。

（2）问答提纲。为了使发言人在现场正式回答提问时表现自如，不慌不忙，事先可对有可能被提问的主要问题进行预测，并就此预备好对应的答案，以使发言人心中有数，必要时予以参考。

（3）宣传提纲。主办单位可事先精心准备好一份以有关数据、图片、资料为主的宣传提纲，并且打印出来，在新闻发布会上提供给每一位外来的与会者。在宣传提纲上，通常应列出单位名称及联络电话、传真号码，以供新闻界人士核实之用，有网页的商界单位应同时列出本单位的网址。

（4）辅助材料。假如条件允许，可在新闻发布会的举办现场预备一些可强化会议效果的形象化视听材料，例如图表、照片、实物、模型、光盘、录音、录像、幻灯等，以供与会者利用。

6. 发送请柬

请柬应提前一至两周发出，重要宾客的请柬要专门安排人员送达。

7. 准备胸卡和名签

会议主办单位应为每位出席者准备在胸前佩戴的写有姓名和职务等内容的胸卡，另外还要安排好座位，特别要注意安排主席台上嘉宾和主要人物的座位，并在其座位的正前方放名签。

8. 准备好视听设备

会前应检查扩音设备、录音设备及幻灯设备等，最好在会议开始前一个小时再检查一遍，保证不出现故障。

9. 制订预算计划

预算计划要根据新闻发布会的规模来制订。通常包括的费用项目有：印刷品费用、邮费；租用会场费；租用音像器材费；茶点费和餐费；照相费；签到留言簿费；礼品费；请柬费；来宾及工作人员交通费、住宿费；会场布置费；等等。

预算计划应留有余地，以备不时之需。

（二）媒体的邀请

在新闻发布会上，主办单位的交往对象是新闻界人士。

选择邀请新闻界人士时，首先出席发布会的记者应讲究少而精。

其次考虑应当邀请哪些方面的新闻界人士参加。不同的发布会有不同的侧重点。一般而言，宣布某一消息时，尤其是为了扩大影响、提高本单位的知名度时，邀请新闻单位通常多多益善；而在说明某一活动、解释某一事件时，特别是当本单位处于守势时，邀请新闻单位的面则不宜过宽。不论是邀请一家还是数家新闻单位参加新闻发布会，主办单位都要尽可能地优先邀请那些影响巨大、主持正义、报道公正、口碑良好的新闻单位到场。

（三）现场的应酬

要确保新闻发布会的顺利进行，特别要求主持人、发言人在新闻发布会举行之际牢记下述几个要点。

1. 要注重外表

在新闻发布会上，代表主办单位出场的主持人、发言人，是被新闻界人士视为主办单位的化身和代言人的。有鉴于此，主持人、发言人对于自己的外表，尤其是仪容、服饰、举止，一定要事先进行认真的修饰。

按惯例，主持人、发言人要进行必要的化妆，并且以化淡妆为主。发型应当庄重而大方，一般不宜佩戴首饰。服装必须干净、挺括，男士宜穿深色西装、白色衬衫、黑袜黑鞋，并且打领带，女士则宜穿单色套裙、肉色丝袜、高跟皮鞋。在面对新闻界人士时，主持人、发言人都要注意做到举止自然而大方，面含微笑，目光炯炯，表情松弛，坐姿端正。

2. 要注意相互的配合

要真正做好相互配合，一是分工明确，二是彼此支持。

主持人主要是主持会议、引导提问，发言人则主要是做主旨发言、答复提问。若发言人不止一人，事先必须进行内部分工，各管一段。一般来讲，发言人的现场发言应分为两个部分，首先进行主旨发言，接下来才回答疑问。当数名发言人到场时，只需一人进行主旨发言即可。

在新闻发布会上，主持人、发言人要彼此支持，保持一致的口径，不允许公开顶牛、相互拆台。当新闻界人士提出的某些问题过于尖锐或难于回答时，主持人要设法转移话题，不使发言人难堪。而当主持人邀请某位新闻记者提问之后，发言人一般要给予对方适当的回答。

3. 要注意讲话的分寸

首先，要简明扼要。不管是发言还是答问，都要条理清楚、重点集中，令人既一听就懂又难以忘怀。

其次，要提供新闻。既然是新闻发布会，自然就要有新闻发布，新闻界人士就是特意为此而来的。所以，在不违法、不泄密的前提下，要善于满足对方在这一方面的要求，要在讲话中善于表达自己的独到见解。

再次，要生动灵活。在讲话之际，讲话者的语言是否生动、反应是否灵活，往往直接影响到现场的气氛。面对冷场或者冲突爆发在即，讲话者生动而灵活的语言往往可以化险为夷。因此，适当地采用一些幽默风趣的语言、巧妙的典故，也是必不可少的。

最后，要温文尔雅。新闻记者大都见多识广，加之又是有备而来，所以他们在新闻发布会上经常会提出一些尖锐而棘手的问题。遇到这种情况时，发言人能答则答，不能答则应当巧妙地进行回避，或是直接告之以无可奉告。唯有语言谦恭敬人、机敏灵活，才会不辱使命。

（四）善后事宜

新闻发布会举行完毕之后，主办单位需在一定的时间之内对其进行一次认真的评估善后工作。

1. 要了解新闻界的反应

发布会结束之后，应对照现场所使用的来宾签到簿与来宾邀请名单，核查一下新闻界人士的到会情况，据此可大致推断出新闻界对本单位的重视程度。

2. 要整理保存会议资料

需要主办单位认真整理保存的新闻发布会的有关资料，大致上可以分为两类：一类是会议自身的图文资料及声像资料，包括在会议进行过程中所使用的一切文件、图表、录音、录像等；另一类则是新闻媒介有关会议报道的资料，主要包括在电视、报纸、广播、杂志上所公开发表的涉及此次新闻发布会的消息、通讯、评论、图片等。具体可以分为有利报道、不利报道、中性报道三类。

3. 要酌情采取补救措施

在听取了与会者的意见、建议，总结了会议的举办经验，收集、研究了新闻界对于会议的相关报道之后，对于失误、过错或误导要主动采取一些必要的对策。对于在新闻发布会之后出现的不利报道，特别要注意具体分析、具体对待。

小知识

发布会后出现的不利报道及其对策

不利报道一般有三类：一是事实准确的批评性报道，二是因误解而出现的失实性报道，三是有意歪曲事实的敌视性报道。对于批评性报道，主办单位应当闻过即改，虚心接受。对于失实性报道，主办单位应通过适当途径加以解释，消除误解。对于敌视性报道，主办单位则应在讲究策略、方式的前提下据理力争，尽量为自己挽回声誉。

六、展览会礼仪

展览会礼仪指在组织、参加展览会时所应当遵循的规范与惯例。

（一）准备阶段

（1）确定展览会的主题、目的和类型。

（2）根据交通情况、服务设施情况和天气情况等确定展览会的时间和地点。

（3）根据组织实际情况制定展览会经费预算。

（4）准备展览会的有关文字资料、图片资料、音像资料、实物、模型、宣传材料等，并进行布置。

（5）培训工作人员，如接待员、讲解员、操作演示员及其他有关人员等。

（6）成立专门对外发布新闻的机构，安排好新闻报道工作。

（7）准备展览会的辅助设备，做好相关服务工作，如文书业务、邮电通信、交通运输、安全保卫、停车场、餐饮场所、业务洽谈室等。

（二）展览阶段

（1）做好接待和解说工作，热情耐心地解答每位参观者提出的问题，并向参观者发放宣传材料或纪念品。

（2）利用新闻媒体扩大展览会的影响。

（三）结束阶段

（1）收集新闻媒体等各方面对展览会的报道与评价。

（2）分析反馈信息，总结经验。

（3）写出书面报告，以备查考。

（四）展览会的布展工作

1. 布展的内容

（1）展位的合理分配。

（2）文字、图表、模型与实物的拼接组装。

（3）灯光、音响、饰件的安装。

（4）展板、展台、展厅的设计与装潢等。

2. 布展的基本要求

展出的物品应合理搭配，互相衬托，有效地烘托展览会的主题。

3. 展台及展品布置规范

（1）在限定时间内将道具、展品、说明等放置在展台内最合适的位置。

（2）展台布置的根本出发点：以参观者的感受为核心，从参观者的角度去构思和布局。

（3）展台的具体布置要考虑色彩、照明、造型等特殊视觉效果。

（4）展台的搭建有两种方式：一是直接装卸式展台，即按搭建日期把卡车直接开到展厅里，由展览会搬运商负责搭台、卸货；二是参展商利用会场现有展台，自行卸货，卸货时可租用现场的器械，如叉式装卸机和手动小起重车等。

（5）对展品的要求：外观上要力求完美无缺，质量上要优中选优，陈列上要既整齐美观，又讲究主次。

（6）展品的布置要突出主题。可利用各种手法，如以聚光灯烘托高档商品，用大屏幕演示产品的生产，使产品处于工作状态，等等。

（五）参加展览会的礼仪

1. 努力维护整体形象

在参与展览时，参展单位的整体形象主要由展示物的形象与工作人员的形象两个部分所构成。对于二者要给予同等的重视，不可偏废其一。

（1）展示物的形象。主要由展品的外观、展品的质量、展品的陈列、展位的布置、发放的资料等构成。说明材料与单位名片应常备于展台上。

（2）工作人员的形象。主要指在展位上的工作人员的穿着打扮。工作人员应统一着装。最佳的选择是身穿本单位的制服，或者是穿深色的西装、套裙。在大型的展览会上，参展单位若安排专人迎送宾客，最好身穿色彩鲜艳的单色旗袍，并胸披写有参展单位或其主打展品名称的大红色绶带。为了说明各自的身份，全体工作人员皆应在左胸佩戴标明本人单位、职务、姓名和有本人彩照的胸卡，唯有礼仪小姐可以例外。工作人员不应佩戴首饰。男士应当剃须，女士最好化淡妆。

2. 要时时注意待人礼貌

展览一旦正式开始，全体参展单位的工作人员即应各就各位，站立迎宾。不允许迟到、早退，无故脱岗、东游西逛，更不允许在观众到来之时坐、卧不起，怠慢对方。

3. 要善于运用解说技巧

（1）解说人员要熟悉有关单位和产品的基本情况，了解有关资料，以便在解说时能够应对自如。

（2）要因人而异，使解说具有针对性。同时，要突出展品的特色。在必要时可邀请观众亲自动手操作，或由工作人员进行现场示范。此外，还可安排观众观看与展品相关的影视片，并向其提供说明材料与单位名片。通常，说明材料与单位名片应常备于展台之上，由观众自取。

（3）当观众在本单位的展位上进行参观时，工作人员可随行其后，以备对方向自己进行咨询；也可以请其自便，不加干扰。观众较多，或是在接待组团而来的观众时，工作人员亦可在左前方引导对方进行参观。对于观众所提出的问题，工作人员要认真回答。当观众离去时，工作人员应当真诚地向对方欠身施礼，并道以“谢谢光临”或是“再见”。

小贴士

接待人员一定要避免与参观者发生直接冲突。

七、茶话会礼仪

茶话会在商界主要是指意在联络老朋友、结交新朋友，具有对外联络和进行招待性质的社交性集会。茶话会是以茶待客，以茶会友，会上备有茶点，故此称为茶话会，有时也简称茶会。茶话会礼仪，在商务礼仪之中特指有关单位召开茶话会时所应遵守的礼仪规范。其具体内容如下。

（一）确定会议的主题

茶话会的主题指茶话会的中心议题，大致可分为如下三类。

1. 以联谊为主题

即为了联络主办单位同应邀与会的社会各界人士的友谊而举办的茶话会。在这类茶话会上，与会者可以不拘形式地自由发言，宾主叙旧、答谢，增进了解，密切关系。同时，它还为与会的社会各界人士提供了一个扩大社交圈的良好契机。

2. 以娱乐为主题

在这类茶话会上往往会安排一些文娱节目或文娱活动，所安排的文艺节目或文娱活动不需事先安排和排练，而是现场发挥、即兴演出，因而热闹、喜庆。

3. 以专题为主题

即指在某一特定的时刻或为了某些专门的问题而召开的茶话会。在这类茶话会上，主办单位就某一专门问题收集意见，听取某些专业人士的见解，或者是同某些与本单位存在特定关系的人士进行对话。

（二）确定会议的来宾

茶话会的与会者，除主办单位的会务人员之外，即为来宾。根据茶话会的主要与会者的不同，茶话会大体上可分为下列五种情况。

1. 以本单位的人士为主

主要是邀请本单位的各方面代表参加，意在沟通信息、通报情况、听取建议、嘉勉先进、总结工作。有时，亦可邀请本单位的全体员工或某一部门、某一阶层的人士参加。这类茶话会也叫作内部茶话会。

2. 以本单位的顾问为主

这类人员主要指有助于本单位发展的各位专家、学者、教授等。邀请他们与会，既表明对他们的尊敬与重视，也可以直接向其咨询，听取其建议。

3. 以社会上的贤达为主

社会贤达，作为知名人士，不仅在社会上具有一定的影响力、号召力和社会威望，而且往往是某一方面的代言人。举办这类茶话会，可使本单位与社会贤达直接进行交流，加深对方对本单位的了解与好感，并可倾听社会各界对本单位的意见。

4. 以合作中的伙伴为主

所谓合作中的伙伴，除了自己的协作者之外，还应包括与本单位存在供、产、销等其他关系者。这类茶话会重在向与会者表达谢意，加深彼此之间的理解与信任。

5. 以各方面的人士为主

其邀请对象为各行各业、各个方面的人士，因而又叫综合茶话会。举办这种茶话会，除了可供主办单位传递必要的信息外，还可为与会者创造一个扩大个人交际面的社交机会。

茶话会的与会者名单一经确定，应立即以请柬的形式向对方提出正式邀请。请柬通常应在半个月之前送给或寄给被邀请者，被邀请者对此可以不必答复。

（三）选择茶话会的时间和地点

1. 确定举行茶话会的时间

（1）茶话会举行的时机。通常认为，辞旧迎新之时、周年庆典之际、重大决策前后、遭遇危难挫折之时等，都是商界单位酌情召开茶话会的良机。

（2）茶话会举行的时间。根据国际惯例，举行茶话会的最佳时间是下午 4 点左右，有些时候亦可将其安排在上午 10 点左右。当然，还要考虑与会者尤其是主要与会者是否方便以及当地人的生活习惯。

（3）茶话会时间的长度。一次成功的茶话会大都讲究适可而止。在一般情况下，若是将其限定在一个小时至两个小时之内，效果往往会较好。

2. 茶话会举办地点、场所的选择

按照惯例，适宜举行茶话会的场地主要有：主办单位的会议厅；宾馆的多功能厅；主办单位负责人的私家客厅；主办单位负责人的私家庭院或露天花园；高档的营业性茶楼或茶室。餐厅、歌厅、酒吧等处，均不宜用来举办茶话会。

在选择举行茶话会的具体场地时，还需兼顾与会人数、支出费用、周边环境、交通安全、服务质量、档次名声等问题。

（四）会议的座次安排

在安排茶话会座次时，主要采取以下四种办法。

1. 环绕式

所谓环绕式排位，指的是不设立主席台而将座椅、沙发、茶几摆放在会场的四周，不明确座次的具体尊卑，听任与会者在入场之后自由就座。这一安排座次的方式与茶话会的主题最相符，因而在当前最为流行。

2. 散座式

所谓散座式排位，多见于举行于室外的茶话会。座椅、沙发、茶几的摆放可以散乱无序，自由组合，甚至可由与会者根据个人要求而自行调节，随意安置。其目的就是营造出一种宽松、舒适、惬意的社交环境。

3. 圆桌式

圆桌式排位，指的是在会场上摆放圆桌，请与会者在其周围自由就座的一种安排座次的方式。在茶话会上，圆桌式排位通常又分为下列两种具体的方式：一是仅在会场中央安放一张大型的椭圆形会议桌，请全体与会者在其周围就座；二是在会场上安放数张圆桌，请与会者自由组合，选择就座。当与会者人数较少时，可采用前者；当与会者人数较多时，则应采用后者。

4. 主席式

在茶话会上，主席式排位并不意味着要在会场上摆放一目了然的主席台，而是指在会场上，主持人、主人与主宾应被有意识地安排在一起就座，并且按照常规居于上座之处，如中央、前排、会标之下或是面对正门之处。

小贴士

为了使与会者畅所欲言，便于交际，茶话会上座次的尊卑安排不宜过于明显。不排座次，允许自由活动，不摆与会者的名签，是最常见的做法。

（五）茶点的准备

1. 精心准备待客的茶叶与茶具

选择茶叶时，应尽量挑选上等品。与此同时，要注意照顾与会者的不同口味。对中国人来说，绿茶老少咸宜。对欧美人而言，红茶则更受欢迎。

选择茶具时，最好选用陶瓷器皿，并且讲究茶杯、茶碗、茶壶成套，千万不要采用玻璃杯、塑料杯、搪瓷杯、不锈钢杯或纸杯，也不要用热水瓶来代替茶壶。所有茶具一定要清洗干净，完整无损。

2. 略备点心、水果或是地方风味小吃

在茶话会上向与会者供应的点心、水果或地方风味小吃，品种要对路，数量要充足，并且要便于取食。为此，最好同时准备擦手巾。

按惯例，在茶话会举行之后，主办单位通常不再为与会者备餐。

（六）茶话会的议程

（1）主持人宣布茶话会正式开始，并对主要的与会者略加介绍。

（2）主办单位的主要负责人讲话。应以阐明此次茶话会的主题为中心内容，代表主办单位对与会者的到来表示欢迎与感谢，并且恳请大家今后一如既往地给予支持和理解。

（3）与会者发言。这是茶话会的主要内容。主办单位事先均不对发言者进行指定与排序，也不限制发言的具体时间，而是提倡与会者自由地进行即兴式的发言。

（4）主持人略做总结，随后即可宣布茶话会至此结束。

（七）现场的发言

欲使现场发言成功，主持人引导得法和与会者发言得体就显得尤为重要。

在茶话会上，主持人所起的作用不止于主持会议，更重要的是能够在现场审时度势，因势利导地引导与会者的发言，并且有力地控制会议的全局。在每位与会者发言之前，主持人可对其略做介绍。在其发言的前后，主持人应带头鼓掌致意。万一有人发言严重跑题或言辞不当，主持人还应出面转换话题。

与会者在茶话会上发言时，表现必须得体。在要求发言时，可举手示意，但同时要注意谦让，不要与人进行争抢。不论自己有何高见，打断他人的发言都是失当的行为。发言者要语速适中，口齿清晰，神态自然，用语文明。肯定成绩时，要实事求是；提出批评时，要态度友善。对不同意见，不要当场表示不满，或是进行人身攻击。

第四节　商务通信

一、商务电话的礼仪

（一）拨打电话的礼仪

日常工作中拨打电话给别人的人称为发话人。对于发话人而言，有下列四点基本礼仪必须遵守。

1. 选择通话的时机

（1）不要在他人休息时打电话。每日上午 7 点之前、晚上 10 点之后、午休时间和用餐时间，都不宜打电话。

（2）给海外人士打电话，先要了解时差。千万不能在休息时间骚扰人家。

（3）打公务电话，不要占用他人的私人时间，尤其是节假日时间。

（4）避开对方的通话高峰时间、业务繁忙时间、生理厌倦时间，社交电话最好在工作之余拨打。

2. 注意长话短说

通话时间一般应遵守通话“三分钟原则”。所谓“三分钟原则”，是指在打电话时，发话人应当自觉地、有意识地将每次通话的时间限定在 3 分钟之内，尽量不要超过这一限定。对通话时间的基本要求是：以短为佳，宁短勿长。不是十分重要、紧急、烦琐的事务，通话时间一般不宜超长。

3. 斟酌通话内容

（1）事先准备。通话之前应做好充分准备。最好把通话要点列出来，这样可以避免出现现说现想、缺少条理、丢三落四的问题。

（2）简明扼要。电话接通后，除先要问候对方外，别忘记自报单位、职务、姓名。请人接转电话，要向对方致谢。电话中讲话一定要务实。通话时，最忌讳说话吞吞吐吐、含糊不清、东拉西扯，寒暄后就应直言主题，力戒讲空话、说废话、无话找话和短话长说。

小知识

拨打电话的“开始曲”

- 致以问候。

- 自报单位、职务、姓名。
- 感谢代接代转之人。

（3）适可而止。若要讲的话已说完，就应果断地终止通话。不要话已讲完依旧反复铺陈、再三絮叨，那样的话，会让人觉得做事拖拖拉拉，缺少素养。按电话礼仪，一般应该由通话双方中位高者终止通话。

4. 注意举止

（1）打电话时，不要把话筒夹在脖子下，也不要趴着、仰着或坐在桌角，更不要把双腿高架在桌子上打电话或一边走一边打电话。

（2）不要以笔代手去拨号。

（3）通话时嗓门不要过高，免得令对方觉得“震耳欲聋”。

（4）话筒与嘴的距离保持在 3 厘米左右。

（5）挂电话时应轻放话筒，不要用力一摔，令对方误会你有所不满。

（6）不要骂骂咧咧，更不要采用粗暴的举动拿电话机撒气。

（二）接听电话的礼仪

1. 接听及时

（1）电话铃声响起后，应尽快予以接听。

（2）不要让别人代劳，尤其不要让小孩子代接电话。

（3）不要铃声才响过一次就拿起听筒，这样会令对方觉得突然而且容易掉线。

（4）若电话铃响了许久才接电话，要在通话之初向对方表示歉意。

（5）最好铃响两次后拿起话筒。

2. 礼貌应答

（1）拿起话筒后，即应自报家门，并首先向对方问好。

（2）通话时要聚精会神，语气应谦恭友好。不要拿腔拿调，戏弄嘲讽对方。

（3）通话终止时，要向对方道一声“再见”。

（4）接到误拨进来的电话，要耐心地告诉对方拨错电话了，不能冷冷地说“打错了”就把电话用力挂上。

（5）接电话不能发怒，恶语相加，甚至出口伤人。

（6）通话因故暂时中断后，要耐心等候对方再拨进来。

3. 分清主次

（1）接听电话时不要与其他人交谈，也不能边听电话边看文件、看电视甚至是吃东西。

（2）在会晤重要客人或举行会议期间有人打来电话，可向其说明原因，表示歉意，并承诺稍后再联系。

（3）接听电话时，千万不要不理睬另一个打进来的电话。可对正在通话的一方说明原因，要其稍候片刻，然后立即去接另一个电话。待接通之后，先请对方稍候，或让其过一会儿再打进来，随后再继续方才正打的电话。

（4）不论多忙多累，都不能为拔下电话线图清静找理由。

总之，接听电话时应注意三点：其一，要及时，铃响不过三声；其二，要礼貌，要自报家门并问候对方；其三，要耐心，对打错电话者不要训斥。

小贴士

铃响许久才接电话，会让人觉得妄自尊大。

（三）其他常规的电话礼仪

除了拨打和接听电话时要遵守的基本礼仪之外，在日常商务交往中，还有一些常规的电话应对礼仪需要注意。

1. 重点情节要重复

在商务交往中接听重要电话时，需要对重点进行必要的重复。不论自己是否进行现场笔录，都需要把对方传递给自己的一些重要的信息如商品的规格、具体的数量、销售的价格等加以重复，以免出现记忆性错误，这是非常重要的。一定要养成在重要的商务场合重复重点通话内容的习惯。

2. 电话掉线要迅速再拨

通话时出现话音不清楚或掉线状态时要及时中断，并尽快向对方拨打，同时说明电话之所以中断是为了避免声音不清晰，有碍接听，或者是电话临时跳线所致，否则有自己向对方示威耍脾气之嫌。

3. 代接电话

在工作场合接听外来电话时，有的时候会出现这样的问题：外来电话需要找的人不在，自己成为电话的代接者。代接、代转电话时，要注意以礼相待、尊重隐私、记忆准确、传达及时。

(1) 以礼相待。接电话时，不要因为对方所找的人不是自己就显得不耐烦，以“不在”来打发对方。即使被找的人真的不在，也应友好地答复：“对不起，他不在，需要我转告什么吗?”

(2) 尊重隐私。代接电话时，不要询问对方与其所找之人的关系；如果对方要找的人离自己较远，不要大喊大叫；别人通话时，不要旁听，不要插嘴；当对方希望转达某事给某人时，千万不要把此事随意扩散。

(3) 记忆准确。对方要找的人不在时，应向其说明后询问对方是否需要代为转达。如对方有此请求时，应照办。对对方要求转达的具体内容，最好认真做好笔录。对方讲完后，应重复验证一遍，以免误事。记录内容主要包括通话者的单位和姓名、通话时间、通话要点、是否要求回电话、回电话的具体时间等。

(4) 传达及时。代接电话时，先要弄清楚对方“是谁”“找谁”这两个问题。对方不愿回答第一个问题，不必勉强。若对方要找的人不在，可据实相告，然后再询问对方“有什么事情”。注意，这二者的先后次序不能颠倒。若对方所找的人在，应立即去找。若答应对方代为传话，就要尽快落实，不要把自己代人转达的内容又托他人转告。

4. 录音电话

使用录音电话的要点有以下两个：

(1) 掌握留言要领。使用录音电话，就要制作一段本人的留言。留言的常规内容包括：电话机主的单位、姓名，问候语、致歉语，请对方留言的原因，对打来电话者的请求。

（2）正确处理来电。人际交往中，使用录音电话与人们面对面的交际一样，要求言而有信。在处理录音电话时，应注意以下问题：尽量少用录音电话，人在家中就不要使用录音电话；应当立即处理或答复录音来电；耽误了回复的，要及时道歉。

接听电话能够体现出个人的礼仪修养，因此应力争通过话筒在对方心目中树立良好的商务形象。

小知识

使工作顺利的电话技巧

• 迟到、请假时自己打电话致歉。

• 外出办事，随时与单位联系并告知去处及联系电话。

• 用传真机传送文件后，以电话确认对方是否收到。

• 同事的私人电话号码不要轻易告诉别人。

• 借用别家单位电话，通话不要超过 10 分钟。遇特殊情况非得长时间接打电话时，应先征得对方的同意和谅解。

（四）使用手机的礼仪

使用手机时，更应讲究礼仪。

1. 手机的携带

携带手机时，应将其放在适当的位置。总的原则是既要方便使用，又要合乎礼仪。

（1）常规位置。

可以放在随身携带的公文包之内。

可以放在上衣口袋之内，尤其是上衣内袋之内，但注意不要影响衣服的整体外观。

把手机挂在脖子上、腰上、手上，或握在手上，均不雅观。可能的话，应把它放在手袋或口袋内。

（2）暂放位置。

不方便把手机放在常规的位置时，可以暂做变通。在参加会议时，可将其暂交会务人员代管。与人坐在一起交谈时，可将其暂放在手边、身旁、背后等不起眼之处。

2. 使用手机的禁忌

使用手机可以方便交际联络，但是一定要严格遵守使用规则，否则就会有损自己的形象。

（1）遵守公共秩序。

使用手机时，绝对不允许扰乱公共秩序，给公众带来“听觉污染”。

不应在公共场合尤其是楼梯、电梯、路口、人行道等人来人往之处旁若无人地使用手机。

不得在要求“保持安静”的公共场所，如音乐厅、美术馆、影剧院，动不动就用大嗓门对着手机喊叫。必要时，应关机或让其处于静音状态。

不允许在上班期间，尤其是在办公室、车间里，因私使用自己的手机。

会见等商务场合中不能当众使用手机，以免给别人留下用心不专、不懂礼节的坏印象。

小贴士

请勿让你的手机骚扰别人！

（2）注意安全。

手机的使用会分散人们对别的事情的注意力，它本身还会产生电磁波，因此使用手机时必须牢记安全准则。

在驾驶汽车的时候，不要使用手机通话或是查看短信息。

不要在加油站、面粉厂、油库等处使用手机，避免由它所发出的信号引发火灾、爆炸。

不要在病房内使用手机，以免其信号干扰医疗仪器的正常运行，或者影响病人休息。

不要在飞机飞行期间启用手机，以免给航班带来危险。

涉及商业秘密、国家安全的事项最好不要通过手机传达，因为手机容易出现信息外漏。

二、商务电子邮件的礼仪

利用电子邮件这个通路，既可以实现一对一的通信，也可以实现一对多、多对多的通信。例如，公司管理者可以向某个个体传递信息，也可以向某个群体发送会议通知、备忘录等。电子邮件的其他功能还包括转发邮件、建立新闻组、订阅电子刊物等。在所有通信手段里，电子邮件可谓后起之秀。其在问世之后的短短几年里，就获得了突飞猛进的发展。特别是在商务活动中，电子邮件业已成为一种越来越重要的对外联络方式。使用电子邮件同外界进行联络，不仅安全保密、节省时间、丢失率低、清晰度高、不受篇幅限制，而且可以大大地降低通信费用。

小知识

电子邮件，又叫作电子信函或者电子函件。它是利用电子计算机所组成的互联网络向交往对象所发出的一种无纸化电子信件。

在使用电子邮件时，商务人员应当遵守的礼仪规范集中体现在以下四个方面。

（一）精心撰写

向他人发出的电子邮件一定要缜密构思，精心撰写，认真遵守“用笔沟通”的常规。千万不要认为此刻可以无所顾忌，完全随心所欲。撰写电子邮件时自由放任、过于随便，是既不尊重收件人也不尊重自己的表现。精心撰写电子邮件，要注意做到以下三点。

1. 主题明确

一封电子邮件大都应当只有一个主题，并且应在邮件前面加以注明。发件人若是将主题归纳得当，收件人便可以一目了然、迅速处理了。

2. 语言流畅

电子邮件要做到便于阅读，就必须以语言流畅为要。撰写时，尽量不要使用生僻字、异体字或者收件人不懂的语种。如果需要引用数据、资料，则最好注明其具体出处，以供收件人在必要时进行核对。

3. 内容简短

每个人的时间都是极其宝贵的，因此，发件人在撰写电子邮件时一定要注意删繁就简，抓住要点，去掉一切无用之语。

（二）谨防滥用

人们常说："在人际交往中要真正懂得尊重一个人，首先就要懂得替对方节约时间。"在信息社会里，时间对于每个人而言都无比珍贵。有鉴于此，商务人员不宜任意向别人滥发电子邮件。

没有特殊原因，不要在短短的时间里多次给同一个人发电子邮件。最好不要利用电子邮件来来往往地跟别人聊天，特别是不宜主动这么做。

（三）循礼行礼

在收发电子邮件的过程中，商务人员始终都要讲究礼仪、运用礼仪、非礼勿行。

1. 注意自爱

发出电子信件时，最好不要匿名。一般而言，在每一封电子邮件的末尾不仅应当署名，而且还应当署以真名实姓。在与他人进行电子邮件的往来时，不论双方是否相识，都不要口出轻狂、污秽、放肆之言。

2. 严禁盗取

在任何情况下，都不允许商务人员不讲究"网德"，充当"黑客"，随意侵入别人的网站，擅自盗取别人的资料，偷窥别人的私人电子邮件。

3. 及时回复

商务人员应当养成定期检查本人电子信箱的习惯。一经发现需要回复的电子邮件，应尽快回复。实在无法立即回复的，也要及时有所表示。

4. 适时留言

假如外出实习、出差或者探亲、度假，事先可商请某位至交代替自己核收电子信件，并且代为回复。启动自动回答功能或在电子信箱里留言告知电子邮件发出者亦可。

（四）慎选功能

收发电子邮件，既要注意正确地利用它的各项功能，又要防止滥用功能、故弄玄虚。

当前市场上所提供的各类先进的电子邮件软件一般都有多种字体备用，甚至还有各式各样的信纸可供使用者选择。利用这些功能固然可以强化电子邮件的个人特色，但大可不必过分地讲究形式。这主要是出于两个方面的考虑：一方面，对一封电子邮件修饰、润色过多，往往会使其容量增大，收发时间增长，既浪费时间和金钱，又使人感觉其华而不实。另一方面，电子邮件收件人所使用的软件并不一定能够支持上述种种功能。这样一来，收件人所收到的那个电子邮件极有可能会变得面目全非，大大地背离了发件人的初衷，从而使发件人前功尽弃。

第五节 商务宴请

从事商务活动，常常要参加各种宴请。为使宴请与聚会达到增进友谊的目的，不同国家、不同地区均有自己的宴请礼节。因此，商务人员必须高度重视商务宴请礼仪。

一、宴请的种类与形式

根据宴请的目的、出席人员的身份和出席人数的多少，可将宴请分为宴会、招待会、茶会和工作餐等。

（一）宴会

宴会是较为隆重的正餐，可分别在早上、中午、晚上举行，其中以晚宴最为隆重。宴会通常有下列几种形式。

1. 国宴

即本国国家元首或政府首脑举办的国家庆典宴会，来访的外国元首或政府首脑也可举办，这是规格最高的宴会。宴会厅须悬挂主客两国国旗，宾主入席后乐队奏两国国歌，主人和主宾先后发表讲话或致祝酒词，奏席间音乐。

2. 正式宴会

与国宴相比，除不挂国旗、不奏国歌、出席者级别不同外，其余相同。有的安排乐队演奏席间音乐，场面亦十分讲究。请柬上往往注明服饰要求。正式宴会对餐具、酒水、菜肴道数、陈设，以及服务人员的装束、仪态及服务，都有严格要求。

3. 便宴

便宴是非正式的宴会。常见的有午宴、晚宴，亦有个别的早宴，形式简便。一般不明确座位，不做正式讲话，菜肴道数相应酌减。便宴的气氛随便、亲切。

4. 家宴

即在自己家中设宴招待亲朋好友。家宴往往由主妇亲自掌勺，全家人共同招待，显得亲切、友好。家宴既可用于亲友聚会，也可用于官方与业务宴请。此种宴会在上午、下午均可举行，请柬上须注明时间。

5. 自助宴

自助宴的优点在于：不必排座次，免除宾客排位之麻烦；人数不受拘束；主方可节省服务人力；客人进餐有先有后，来去不受约束。

（二）招待会

招待会是只备一些食品和饮料，不备正餐、不安排座次的一种较为自由的宴请方式，常见的有冷餐会与酒会两种。

1. 冷餐会

菜肴以冷食为主，还可备一些沙拉、奶酪和甜食。

冷餐会不排座位，客人或坐或站，自由取用菜肴、酒水，便于交际和交谈。

2. 酒会

时间经常定在下午 4 点以后。这种宴会多用于大型活动，招待以酒和饮料为主，略备小吃、小菜，不设座椅，仅摆桌子、茶几。酒水常为用多种酒按一定比例混合成的鸡尾酒，有时也用品种众多的酒代替，并配以果汁饮料。客人可随意走动，便于广泛的接触和交谈，同时来去自由，不受约束。

（三）茶会

这是一种简便的招待形式，又称茶话会，具体内容前已有述，此不赘言。

（四）工作餐

这是商务活动中常用的非正式宴请形式，有的要求参加者各自付费。工作餐一般只请宾客本人，不请其配偶以及其他与工作无关的人员。双边或多边的工作宴会，往往按参加者职务的高低安排席位。

举行何种宴请，主要取决于当地的习惯。通常正式宴会规格高，但人数不宜过多。冷餐会与酒会则形式简便，不限人数。而女士的聚会多采用茶会这种形式。由于宴请的种类不同，宴请的组织安排工作也就有所不同。工作餐的组织安排较简单。

二、宴请礼仪

在商务交往中，宴请客人的问题往往备受重视，从宴请的规模和规格、宴请的档次、参加的人员、邀请的函件到宴会的具体安排都有一定之规，具体来说就是要遵守 5M 原则。5M 原则是指在商务交往中安排宴会时有五大基本问题需要兼顾，因这五个基本问题的英文第一个字母都是 M，所以称为 5M 原则。

（一）约会（Meeting）

要特别注意约会的时间与对象。

1. 宴请对象

邀请宴请对象时，一要考虑邀请哪些人出席，二要考虑请多少人出席。范围过大，造成浪费，范围太小，则会得罪某些人。总的原则是在照顾各方面关系的前提下，尽量控制范围，减少人数。

2. 宴请的时间

确定宴请时间前，最好先征求客人的意见，选择主、宾双方都适宜的时间，以示尊重。主要应注意以下事项：

（1）不要选择对方工作繁忙的时间。

（2）涉外宴请还应避开对方国内重大节假日。

（3）避开禁忌日。如西方国家忌讳“13”，特别是恰逢 13 日的星期五。

（4）给对方宽裕的准备时间，以便其安排好各方面的工作。

（5）特定的节日、纪念日的宴请，只能在节日、纪念日之前或当日举行，不能拖到节日、纪念日之后。

（二）环境（Media）

恰当选择宴请地点，体现着主人对宴请的重视程度。宴请地点可依据宴请目的、规模、形式和经费来确定。通常应选择环境幽雅、卫生方便、服务优良、管理规范的饭店或宾馆。落实宴请地点时应注意：

（1）按客人人数确定宴请地点。客人多，在大宾馆；客人少，则可在小酒楼。

（2）按宴请类型确定宴请地点。宴会可安排在饭店、宾馆里，冷餐会、酒会则可安排在大厅或花园。

（3）宾主熟悉程度、关系深浅也是选择宴会地点的依据。

（4）注意按来宾的意愿和地方特色选择宴请地点。

（5）可以选择负有盛名的老字号或名酒家。

（6）尽可能选择举办者熟悉的、有声誉的饭店或宾馆。

（三）费用（Money）

在费用的使用上，既要热情待客，又要量力而行，反对浪费。商务交往既要有档次，强调宴请内容的少而精，又要避免大吃大喝、铺张浪费。

（四）菜单（Menu）

在菜单的安排方面关键是要了解客人尤其是主宾的个人禁忌、民族禁忌与宗教禁忌，而不是问之爱吃什么。具体安排菜单时，既要照顾客人口味，又要体现特色与文化。具体应注意的事项有：

（1）应考虑开支的标准，做到丰俭得当。

（2）宴席的菜单应冷热搭配、荤素适当、有主有次。

（3）菜单以营养丰富、味道多样为原则。

（4）略备些家常菜，以调剂客人口味。

（5）晚宴比午宴、早宴要隆重，所以菜的种类也应丰富一些。

（6）考虑季节，菜肴应时、鲜、特，如春吃鲥鱼秋吃蟹。

小知识

西餐用酒的讲究

西餐用酒讲究酒和菜要相配，考究的话，整个宴会要用好几种酒。

洋酒按色泽分为：红酒、白酒、玫瑰色酒；按性质分为：低度酒、高度酒；按甜度分为：甜酒、中性酒、无甜味酒。一般酒性愈小，所用的酒杯愈大，例如：香槟酒杯＞红葡萄酒杯＞白葡萄酒杯＞雪利酒杯＞波尔图酒杯＞烈性甜酒杯。

搭配洋酒和西式菜肴时要注意：

（1）吃羹汤时，用雪利酒。

（2）吃鱼、海鲜时，用无甜味白葡萄酒。

（3）吃肥腻的牛羊肉、野味时，用高度红葡萄酒，最常用的是白兰地酒。

（4）吃禽类肉食时，用低度红葡萄酒、中性无甜味白葡萄酒或玫瑰葡萄酒。

（5）吃奶酪时，用红葡萄酒、波尔图酒。

（6）甜味白葡萄酒或香槟酒可以和布丁一起上桌。

（五）举止（Manner）

在餐桌上，宾主均应举止优雅、文明、规范。

1. 礼貌入席

（1）首先入席的应是主人夫妇与主宾夫妇，然后依次为其他宾客及陪客人员。

（2）当长辈、女性入座时，晚辈、男性应走上前去将他们的座椅稍向后撤，待他们要坐下时，轻轻将椅子向前推一点，待其坐稳后再离开。

（3）一般应从自己行进方向的左侧入座。

（4）同桌的女士、长者、职位高者先落座。

（5）落座后椅子与餐桌之间不要过近或过远，距离最好为 20 厘米左右。

（6）双手不宜放在邻座的椅背或餐桌上，更不要用两肘撑在餐桌上。

2. 举止文雅

入席后当众补妆、梳理头发、挽袖口或松领带是不礼貌的。用餐中千万不要动不动就用自己的筷子东挥西指。

3. 交谈适度

（1）就餐期间，要礼貌地与周边的人交谈。

（2）交谈的对象要尽量广泛。

（3）交谈的内容应愉快、健康、有趣。

（4）交谈的音量要适中。

（5）若的确有话不便公开讲，则应另找适宜的场合个别交谈。

（6）与人交谈时应放下手中餐具，暂停进食。

4. 正确使用餐具

（1）不能用筷子敲打任何餐具，也不要将筷子插在饭碗中。

（2）席间若失手把餐具掉落在地上，应请服务员补上相应的餐具。

（3）不小心打翻酒水溅到邻座的客人身上，应表示歉意并帮助其擦干。如对方是女士，则应把干净的餐巾递过去，由其自己擦干。

（4）应把餐巾摊放在膝盖上，主人打开餐巾就意味着宴席的开始。

（5）餐巾不应用来擦汗、擦眼镜或擦拭餐具。

（6）只使用餐厅提供的餐巾纸，不要把自己随身带的纸掏出来使用。

小知识

餐桌举止五个“不”

• 不布菜，即让菜不布菜。在餐桌上可以把自己欣赏的或者有特色的菜肴向人推荐，但是不可为客人布菜。

• 不劝酒，即祝酒不劝酒。如果碰上志同道合者可以一醉方休，但如果对方不喜饮酒，不要勉为其难，这是有教养者的基本表现。

• 不出声，即吃东西不发出声音。在一些西方客人看来，吃东西发出声音是粗鲁而没有教养的表现。

• 不乱吐。进了嘴的东西原则上是不应该当众再吐出来的，万不得已时，要用餐巾或者手掌加以遮掩，不可当众吐得桌上地上到处都是。

• 不整理衣饰。任何一个有教养的人都不能当众宽衣解带、脱鞋或卷袖。

三、赴宴礼仪

（一）赴宴的准备

1. 给予答复

目前较为正式的请柬多附寄回帖，让客人选择参加或不参加后依址寄回，或要求客人以电话回答。接到请柬，一般应尽早答复主人能否出席，以便主人安排席位。对请柬上注有法文字母“R. S. V. P.”（敬请回音）字样的，无论出席与否，均应迅速答复；对注有“REGRETS ONLY”（不能出席时要答复）字样的，则不能出席时才回复，但也不应耽误。经口头约妥再发请柬者，请柬上注有的“TO REMIND”（备忘）字样只起提醒作用，对此不必答复。答复是否出席时，可打电话或复信。隆重的正式宴会，被邀请者若不能出席，一般可派代表出席，除非主人另提出邀请。接受邀请之后，不要随意改动。万一有特殊情况不能出席，尤其是主宾，应尽早向主人解释、道歉，甚至亲自登门致歉。

2. 梳妆打扮

出席宴会前，最好稍作梳洗打扮，穿上一套合时令的干净衣服。每个人都容光焕发地赴宴，会使整个宴会有一种比较隆重的气氛。最忌穿着工作服带着倦容赴宴，这会使主人感到不受尊重。若请柬上有对服饰的规定，则要严格遵守。

（二）准时到达

要按主人邀请的时间准时赴宴。有些请柬写明客人到达和宴会开始的时间，如“6:00 到达，6:30 宴会开始”，则应 6:00 到达。如因故在宴会开始前 8 分钟或 10 分钟到达（如 6:20 到达），不算失礼，但迟到则非常失礼，这表示你对主人不够尊敬。

通常身份高者可略迟到达，一般客人宜略早到达。到达后，应立即了解自己的席次和同桌宾客的姓名、身份。入席时，先照顾自己座位旁的女宾就座后，自己再入座。通常客人的座位要等男女主人安排，当主人请你坐下时，不必推推让让，过分客气反而失礼。确实有事需提前退席的，应事先向主人说明。迟到、早退、逗留时间过短均有失礼或冷落之嫌。

（三）备好礼品

应主人邀请或经允许，进入主人家后，在门厅脱下帽子、大衣和手套。入室时先向女主人致谢，然后向男主人致意。参加家庭宴会，可备些礼品带上。

（四）带上名片

应先向主人问候以后，再向其他客人问好，并事先准备好名片备用。当被介绍给他人时，要用双手捧着名片相赠，切不可随便丢到桌子上让别人去捡，接别人名片时也应用双手接。

（五）应付意外

进餐过程中有时会遇到一些意外事件，如何处理好这些意外才能不失礼仪呢？以下列举了一些常见的事件，供大家参考：

（1）用刀、叉切割食物，动作不宜过大，否则会发出刺耳响声。刀、叉落地后，不可拣起再用，而应请服务员为自己换一副。

（2）不慎将酒、水、汤汁溅到他人衣服上，表示歉意后，递上手帕或餐巾。不必恐慌赔罪，这样反使对方难为情。

（3）失手打翻了酱碟，应向注意到你的人婉言致歉，不要大声嚷嚷，也不要没完没了地自责。

（4）席间一般应关掉手机，或把手机调至震动状态。离席回电时，应向主人及左右的客人致歉，轻轻拉开座椅离去。

（六）离席

等主人宣布宴会结束后，客人才能离席。客人应向主人道谢、告别，如“谢谢您的款待”“您真是太好客了”“菜肴丰盛极了”，并向其他客人告别。如果有事要提前离席，则应向主人及同席的客人致歉。

本章小结

在商务洽谈中要遵守洽谈的四项基本原则，做好商务洽谈前的准备工作。要注意洽谈进行中的着装、迎见、举止和谈吐礼仪，促成洽谈，达到双赢。

商务拜访与接待，是商界日常交往活动中的重要组成部分。拜访礼仪可达到沟通关系、联络感情、发展业务的目的。在接待工作中应注意接待人员的形象、接待工作的要求，做好不同活动的接待工作。接待工作琐碎、繁杂，因此更须细心、热情、周到。

商业仪式与活动中的礼仪也很重要。本章主要介绍了开业典礼、交接仪式、剪彩仪式、签字仪式、新闻发布会、展览会、茶话会等活动的礼仪。

电话礼仪主要强调：本人接听电话要讲究礼仪，代人接听电话要保证及时准确地传达，录音电话要慎用并及时回复。互联网越来越成为商务活动的主要通信工具，商务人员必须了解电子商务礼仪。

宴请是人们交往中表示欢迎、庆贺、答谢、饯行等以增进友谊和融洽气氛的重要手段，是一种常见的礼仪招待活动。宴请礼仪是指宴请的组织者为成功地举办宴会而做的大量准备工作和接待过程中的礼节性工作，准备工作包括确定宴请的目的、名义、对象、范围和形式，确定宴请的时间和地点，发出邀请，拟订菜单，设计布置宴会厅。接待礼仪包括迎宾、宴会致辞、席间敬酒、热情交谈、适时结束宴会。赴宴礼仪是指参加宴会的人员在赴宴过程中所表现的良好形象和规范的行为，主要内容有准时出席宴会、仪表整洁、按位落座、进餐要求、礼貌告别。

关键概念

商务洽谈　新闻发布会　展览会　宴请

课堂讨论题

1. 判断下列说法正确与否。

（1）喝茶时不需将杯垫一起端起，以单手端起茶杯，另一手轻扶杯垫，预防杯垫掉落即可。但若坐在矮茶几旁，则必须连同杯垫一起端起，以免不慎打翻了。（　）

（2）商业人员在接待顾客时应该站起来。（　）

（3）客人什么时候抵达目的地应该由客人自行安排。（　）

（4）商业接待和商业拜访都需要在事前做到“知己”和“知彼”。（　）

（5）在进入接见方的房间后，应先将书包和其他的随身携带的物品放到桌子上再开口说话。（　）

（6）一定要提前15分钟赶到车站或机场迎候客人，绝不能让客人在那里等你。如果

你迟到了，无论怎样解释，都很难消除客人的不快和对你失职的印象。（ ）

（7）接到客人后，应该说一声“您路上辛苦了”之类的话，然后立即自我介绍，如有名片更好。为方便对方称呼，可以主动说：“就叫我小刘好了。”（ ）

（8）拜访的时候去得越早越好，体现了对对方的尊重。（ ）

（9）拜访外商时一定要提前预约，预约的时间越早越好。（ ）

（10）在商业接待的过程中，不论是在会谈前、会谈中还是会谈后，服务人员一定要不停地为客人倒茶添水。（ ）

2. 宣传性展览会与贸易性展览会在组织实施时应有何不同？

3. 假设你正在电话里和一个客户谈生意，另一部电话突然响起，你将怎样应付这种局面？

4. 你接听了一个电话，所找之人为你的同事，而你的同事恰好不在。请你简要设计一下电话记录。

复习思考

1. 在商务洽谈中，如何运用商务洽谈礼仪？
2. 谈谈商务洽谈的原则。
3. 说出接待预约来访者及未事先预约的来访者的工作程序。
4. 对于内宾接待有哪些具体要求？
5. 开业典礼前应做好哪些准备工作？
6. 作为开业典礼的组织者应注意哪些礼仪？
7. 整个剪彩过程中剪彩者应注意哪些事项？
8. 签字仪式前应做好哪些准备工作？
9. 新闻发布会上的主持人、发言人应注意哪些礼仪要求？
10. 展览会的组织工作包括哪些？
11. 作为参展单位的工作人员应注意哪些礼仪要求？
12. 说说交接仪式的程序。
13. 商务人员应怎样处理通话中出现的问题？
14. 在使用电子邮件时，商务人员所应当遵守的礼仪规范是什么？
15. 宴请的形式有几种？各有什么特点？
16. 赴宴的礼仪包括哪些内容？

案例分析题

1. 请你根据下列案例回答问题。

在某海滨城市的朝阳大街高耸着一座宏伟的大厦，楼顶上“鸿羽”两个字格外醒目。某制灯厂的业务员金先生拿着本企业新设计的照明器，兴冲冲地登上了六楼，脸上的汗珠未及擦一下，便直接走进了业务部张经理的办公室，正在处理业务的张经理被吓了一跳。“对不起，这是我们企业设计的新产品，请您过目。”金先生说。张经理停下手中的工作，接过金先生递过的照明器，随口赞道："好漂亮呀！"随即请金先生坐下，倒上一杯茶递给他，然后拿起照明器仔细研究起来。金先生看到张经理对新产品如此感兴趣，如释重负，便往沙发上一靠，跷起二郎腿，一边吸烟一边悠闲地环视着张经理的办公室。当张经理问他电灯开关为什么装在某个位置时，金先生习惯性地用手搔了搔头皮。好多年了，别人一问他问题，他就会不由自主地用手去搔头皮。虽然金先生做了较详尽的解释，张经理还是有点半信半疑。谈到价格时，张经理问："这个价格比我们预算的高出较多，能否再降低一些？"金先生回答："我们经理说了，这是最低价格，一分也不能再降了。"张经理沉默了半天没有开口。金先生却有点沉不住气，不由自主地松松领带，紧盯着张经理。张经理皱了皱眉，又问："这种照明器的性能先进在什么地方？"金先生又搔了搔头皮，反反复复地强调这款照明器造型新、寿命长、节能。张经理托词离开了办公室，只剩下金先生一个人。金先生等了一会儿，感到无聊，便非常随便地拿起办公桌上的电话同一个朋友闲谈起来。这时，门被推开，进来的却不是张经理而是办公室秘书，秘书向金先生表示，张经理很忙，无法再接待他，请他离去。

问题：

谈谈拜访礼仪对商务人员的重要性。

2. 阅读下列案例并回答问题。

美国加州杏仁商会为了在中国推广和销售加州杏仁，委托凯旋-先驱公共关系有限公司在中国策划一次宣传推广活动。经调查分析，凯旋-先驱公关公司决定策划执行一次"健美人生巡回展"，希望在消费者心中树立杏仁有利健康的形象。

公司选择具有影响力的大型商场进行专业健美操表演活动，并采用各种生动的形式来最大限度地加强加州杏仁的宣传和推广，例如标贴各种吸引人的标牌、制作一个真人大小的杏仁吉祥物、举办一次庆祝会、展示杏仁营养宣传品、进行消费者调查等。

为了加大宣传加州杏仁的力度，加深其给人们的印象，公司要求表演者穿着统一的印有加州杏仁商会标记的服装。舞台的幕后背景以及舞台覆盖物均设计成一棵绿色的杏树生长在田野中的图景，突出了杏仁的健康形象。此外，免费给在场的小朋友发放印有加州杏仁商会宣传语"送给幸福的人"的彩色气球。主持人不断地忙着在舞台上带领小朋友们做游戏，并指导在场的观众参加健美运动。另外，加州杏仁商会的吉祥物也出现在此次活动中，颇受现场观众的喜爱，并引得媒体记者争相拍照留念。

活动吸引了数十万观众参加，给消费者留下了深刻的印象，实现了产品信息的传递；同时通过吸引众多媒体的关注和报道，成功地拓展了中国市场，达到了预期的目的。

问题：

(1) 凯旋-先驱公关公司是如何布置这次活动的现场的？

(2) 展览会布展都有哪些要求？

工作实务题

1. 请依据下面的情境回答问题：

重要的引资对象A公司派专员董副总经理乘飞机前来B公司访问。可是，原来准备亲自接待来宾的魏总临时有急事，不能分身。请问，B公司应如何解决下列问题：

（1）迎接人员将改由谁担任？（叙述原则即可）

（2）迎接规格是一般，还是隆重？

（3）迎接仪式如何举行？（列出步骤即可）

〔参考答案〕

（1）略。　（2）隆重。　（3）略。

2. 请依据下列情境回答问题：

假设你是一个公司的总经理。一个与贵公司来往密切的公司与另外一个公司合并，并准备举行大型的开业典礼。请你回答以下问题：

（1）如果受到参加典礼的邀请，你会（　　）。

A. 欣然前往，略带薄礼

B. 持观望态度，看同行的反应

C. 业务旁落，断绝往来

（2）如果你觉得不去为好，理由会是（　　）。

A. 该公司以后的业务与自己不再有关，所以没有迎合它的必要

B. 合并的大事都不早和自己打招呼，根本就不尊重合作伙伴

C. 公司公关经费紧张，能省则省

D. 参加典礼的公司太多，不能凸显自己的地位

（3）如果你决定前往，你会备什么贺礼？

〔参考答案〕

（1）A　（2）D　（3）略。

3. 情景模拟：商标展览会。

目的：通过情景模拟让学员巩固所学的相关知识。

参加者：自愿参加，5～6 人为一组，分组进行准备。

练习时间：经过一周准备后，课堂上每组用 10 分钟进行模拟练习。

要求：（1）收集一些不同产品的商标；

（2）准备展板、实物及文字说明；

（3）设计、布置展台。

第四章

商务形象礼仪

案例导入

章琦在韩国公司做了一年的行政秘书，后跳槽到一家美国公司，工作方面她倒是得心应手，只是在着装方面经常受到老板的明示与暗示的批评。譬如她在原来的韩国公司的通常形象为漂染发、细挑眉、棕色唇与灰色紧身套装，很性感也很成熟，而现在这家美国公司的女职员们大都穿H形直筒套装裙，画清淡的妆容，唇色多为粉红或玫瑰红，显得清新干练。

章琦知道了问题所在，马上对自身的形象进行了一番大改造，漂染的长发变成了清爽的短发、细眉也还原成了自然眉型，又为自己添加了肉色唇膏与H形职业套装。一番改头换面之后，老板连连说好。

评　析

上述案例说明：

（1）每个公司均有自己的企业文化。员工形象是企业文化的一部分，它更多代表的是企业形象，是企业精神的外在表现，它同样受到企业领导者的重视，因此，秘书人员必须善于塑造自己的职业形象。

（2）不同国家、不同民族，其文化及审美也存在较大差异。欧美人崇尚自然，并且对于工作着装与休闲着装分得很清楚，所以欧美外企女职员的办公形象为清新干练的中性风格；而韩国公司则不同，韩国未婚女性通常会在工作时遇到情投意合的男性，结婚后就会“退出江湖”，在家相夫教子了，所以，韩国的工作场所也是她们展示魅力、吸引异性的社交场所，因而形成了韩国公司女性职员性感、妩媚的办公形象。日本企业也有与韩国企业类似的情况，不过日本公司女性职员的形象一般定位在青春、娇艳的范畴，与韩国女人味十足的性感相比较，是另一份青春与浪漫。

第一节　职业形象的塑造

塑造职业形象应从多方面入手，首先必须从了解自我开始。

一、了解自我

愈了解自己愈能把握现在、展望未来，这是制定个人职业生涯规划时的首要动力。那么，一个人应该从哪些角度来了解自己呢？

（一）特长

每个人的特长各不相同，有人擅长写作、创意，有人专精于科技，有人对商业数字敏感，有人对建立公关有禀赋……但不管怎样，一个人只要能在个人特长方面累积发挥，日久必有所成。

（二）兴趣

一般来讲，一个人对自己愈感兴趣的事就愈能专心投入，通常一个人的特长就是他的兴趣。如果现实环境无法让兴趣与工作结合，那么，不妨在工作之暇再把心力投放在兴趣上。

（三）个性

每一种个性都有自己最适合的环境，如果个性与自己想要投入心力的环境有所差异，可以视情况做出调整。再者，随着年龄、见识和经历的增长，人的个性也会有所变化或日趋成熟。

（四）能力

虽然人的潜力无限，但是能力的提升是渐进的，了解自己每一阶段的能力范围，做渐进式的提升，才是稳定发展的基础。

（五）外表

虽然一个人的外表对其一生的成就并没有决定性的影响，但是了解自己外表的特色，可以帮助我们在各种场合适当地表现自己。同时，配合内在底蕴建立特殊的装扮风格，更会给人留下良好的整体印象。

（六）体能

每个人都有体能的极限和弱点，了解极限，改正弱点，才能保持旺盛的精神和体力。

二、认识自己的方法

通过有效的方法，可以帮助我们认识真正的自己，也唯有认识自己，才能了解自己，进而成就事业。

（一）测验

一个人的性格对所从事的职业影响很大，要想了解自己的性格类型，可采取一些科学的手段，例如性向测验、性格测验等，然后从中归纳出自己的性格取向。知道了自己的性格就可在考虑职业时扬长避短，做出正确的选择。

（二）接受挑战

接受挑战，主要是指主动接受超过自己能力以外的挑战。通过这些挑战，可以进一步了解自己，并不断提升自己的能力。

（三）反省

遇到失败、挫折和打击，应先排除“自怨”“怨人”的情绪，认真反省自己，并借此洞察自己。平日若能养成“自省反思”的习惯，不管遇到任何事情，或忧或喜，或成或败，都足以帮助自己成长。

（四）向师长请益

有智慧、有胸襟、有见识的师长，可以帮助我们从更高层次来认识自己。当然，作为个人也应积极培养自己、提升自己，多向师长请教。

（五）结交益友

益友能做良师，对“面对自己”大有助益。只有开诚布公、直言不讳的朋友，才能逼迫自己面对真实的自我，同时让我们从全新的角度了解自己。

（六）诚实、坦然

认识自己的目的是要让自己进步更快，过度的谦虚或自大只能使自己看到一个假象，反而会对未来发展形成阻碍，因此，认识自己一定要诚实、坦然。

三、自我形象如何定位

“认识自己”是让自己面对一个真实的自我，把真实的自我拿来面对社会，就是“形象定位”。尤其是在强调专业高于一切的今天，“形象定位”对专业领域的诠释更为重要。

（一）适宜的装扮

了解自己的身材、脸形、个性特质以及工作需求，再向专家请教，设计出既具个人风格又符合工作场合的造型，就能给人留下良好的印象。

（二）表现工作能力

掌握机会，用适当方法表现自己的才能，能让公司上司、部门同事迅速认识自己。与此同时，应掌握不躁进、不矫情的原则，更应把持“胜不骄、败不馁”的准则。

（三）适当展现个性

虽然在一个有制度、有规模的大公司工作不适合过分展现自己的个性，但是一味地压抑、曲迎也非明智之计，应在配合工作的范围内用适当方式做合理的伸张，树立自己的风格。

（四）体现良好修养

修养的好坏，可以表现出一个人智慧的大小、气度的深浅。在他人急躁、慌乱时，我们如果能用个人修养圆融化解，最能树立良好的形象。

（五）注重交往礼仪

礼仪是“发乎中，形于外”的肢体语言，也是影响人与人沟通的重要因素之一。尤其在职场上，一个具礼仪风范的人，往往能摒除情绪干扰，就事论事，化戾气为祥和，特别能建立个人良好形象。

四、突破自我创高峰

事业发展到一定程度，自然会遇到瓶颈，这时候如果你一直陷在彷徨、焦虑的情绪中，裹足不前，就会停顿甚至退步。唯有寻求自我突破，才能再创高峰。一般来说，自我突破有下述几种途径。

（一）在职进修

在工作之余进修一些与工作内容有关的课程，或学习另一种知识、技能，都能累积更多的才能和见识。

（二）勤于阅读

书是人的良师益友，养成多读书的好习惯，可以提升自己、增长见识。要注意培养自己选好书的能力，让每一次开卷都能对自己有所助益。应为自己制订一个阅读的中、长期计划，例如计划读通某一类学科，由基础读起，再旁及各家学派。为了督促自己，可预定读完一本书的时间，或每天规定一段时间，排开俗务杂念潜心读书。在读书的同时，别忘了利用笔记进行归纳整理。

（三）勤于收集资讯

在瞬息万变的信息社会，时时提高警觉，收集、整理资讯，可以帮助我们跟上时代的脚步。

坚持每日读报、看新闻性节目、阅读定期出版的各类型杂志，就能了解社会动向，掌握社会发展的趋势。读报时可以先看大标题，再挑出重要的内容阅读。杂志上的报道分析较报纸深入周详，勤于阅读就能得到整体的认识。

（四）勤于思考

培养正确且积极有效的思考、理解方式，可以帮助我们在面对众多变数时突破困境、掌握方向。

五、培养敬业精神

敬业精神并不只是在上班、工作时才需要具备，它是从事每一项活动时的基本精神。只要做任何事都有敬业精神，就一定能享受到甜美的成功果实。

（一）专注

集中精力、全神贯注，是迅速进入工作状态、提高工作效率的不二法门。工作难度愈高、愈烦琐枯燥，就愈需要提醒自己定下神来，按部就班地做，这样才会有进展。

（二）负责

推诿、拖延是人面对工作时的最直接反应，也是一种消极的处事态度。积极的态度应是勇于负责、敢于担当，只有这样才能披荆斩棘、突破困局、脱颖而出。

（三）周到

周到也是负责的表现。训练自己的联想力和反应力，把一件事的前因后果和周边资讯都了解透彻，并做周到的处理，就可以减少出差错的机会，对部门整体运作和公司都会有莫大的帮助。

（四）贯彻

不是每件事当下做完就算结束，还会有很多后续工作，做好这些工作需要足够的责任心和耐心。

（五）开明

勇于接受新观念、新做法，甚至接受批评、攻击。开明不但对个人事业的发展大有助益，同时对增长智慧也有帮助。

六、学会独立自主

一个完全独立的人是以自信、自尊为基础的，他坚守信念，对目标全力以赴，同时又能尊重他人、关怀众生。独立自主的精神并不是自然生成的，也不是一蹴而就的，必须要经过长期培养。

（一）建立自信心

自信并不是固执己见或刚愎自用所显出的霸气，而是经过锤炼后得到的智慧。真正有自信的人，完全没有暴戾、急躁的火气，而是待人处事平和理性，充分流露出沉稳、练达、宽容的特质。

（二）训练独立思考的判断力

在众说纷纭的时代，多看、多听、多思考、多历练，才能不盲从、不起哄，用冷静的心、理性的脑，建立个人的价值观。

（三）创造个人风格

从外在装扮到内在思想都有适情、适性的品位，才能打造历久弥新的个人风格。

（四）心理、行为上不依赖他人

不要因为自己无聊就呼朋唤友，也不要因为孤单就找人做伴，更不要因为彷徨犹豫、心绪波动就到处找人倾诉。懂得面对自己的内心世界，学会疏导个人心绪，找到人生目标，才能在心理、行为上完全独立。

七、完全融入社会

社会是一个学无止境的大学，除去在正规学校读书的时间，我们一生中有80%以上的岁月必须与社会保持密切关系。因此，在离开校门、踏入社会的那一刻，我们就该立下“完全融入社会”的决心。有了这个前提，我们应朝着下述几个方向去努力。

（一）找寻自己的终生目标

经过一段时间的摸索和适应后，我们的终生目标就会很清楚地浮现出来。只要自己有信心，了解自己的内心需求，不管是选择做朝九晚五的上班族，还是做自由职业者，或是自行创业，都不会与社会脱节。

（二）掌握社会脉搏

透过各种资讯的流通，了解社会中发生的事件，深入观察、思考，再加以归纳整理，就能建立自己的趋势观，从而能更好地规划未来。

（三）和社会保持互动关系

自由职业者或自行创业的人，特别需要时时提醒自己了解社会、参与社会。一方面了解社会需求，适时付出关怀；另一方面掌握社会脉搏，充分运用社会资源，这样才能与社会保持互动关系。

（四）拓展人际关系

广交良师益友，可以扩展人际交往、拓宽视野。同时，时时处处以他人为“师”，还能增长智慧、突破格局。

（五）关怀众生

建立宇宙宏观视野，关怀人类也关怀自然，同时还应乐善好施，扶弱济贫，雪中送炭，让大自然的生命与自己的生命相融。

第二节　职业形象举要

一、职业着装要领

在塑造个人的穿着形象时，要考虑下述几点因素。

（一）有助于塑造企业形象

每家公司都有自身的企业形象，因此对员工的穿着也会有些成文或不成文的规定。如果你想要在公司里升迁，就一定要了解公司的要求。观察同事的穿着可以较快地在装扮上和公司的要求一致。

也许你认为中高层主管的打扮很土，但别忘了，你的风格并不代表公司的风格。尤其注意别随便批评高层主管的打扮，你刻意张扬自己时髦的结果最后可能是换来一张下岗证书。

此外，要是无法清楚了解公司的要求，最保险的方法就是穿着保守一点，尤其是初来乍到之时更要如此，以免触犯禁忌而不自知。

（二）配合企业风格

成功的职业人士都是花了许多时间才明白该具备什么样的风格。他们会选择典雅但不一定流行的服饰，既不用担心年年换新衣，也不用烦恼穿着是否不得体。选购衣服的原则也是专业形象第一，气质其次。

职场上，你必须在专业及性别两种角色里取得平衡，宁愿让人觉得你是个精明的人，也不要让人说你是花瓶。有些人会细心规划自己的穿着，将什么样的场合该穿什么样的衣服都细心记录下来，以便有所依循，甚至于还会排个轮值表，依序穿着，以免同一套衣服出现的次数过于频繁。

（三）向主管学习

一般来说，最好能以上司的穿着为榜样，先注意他（她）穿些什么，再为自己购装。努力向顶头上司的风格学习，是博取信任的捷径，因为上司会以为你的价值观和生活态度与他

（她）的相同，对你的看法自然会比较正面，当然也愿意给你更多的表现机会。如此一来，别人也会因此而改变对你的态度，会更尊重你。

换句话说，你想要获得什么样的职位，就该以那个职位该有的打扮出现，争取上级的印象分数。不过请注意，千万不要走火入魔，巴结得过于明显招摇，惹得其他同事讨厌和非议，反而会让上司觉得你的人际关系不好，并且失去其他同事的支持，工作起来就会十分吃力，甚至有碍发展。

因此，学习上司的风格并不是和上司穿情侣装，而是模仿上司的着装。例如，如果上司喜欢穿亚麻布料的西服，你也可以穿着同样面料和款式的套装，只是花色不同。

（四）换上优雅利落的套装

套装给人的印象是井然有序，最适宜商务人员穿着。至于颜色，当然还是以白、黑、褐、海蓝、灰色等基本色为主。若你嫌色彩过于单调，不妨扎条领巾，或在套装内穿件色亮质轻的衬衫。当你脱下套装的外套时，丝质衬衫显露出的高贵气质是别的衣服无法比拟的。冬天时，羊毛或丝质上衣和套装搭配起来也很好看。至于夏天，套装内配件时髦的T恤也是不错的选择。

小知识

职业装扮三原则

• 因职业而异。俗话说“到什么山上唱什么歌”，不同职业有不同的装扮。在着装时，既要保持自己特有的魅力，又要体现职业要求。

• 因地点而异。在不同地点，着装也不一样。例如，一个业务员在公司内部的着装与会见客户时的着装可以不一样。有的公司有规定的工作服，见客户时穿工作服就可能不太妥了。若是同事聚会，你仍穿着职业装，会让人觉得你是个没有生活情调的人。

• 因职位而异。中层领导有中层领导穿着的要求，秘书有秘书穿着的要求，一般职员有一般职员穿着的要求，要视不同职位酌情而定。

二、文员的职业形象

文员要做好工作，必须具备以下几方面的条件：

（1）在公务方面，要以高度的责任心去对待领导交给的任务，并保证这些任务的有效完成。在工作上应该具有主动精神，热情、认真地完成各项事务。此外，要积累组织工作经验，提高业务水平。

（2）在个人穿着方面，应该做到服饰整洁，穿着适宜，既不过分修饰，也不要不修边幅。最好避免穿垂附式或披披挂挂的衣服，以免袖子在桌上扫来扫去，增添许多累赘。理想的装扮是两件或三件式的套装，看起来干练利索，也方便行动。

（3）在工作作风方面，要努力做到办事迅速、准确无误，应以认真细致、严谨周密、一丝不苟的精神去完成领导交予的各项事宜。要培养严谨的作风，切忌松松垮垮。同时，要注意训练灵活应变的能力，处变不惊，善于应对解决问题。

（4）在言行上要注意谦虚谨慎，待人热情，处理好上下左右的关系。对任何人，不论是上边来的还是下边来的，认识还是不认识，是机关工作人员还是普通群众，都应该做到态度和蔼，热情相待，绝不可摆架子、盛气凌人。

（5）在纪律方面要加强保密观念。对于接触到的各种保密文件，一定要严格遵照保密规定去处理，不能随意扩大范围外传，不能随便答复职责范围之外的问题。切忌随便向外透露领导人对某文件的批复情况及领导之间传阅的东西。

三、服务人员的形象

由于行业不同，每一行业的服务人员具体的礼仪标准也有不小的差异。但一般说来，不论什么行业的服务员，都必须遵循下述几个方面的规范。

（一）热心于本职工作

这是对服务人员最基本的素质要求。它包括正确认识和理解本行业工作的意义，提高专业水平，在工作中保持饱满的精神。任何服务行业的工作人员都必须首先具备这样的素质，然后才能够真正做到高质量地、有效地完成自己的工作。

（二）热情耐心

必须以热情耐心的态度接待服务对象。热情的态度会给你的服务对象从心理上带来满足感，从而为你的圆满服务打下一个好的基础。同时，服务过程中的耐心也是十分重要的，尤其是当你的服务对象比较挑剔或有较多困难的时候，一定要注意保持耐心、冷静，不厌其烦，认认真真地把整个工作做完。

（三）姿态标准

无论是行走、站立还是坐着，服务人员都应参照体态标准严格要求自己。服务员优雅、敏捷和富有魅力的体态，常常会给服务对象以极强的感染力。

1. 标准站姿

服务人员站立时的标准姿势是：头正、颈直、双眼平视、闭嘴、微收下颚；双肩平正，微向后张；挺胸收腹，上体自然挺拔；两臂自然下垂，五指并拢、微屈，中指压在裤缝；两腿挺直，双膝相碰，脚跟并拢，两脚尖张开，保持45°～60°的夹角；身体重心落在两腿正中。这种姿势显得优美挺拔、精神饱满。不同行业的服务人员在工作时对这种姿势的使用可略有变化。

2. 标准坐姿

标准的坐姿应保持上身正直，挺胸收腹，不可歪坐、靠坐。入座时要轻、缓、紧，也就是声音要轻，动作要协调柔和，腰、腿部肌肉要略有紧张感，不可放松成瘫软状。如果是坐沙发，应两腿垂地或微内收，双膝双脚合拢，臀部坐沙发的1/2或1/3，背不要靠沙发背；两手自然弯曲，手扶膝部或交叉放在大腿中前部，或者一手放在大腿上，一手肘放在沙发扶手上。如果是坐椅子，臀部可坐满椅子，但不能躺靠于椅背上；手交叉放在大腿中前部，两腿可微分开；两腿并排或一前一后放置地上，也可使两小腿交叉，一只脚斜叠于另一只脚上。

3. 标准走姿

行走时的姿势应该上身平正，挺胸收腹，双目平视，双臂放松，自然摆动，前摆时稍向内折约35°，后摆时向后折约15°；摆动时要注意保持上身和双肩的平稳，不可左右或上下晃动。年轻女性应走一字步，男性和中老年女性则走男步。

4. 仪表与仪容

服务人员的仪表、仪容也是十分重要的。在工作之前进行适当的美容和化妆是必要的，这可以增加服务人员的仪容美，同时也可以显示出对服务对象的尊敬。但需要注意的是，美容和化妆一定要根据自己行业的特点来进行。有些行业，比如饮食业等，其服务人员是不宜过多地进行化妆的。而有些行业的服务人员，比如旅馆服务人员，允许进行化妆，但也要注意适度，不可浓妆艳抹。一般服务单位，工作人员往往配有工作服。在工作时间，服务人员都应按规定着装。对于工作服，服务人员应注意保持其干净清洁，不破损，不掉扣子，不走形。另外，在工作时间，服务人员一般是不允许佩戴过多的个人装饰品的，尤其是女服务人员，一定要注意在工作时间尽量少戴或不戴耳环、戒指、项链等装饰品，以免影响工作。总之，化妆与美容应以自然、大方、优雅为宜。

（四）语言文明、礼貌

服务人员的语言直接影响到服务对象的心理。“好话一句三冬暖”，如果在服务过程中多说“请”“谢谢”“对不起”等礼貌用语，注意说“您好”“请您稍等”“欢迎再来”等关心、体贴的话，这将给服务对象留下良好的印象，树立起服务人员自身的良好形象。切忌在工作中对服务对象粗声恶气，或语言过于随便，或因个人不顺心的事而向服务对象发火等。

小知识

“六不讲”

- 低级庸俗的话不讲。
- 生硬唐突的话不讲。
- 讽刺挖苦的话不讲。
- 有损顾客人格的话不讲。
- 伤害顾客自尊心的话不讲。
- 欺瞒哄骗顾客的话不讲。

四、销售人员的形象

销售人员进行推销活动时，主要任务是：为本企业创造大量有利可图的买卖；及时向企业提供市场和消费者的信息；向买主提供良好服务，树立企业的良好信誉。作为企业和买主之间的纽带，销售人员的作用很重要。而了解有关的礼仪，对销售人员来说也是很有必要的。

推销的本质实际上是“推销人格”。销售人员良好的风度与形象，往往会促使推销工作更加顺利地进行。好的销售人员常常能够让顾客喜欢听自己讲话，喜欢和自己接近，并信赖自己。实际上，许多时候推销并不一定要强调你的商品多么优越，顾客往往注意的是你本人留给他的印象。

（一）服饰、语言、态度规范

销售人员除了应在平时注意丰富自己各方面的知识、提高自身修养之外，在推销时还必须在服饰、语言、态度等方面严格要求自己，礼貌待客。

1. 服饰大方

既要保持干净、整洁，也要注意不要修饰太多，保持精干利落、朴实自然的形象。

2. 注意使用礼貌用语

使用“您好”“谢谢”“不用客气”“对不起”“请”“再见”“欢迎再来”等一类的语言，既能使顾客感受到你对他的尊敬，同时也能够使你的推销工作向成功迈出一大步。而推销过程中如果总是用“请”，诸如“请稍等”“请您参观”“请试用”等，则更会令顾客感受到你的热情与尊重，从而赢得其好感。

3. 态度要注意诚恳、和蔼

对于顾客的尊重应该是出于真心的，而不是应付式的。要明白你是在保证顾客满意的前提下推销自己的产品，因此应该真实地说明你的产品的特点，并诚恳地劝导对方购买你的产品，说明购买之后会给对方带来什么好处。同时还要注意态度亲切、和蔼，尤其在顾客进行细心挑选时，一定不能够表现出不耐烦的情绪或粗暴的态度。

（二）循循善诱的三个诀窍

推销工作往往会产生一种单纯地向顾客倾售商品的倾向，因此常常会使顾客生出反感。销售人员应该努力避免在工作中出现这种冷冰冰地强迫对方购买产品的表现，而应使推销活动更具有人情味。这就是说，在推销过程中，应该注意建立与顾客的和谐关系，处处站在替顾客着想的角度考虑问题，应该使顾客自然地进入你的“影响圈”，不自主地生发对你的产品的兴趣，而绝不应该强迫式地引导顾客来购买。这具体包括下述几个方面。

1. 应该让顾客亲眼看、亲自试用你的样品

拿出样品，请顾客亲眼观看或你做示范给他看，往往会起到比单纯的劝说更大的吸引顾客的作用。而如果能够让客户亲自试用你的样品，则更能够激发他们的兴趣和满足感。因此，推销时不妨鼓励和帮助你的顾客亲自动手操作样品。

2. 要善于倾听顾客谈话，并帮助其做出决定

许多顾客往往会就你所推销的产品谈不少的话，甚至会对你诉说一些与销售无关的事情。无论是哪种情形，你都要注意耐心倾听。这样一方面可以表现出你对对方的尊重，显出你对对方的理解和同情；另一方面也可以使你从对方的谈话中了解其心理状态，并采取相应的推销策略。聚精会神、表情专一地倾听顾客谈话，会使你更具人情味，赢得顾客的好感，同时还能使你在推销方式上受到启发。

在介绍完自己的产品，又听完顾客讲话之后，销售人员一般应及时地督促顾客做出购买决定。要根据从其讲话中捕捉到的信息，结合自己产品的特点，具体分析顾客目前存在着的困难或急需解决的问题，说明自己产品对顾客将会有什么帮助，合情合理地帮助对方做出购买的决定。

3. 要注意使用替顾客着想的语言

比如：“我能帮您的忙吗”，“别着急，慢慢挑选”，等等，既使顾客感到亲切、愉快，又表现出对顾客的理解，从而创造一种比较融洽的销售氛围。在向顾客提问时，应

注意运用选择性语气，比如："您想看红色的还是蓝色的?""您想要大的还是小的?"这种商量、征求的语气，可以给顾客留下余地，方便其选择。在这种启发式的提问之下，顾客就能很快选定他所要的商品。比起运用其他的提问形式，选择式的提问更容易收到效果。

五、其他职业形象

（一）记者

要注意服装的灵活性，即衣服本身不必有过多的装饰，而用饰品配件来营造气氛，以适应各种不同场合。

（二）会计

避免打扮得太世故、太老气，装扮原则是既时髦又实用，并适度地表达流行信息。

（三）设计师

室内设计师、美术设计师、服装设计师等的服装可表达出独立感，最适合穿一些既特别又独具个性的服装。

（四）业务代表

穿着既要得体，又要便于活动。既不能穿得比客户漂亮，也不能输给对方，最好双方旗鼓相当。

本章小结

塑造职业形象先从认清自我开始，要正确定位，从各方面提高自身素质。不同职业的人，由于工作性质不同，对职业形象的要求也有所差异。

关键概念

职业形象　形象定位　文员形象　服务人员形象

课堂讨论题

如何塑造职业形象?

复习思考

1. 一个人应该从哪些方面了解自己?
2. 说说人们认识自己的基本方法。
3. 职业人士如何进行"形象定位"?
4. 文员如何塑造自身形象?
5. 服务人员如何塑造自身形象?

案例分析题

阅读下面的案例，然后回答问题。

在过去的60多年里，米切尔·帕克森作为亲切的咨询者颇有名气。在摄像机前，帕克森认为他的职业形象是：他并没简单地将自己看成是记者或观察者，而是看成他所选择的形象的化身。不可思议的是，这让他长久地具有所有职业人士的品质、技巧和言谈举止。帕克森亲切的咨询者形象，确保了他60年来定期地出现在电视节目的黄金时间里。帕克森亲切的咨询者形象，让他具有了全方位的吸引力。无论是对听众还是对所交谈的人，都同样地具有吸引力。

他的形象意识产生了具有魅力的言谈举止，形成了吸引听众的能力。

问题：

米切尔·帕克森是如何塑造职业形象的？

工作实务题

1. 情景模拟：超市管理。

目的：通过训练使学生更深刻地理解良好的职业形象的重要作用。

参加者：3人一组，分别扮演顾客、营业员、主管经理。

练习时间：10分钟。

背景：某超市来了位顾客，他把超市里码好的方便面弄得乱七八糟，却无心购买，这引起负责这一区域的营业员的不满。该营业员小声发了句牢骚，结果被顾客听到，双方于是发生了争吵。

其他学生观看后展开讨论：假设你是该超市的主管经理，你如何处理这一问题？

2. 请你完成下面的选择题，看看自己在办公室里是否受欢迎：

(1) 是否经常早到10分钟？(　　)

A. 经常　B. 很多次　C. 偶尔　D. 从不

(2) 是否经常打水、扫地？(　　)

A. 经常　B. 很多次　C. 偶尔　D. 从不

(3) 是否经常翻人家的东西？(　　)

A. 经常　B. 很多次　C. 偶尔　D. 从不

(4) 是否爱传小道消息？(　　)

A. 经常　B. 很多次　C. 偶尔　D. 从不

(5) 是否经常打断别人的谈话而自己浑然不知？(　　)

A. 经常　B. 很多次　C. 偶尔　D. 从不

(6) 是否经常向人得意扬扬地夸耀在哪进餐、在哪购物？(　　)

A. 经常　B. 很多次　C. 偶尔　D. 从不

(7) 是不是经常“一杯茶，一根烟，一张报纸看半天”？(　　)

A. 经常　B. 很多次　C. 偶尔　D. 从不

(8) 有没有借同事的钱没有还的事情发生，即使数额不多？(　　)

A. 经常　　B. 很多次　　C. 偶尔　　D. 从不

〔参考答案〕

如果回答 A 项居多，就要好好反省了，因为测试表明你很可能在同事中不怎么受欢迎。如果回答 D 项居多，那说明你很懂得办公室里的礼仪，应该是很受大家欢迎的人物。

第五章

商务文书礼仪

案例导入

姚丽在一家外企公司做秘书。她因为出色的工作能力和沟通技巧多次被提升，现在已经成为公司的首席秘书了。

一天，她所在公司的经理突然收到一封非常无礼的信，信是由一位与公司交往很深的代理商写来的。经理怒气冲冲地将她叫到自己的办公室，叫她记录自己口述的回信："我没有想到会收到你这样的来信，尽管我们之间已有那么长时间的往来，但事到如今，我不得不中止我们之间的一切业务联系，并且按照惯例，我要将这件事公之于众！"然后，经理让她立即将信打印寄走。

姚丽这时十分冷静，她按照经理的要求把信打印出来了，不过并没有马上把信寄走。当天快下班的时候，她才将打印出来的信递给已心平气和的经理："经理，可以把信寄走吗?"平静下来的经理自然不会让这封充满火药味的信发出去。姚丽以自己出色的工作能力，为公司挽救了一个大客户。她也因此得到了数额不菲的奖励。

评　析

姚丽的机智果敢和随机应变的能力的确令人佩服。经理也是人，也有喜怒哀乐，也有不能自制的时候。而当感情一旦平静下来，他必然会自我反省。秘书在这个时候把打印出来的信交给经理征求他的意见，实际上就是给经理创造一次重新决策的机会。看来，文书工作绝不仅仅是简单的写作问题，还必须发挥自己的机敏、智慧和主动性，随时保持清醒的头脑，才能维护好公司的利益。

要进行商务交往，必然要涉及礼仪文书的写作。一封严谨规范的商务信函，一张庄重美观的请柬，一定能给人留下美好而深刻的印象。因此，学习礼仪文书的写作知识，是掌握商务礼仪必不可少的一课。

第一节　商务信笺礼仪

一、常见的商务信笺

小知识

一般来讲，人们常常在遇到下列事项时需要写信：

- 事情有记录的必要时；
- 传达新想法时；
- 接受正式邀请时；
- 感谢好客的接待时；
- 表达歉意、慰问或庆贺时；
- 推荐别人谋取职位时。

商务信笺包括介绍信、推荐信、辞职信、请求信、谋职信、解雇信等。下面简单介绍介绍信、推荐信和辞职信。

（一）介绍信

介绍信在商务上应用范围非常广泛。介绍信分为两种，即私人介绍信和正式介绍信。

私人介绍信写法与普通书信相同，是写信人向自己的亲戚朋友介绍第三者，语气比较亲切随便。另外，私人介绍信一般都要写信封。

正式介绍信是写信人因公把自己的同事介绍给某单位或某个人，因此在写这种介绍信时要求语言和格式严谨、规范。正式介绍信的内容包括：简单介绍被介绍人的姓名、身份、职务，接洽事项和要求，对对方的帮助预先表示感谢。由于正式介绍信是面呈的，一般不写信封。

（二）推荐信

推荐信主要用于向雇主推荐人，以促使被录用。推荐信一般由第三者写，也有自荐的。写作推荐信的要求有：介绍被推荐者的基本情况，提到被推荐者的品质、才干以及求职的要求，实事求是，不作过奖之辞；亦不要为了实事求是而将被推荐者的某些缺点不必要地写在信上。

（三）辞职信

辞职信需简明扼要，但要永远讲礼貌。信中应简述辞职理由，不要有自怨自艾或恼恨公司的言语。

二、有关信笺的一般常识

小贴士

商务活动中用的信笺是很重要的，它往往是一家公司或一位商人对另一家公司或另一位商人的第一印象。

商务信笺对印刷质量要求高，对所用纸张的质量要求也高。商务信笺的设计和布局要能反映商业特征——正式的还是非正式的，老式的还是新式的，等等。商务信笺应该印上公司的名称、地址、电话号码、办公室地址、传真号码、公司注册号码以及董事们的姓名。写商务信笺绝不可用有颜色的纸。若不清楚信件应发给哪个具体的人，可以用“敬启者”之类。寄到办公室的私人信笺要注上“亲收”。私人信笺，应该用私人的信笺。与外国人通信，第一封回信最好按照对方来信时的落款形式给对方回信。

三、一般书信礼仪

书信在现代生活中是较重要的通信方式。通信双方在写信、发信以及收信等一系列具体环节上均有许多礼仪规范应该掌握。

（一）写信礼仪

写信时应注意尽可能地使信函礼貌、完整、清楚、正确、简洁。

1. 须用谦辞

写信要以必要的谦辞向对方表达恭敬之意。在信文前段，应使用“尊敬的”“敬爱的”一类的敬辞。在信文后段，使用规范的祝福语。信文中，多用商量、请求的语气。

2. 格式要求

（1）写信时必须使书信的组成部分完整无缺。末尾落款应准确到具体日期，一般要写明×月×日，必要时还须写明××年×月×日×时。

（2）在书写信封时，双方的邮编不可缺少。另外，在书写收信人及发信人地址时，要力求完整，不宜采用简称，以免延误信函的投递。

3. 写字要求

（1）字迹应当清清楚楚，切勿潦草或乱涂乱改。

（2）要选择耐折、耐磨、吸墨、不洇、不破的信笺和信封。

（3）要选用字迹清楚的笔具与墨水。不要用铅笔、圆珠笔、水彩笔写信，红色、绿色、紫色、纯蓝等色彩的墨水要慎重使用。

4. 用字要求

（1）写信时坚决不要出现错字、别字、漏字、代用字。

（2）不要用汉语拼音或外文替代不会写的字。

（3）书写收信人姓名、地址、职务以及尊称时不应出错。

（4）像“大人”“爱妻”“小弟”之类的私人称呼不宜出现在商务信件中。

5. 行文要求

（1）写信应当“有事言事，言罢即止”，不要洋洋洒洒、无休无止。

（2）在书信里叙事表意要层次分明、条理清晰，切勿天马行空，让人不知所云。

（二）发信礼仪

1. 折叠要求

（1）先将信笺二等分纵向折叠，然后再横折，并令两端一高一低，意在表示谦恭之意。

（2）在折叠信笺时，有意将收信人姓名外露，可令收信人产生亲切感。

（3）可先将信笺纵向对折，随即在折线处再往里卷折 1～2 厘米，最后再横向对折。这种折法多用于公函。

（4）将信笺先横向对折两次，再纵向折叠到可以装入信封之中的长度。这适用于日常通信。

2. 装入要求

一定要将信笺推至信封的顶端，并与信封的封口之处留有 1 厘米左右的距离。这样做便于收信人拆阅。

3. 附件要求

有的时候，发信人在信封内还会装入一些书信的附件。在处理这一问题时，应当注意：

（1）不要违规乱装违禁物品。

（2）保持信封的平整、美观，不要因所装附件过多而令其过度膨胀。

（3）要在信文中将附件的数量写清楚，并要求收信人“收到即告”。

4. 邮资要求

通过邮局寄发的信件，应当自觉按规定交付足够的邮资。在信封上端端正正地贴好邮票，按惯例应贴在信封正面右上角的指定位置。

5. 封口

（1）通过邮局寄达的信件，为了保护个人隐私、保障通信秘密，信封必须封口。

（2）托请他人代交的信件，为表示对托带者的信任与尊重，信封原则上不宜封闭。

（三）收信礼仪

1. 尊重他人通信保密和自由的权利

任何扣留、私拆、偷阅他人信件的行为，都是触犯法律的。因此，在人际交往中接触书信，尤其是替他人收取书信时，应具有良好的法律意识，尊重他人的权利和自由。

2. 拆信要求

（1）拆信时，尽量确保信封的完好和美观。

（2）拆信的最好方法是利用刀、剪等工具，不要直接用手撕。

3. 保存要求

（1）收到他人来信后，不要乱扔、乱塞。

（2）未经发信人本人允许，不能随便将对方的来信公开发表或到处传阅。

（3）需要长期保存的书信，可整理在一起，或装订成册，然后妥善收藏。

（4）没有必要保留的书信，可集中销毁，或用碎纸机进行破坏性处理。

（四）复信要求

(1) 收到他人来信之后，应尽快回复。

(2) 对来信只收不复是通信之大忌。

(3) 在复信之中，应当认真地回应对方提出的所有问题。

(4) 的确需要延后回答或不能解答的问题，应在复信中说明具体原因。

信件在现代社会中与高效、快捷的潮流不太合拍，但是作为正式的文书，它还是很有存在的价值的。所以，关于它的商务礼仪，依旧是从事商务活动的人员需要掌握的技能。

第二节　商务柬帖礼仪

柬帖，是谈判、交往活动中用来告知对方的一种书面文体。通常为了表示对所告知事宜的重视和对被告知对象的尊重，不采用口头告知、电话电报告知、信函告知等形式，而运用柬帖这种形式。柬帖主要包括请柬、聘书、邀请书等。请柬、邀请书主要用于举行宴会、招待会、展览会的开幕式或闭幕式、庆祝会、隆重仪式等正式场合。

柬帖在形式上一般由标题和正文组成。标题一般只写“请柬”（或“请帖”）、“聘书”、“邀请书”、“通知书”等字样，要写在正文上面的中间，或单独占一页。有封面的，要在封面上印刷成鎏金艺术字样，以示醒目、庄重和美观。正文一般由称呼、内容、落款和日期组成。落款要署单位全称，并加盖公章。

从某种意义上说，柬帖跟交往信函的作用一样，只是柬帖的形式更凝练，感情更内敛。因此，柬帖的语言要像交往信函一样真诚有礼，尤其要写得庄重典雅，给人一种庄严神圣之感。同时，柬帖的语言必须高度简明精练，不可详繁叙述。

柬帖的发送是很讲究的，即使近在咫尺，也需送请柬，这主要是表示对对方的尊敬，也表明邀请者对邀请本身的庄重态度。

一、请柬

（一）请柬概述

请柬又称请帖，是指组织或个人邀请客人在预定的时间或地点参加某项重要的或有意义的活动的礼仪性信件。

请柬按照内容大致可以分为事务型请柬和礼仪型请柬两类。所谓事务型请柬主要是为邀请有关人士处理某些事务、商讨有关问题而发送的请柬，如会议型请柬就是一例。所谓礼仪型请柬就是为邀请有关人士参加宴会、舞会、庆祝纪念活动而发送的请柬。

（二）请柬的结构

请柬的结构由标题、正文、结尾、落款和日期几部分组成。

标题即是“请柬”二字，一般写在封面。

正文内容主要包括：被邀请人的姓名；被邀请参加活动的名称；活动举行的时间、地点；有关注意事项。

结尾处空两格写上“此致”“敬请”“恭候”字样，再另起一行顶格写上“光临”“莅临”字样。

落款写在右下方，由发请柬者署名，然后另起一行在右下方注明日期。

例文 5-1

请　柬

××先生：

为欢迎××贸易代表团访问亚克森公司，谨定于××××年×月×日（星期×）下午7时在×市×区××路×号举行晚宴。

敬请

光临

亚克森公司总经理×××

××××年×月×日

例文 5-2

请　柬

中国××总公司定于××××年×月×日（星期×）至×日（星期×）在××市物资交流中心举办贸易洽谈会。敬请光临。

此致

×××先生

中国××总公司

××××年×月×日

（三）请柬礼仪

请柬的礼仪主要表现在请柬的制作、写作和发送等环节上。其具体内容是：

（1）请柬的款式和装潢要设计美观、制作精巧，既庄重又大方，既要使人感到亲切快乐，又具有一定的观赏保存价值。

（2）请柬的书写要规范，按照请柬的基本格式和内容要求来书写。在语言上，要力求达雅兼备。所谓“达”，是要求语言通顺明白，不要过分堆砌华丽辞藻或套用公式化的语言；所谓“雅”，是要求文字典雅、热情、友好，但又不显得浮华。

（3）请柬的发送也需要认真斟酌。一般发送请柬的时间要根据活动的内容和日程来确定，要让客人做好准备，有所安排，发送太早，容易被人遗忘，发送太晚，又容易贻误时间，因而请柬的发送工作最好由专人负责。

二、聘书

（一）聘书概述

聘书是指一定组织聘请有关人员担任本单位某一职务或承担某项任务时所制发的一种特殊的应用性文书，也被称为聘请书或聘任书。随着我国商品经济的不断发展，聘书的使用范围不断扩大。

（二）聘书的结构

聘书在结构上分为标题、称谓、正文、落款和日期几部分。

标题写上“聘书”或“聘请（任）书”字样，一般位于聘书内页正中位置。

称谓写受聘人的姓名，也可加上职务或职称，在标题下一行顶格写。

正文主要写聘请担任何职务或做何工作，任期、权限、待遇怎样，以及对聘请对象的期望等内容。

落款是在正文下一行的右侧注明聘请单位的名字或组织法人代表的姓名并加盖公章，然后再另起一行在落款的下方写明聘书发出的具体日期。

例文 5-3

聘　书

兹聘请×××同志为“××省第五届包装装潢设计评比展览会”评委。

××省经济委员会
××省包装技术协会
二〇一五年六月十日

例文 5-4

聘　书

兹聘请×××同志为团委顾问，时间为二〇一五年一月一日至二〇一六年十二月三十一日。

此聘

江南联合大学团委（盖章）
二〇一四年十二月二十八日

（三）聘书礼仪

聘书的具体礼仪要求是：首先，聘书的制作要正规、庄重，能给人增添荣誉感和责任感。其次，要适当把握聘书的写作用语，如在称呼被聘请人时要谦恭，有礼貌；正文用语要明确、简洁，既要避免拖沓繁杂，又要避免模糊不清。再次，聘书的发送和授予要选择庄重的场合和一些有意义的时间。

三、邀请书

（一）邀请书概述

邀请书是一种适用于某种专题活动的特殊请柬，它又被称为邀请信，是指组织为了举办某种活动而向有关人士（或单位）发出的请求参与的书面材料。一般而言，邀请书篇幅较长，内容丰富，包含的信息量也较大。

（二）邀请书的结构

邀请书的结构主要分为标题、称谓、正文、祝词、落款及日期几个部分。

标题即是本次活动的主题概括；称谓则是指对被邀请对象的称呼，在标题下一行顶格写；正文是邀请书的主体部分，主要说明举办此次活动的起因、意义、大致设想，以及被邀表演、参与者所要承担的责任等；祝词则是结尾所用的客套话，一般用“此致敬礼”即可；落款写在邀请书的右下方，注明举办活动单位的名称并另起一行在落款下方写明时间，加盖公章。

例文 5－5

××工厂投产仪式邀请书

×××：

本公司新建工厂预定于1月1日开始投产，特邀请阁下届时亲临指导。

新工厂的投产对本公司来说，是一个极重要的里程碑。这也是海内外对本公司产品持续需要的结果。应邀人员及公司都对本公司的成功做出了很大贡献。相信阁下会赏光的。

本公司将在向阳饭店举行午餐，随后是开幕式和参观工厂，晚间举行酒宴，届时阁下能否参加，敬请来函确认并告知抵达时间，以便为阁下安排。阁下在1日晚上停留一夜的费用由我方支付。

×××敬上

××××年×月×日

（三）邀请书礼仪

写作邀请书时，标题部分要尽量凝练概括，称呼要有礼貌，正文语言要根据所反映的内容不同而有所变化，或朴实恳切，或激昂热情，不可模式化、套路化，同时必须将活动的内容、意义及参加者的任务和注意事项交代清楚。

邀请书在制作上要正规，如果内容较多、份数较多，最好用打印的方式，既节省时间和人力，又显得美观。

邀请书的发送也要注意时间的选择，近距离可派专人送达，远距离则可邮寄。

四、贺卡

贺卡主要分贺年卡（圣诞卡）和生日卡两大类，还包括一些专门为某一重要活动和仪式设计的卡片，如为庆贺酒店开张和贸易博览会开幕等特别设计的卡片。每逢节庆日来临，亲友同事及单位团体之间都可用贺卡来表达友好的问候和联络感情。

作为一种特定的礼仪卡片，贺卡本身附有雅致的图案和祝福节日快乐的深情词句（当然也可自己填写），因而只需签上名或盖上组织的公章，装入特制的信封，就可以或送或寄给对方。

贺卡的形式繁多，装潢漂亮，内容新颖，印制精美，有的有立体画面和放音功能，有的富丽豪华，有的能计时报点。

贺卡多用来表达思念、感激、赞誉、祝福、问候、友爱等方面的感情。有的是平铺直叙、简单明了地表达感情；有的是用诗句，寓祝福于委婉动听的倾诉中。

例文 5－6

×××：

在这新春之际，请接受我对你衷心的祝福！

×××

××××年×月×日

例文 5－7

把一张精致的贺卡
赠予我挚爱的朋友
虽然时空
隔离了我们的友谊
却能记忆彼此
最纯真的友谊与祝福
祝你
一年都如意！
四季都平安！
12 个月都幸运！
365 天都快乐！

第三节　商务启事礼仪

一、商务启事的内容及结构

商务启事是公司或其下属部门有事情要向公众说明，或请求有关部门、员工帮助时所写的一种说明事项的应用文，属于广义的广告的范畴。

启事在结构上一般分为三部分：

（1）标题。可在文首部分直书“启事”二字，以文种作标题；也可在启事前明确标出内容，如“搬迁启事”。

（2）正文。正文要把具体事项交代清楚，言辞要恳切，可用惯用语“特此启事”作结束语，也可自然收束全文。

（3）落款。写公司名称或个人姓名，相关内容如联系电话、地址、邮政编码、日期等也应一一写明。

二、商务启事的设计和印刷

商务启事的设计风格应以醒目、大方为主，特别是标题部分，可用鲜艳的色彩、新颖的字体调动阅读者的阅读期待。正文部分字体大小适中，而相关内容如电话、地址等应特别强调，以吸引读者的注意。

有关商业启事，以下事项必须谨记：

（1）商业启事反映着公司的形象，因此，所用纸质要好，设计要出色。

（2）商业启事的尺寸不应该太大，重量不要超过印刷品邮资的最低限制，否则成本就要增加了。

（3）信封上的名字和地址可打印也可手写，但不能用标签贴！

（4）商业启事的内容以简洁明了为上，但注意一定要讲明意图。

（5）如果条件允许，可在商业启事上摘要写下一点眉记，使它较具个性化。

三、商务启事示例

例文 5－8

××律师事务所招聘启事

××市××律师事务所是一所经政府司法机关批准成立的合作制律师事务所，主要从事房地产、知识产权、金融、证券、商务、劳动等方面的法律业务。因业务发展需要，经××市人才服务中心批准诚聘下列人员：

一、专职律师 2 名。条件：1. 已具有律师资格；2. 大学本科以上学历，掌握一门外语；3. 身体健康；4. 档案存在人才交流中心。

二、文秘一名。条件：1. 女性，年龄在 22 岁以下；2. 能熟练使用现代办公设备；3. 身体健康；4. 高中以上学历。

我所对专职律师设有灵活的取酬方式，专职律师可以根据自己的能力做出选择。有意者请将本人简历（附照片）寄至××市××宾馆××房间。

邮编：××××××

电话：×××××××

请勿来访。资料不齐不复。

本启事一月内有效。

例文 5－9

房屋出租启事

广州市北京路×号 600 平方米临街写字间，最近装饰一新，诚招国内外商家、厂家、公司、办事处租赁。

广州市北京路×号临街写字间，地处北京路最繁华之地，四面临街，交通四通八达，商机无限，人气最旺，一旦拥有，回报丰厚，是一切精明有为的企业客商施展经营才华、大显从商身手的理想场所。另外，院内还有 200 平方米的停车场出租。

有意者请速与××小姐联系。

电话：×××××××

地址：广州市北京路×号

例文 5-10

中国××总公司迁址启事

我公司自××××年×月×日起迁往新址办公，现将迁址敬告如下：

地址：中国北京市××路××号　　　中国××总公司

邮编：××××××

电话：××××××××

传真：××××××××

电传：××××××

ADD：×××××××××

POST CODE：××××××

TEL：××××××××

FAX：××××××××

TLX：××××××

例文 5-11

××商城招商启事

由国家技术监督局、中国技术监督情报协会与××工贸公司联办的××商城，位于××繁华的商业黄金地段。

××商城是全国唯一经国家工商行政管理部门批准以“××商城”注册命名并在整个经营管理过程中贯彻“保真进货，保真销售，保真服务”理念的新型商业企业。首批招商将选30余家生产金银珠宝、化妆品、真皮制品、羊绒制品、羊毛制品、真丝制品及烟酒食品、家用电器的企业，欢迎联络。

地址：××××××××××××　　　邮编：××××××

联络电话：××××××××　　　联络人：×××

例文 5-12

新科技产品推广启事

复印机操作者的福音——××牌

复印机臭氧净化器（实用新型专利号：×××××××××）

1992年中国新产品新技术博览会金奖

1990年全国防治城市污染新技术新产品优秀项目奖

1993年首届中国技术博览会金奖

1993年（深圳）国际高科技新产品交流展览会金奖

连续五届获中国专利新技术新产品博览会金奖及中国专利特别金奖

您一定想消除复印机、传真机等产生的废气给您带来的口干、胸闷、恶心、头痛、视力减退甚至可能导致癌变等症状的“复印机综合征”，××牌复印机臭氧净化器将为您解除上述的烦恼与痛苦。它集催化分解臭氧为氧气、吸附有机废气和过滤粉尘为一体。独特的净化新技术构思新颖，设计美观、合理，经全国数万家用户使用证明，能高效地将复印机、传真机等释放的臭氧浓度降到 $0.1mg/m^2$ 以下，有机废气降至1PPM以下，低于国际排放标准；并消除粉尘，无二次污染，使室内空气清新，保护身体健康，解决了现代办公的环保难题。该机居世界领先水平，净化效果好，性能稳定，寿命长（6年左右才更换净化剂），适应性强，使用安全简便，实行三包，长期维修，免费上门服务，深受中外用户欢迎。

本产品已获国家专利（专利号：×××××××××），并先后多次荣获国家奖励，系国家重点新产品，由中国科学院成都××环境工程技术开发公司独家生产，其他一切单位无权生产。目前市场上已发现有本专利产品的仿制假冒品，请广大用户不要上当受骗，认准本专利产品的唯一生产单位"中国科学院成都××环境工程技术开发公司"，并认准专利产品的专利号和商标。我们严正警告仿制假冒品的生产单位，必须立即停止侵权行为，否则，必追究法律责任。

中国科学院成都××环境工程技术开发公司

公司经理兼法人代表：×××

电话：×××××××××

电挂：××××××

邮编：××××××

账号：××××××××××

公司地址：成都××路××段×号中国科学院成都××研究所内

开户行：工行××分理处

第四节　备忘录礼节

一、备忘录的内容

备忘录作为一个文种，早期主要应用于外交场合，用来声明对某个问题的立场，或把某些事项的概况（包括必须注意的名称、数字等）通知对方。后来人们活用该文种，把那种随时记载、帮助记忆的文件统称为备忘录。特别是类似信签或便条式的备忘录，短小灵活，记事方便，很适合于写很短的评论意见给关系很好的同事或朋友。商务备忘录主要用于商业交往，具有外交文书和随时记载两种性能。

备忘录由眉题、正文、首字母签名、证明身份行、附件符号、副本抄送符号和附言七项内容组成。

（一）眉题

备忘录的信头一般打印在信笺上端。此信头包括一些眉题，如日期（Date）、发给（To）、来自（From）、主题（Subject）。另外，备忘录续页信头的写法与书信中续页信头的写法一样。

（二）正文

正文的格式要注意三点：

（1）可隔行打印，也可不隔行打印，视内容长短而定。一般只有很短的备忘录才隔行打印。

(2) 段落可以缩格，但一般情况下同平头式书信一样左边对齐。

(3) 由于备忘录中不使用称呼，第一段与最后一行眉题间应该空两行或更多行。

(三) 首字母签名

办公用品商店出售的标准式打印备忘录信纸中，有的在信纸下端印有一条签名线，发信人可以在上面签上自己的名字。但多数备忘录都没有签名行，有些人喜欢把自己姓名的首字母打印在最后一行正文下面空两行处，位置居中偏右；有些人则不打印他们的姓名首字母，而是用手签他们姓名的首字母。

(四) 证明身份行

该行既可以左边对齐放在最后一行正文下面空两行处，也可以放在首字母签名下面空两行处，哪项在最后就放在哪项下面。

(五) 附件符号

应左边对齐放在证明身份行下面空两行处。

(六) 副本抄送符号

副本抄送符号（如 c、pc、copy、rc、fc）应左边对齐放在附件符号下面空两行处。不易识别副本的抄送符号（即 bc）应该只出现在存档副本和不易识别副本接收人的那份副本上。

(七) 附言

附言应左边对齐或者与正文段落一样缩格，放在最后一个符号下空两行处。

二、备忘录的格式

备忘录有很多种格式，但大多数备忘录的写法都省略掉信内姓名和地址、称呼、结尾敬语、签名。在商务活动中，有两种典型的备忘录格式，即在公司印有抬头的信笺上撰写的便条式备忘录和标准式备忘录。有些公司还从办公用品商店购买现成的印刷表格。这些表格一般分两部分，上半部分或左半部分供发信人填写信息，下半部分或右半部分供收阅人写回复，这也是一种备忘录。

便条式备忘录短小精悍，只适合于写给朋友或关系很好的同事。标准式备忘录既可以在办公室内使用，也可以发送到单位外部去，如发给其他公司关系好的伙伴、作订单使用或者作为其他不需要给人正式感觉的便条使用。

下面列举了常见的备忘录形式，例文 5－13 是标准式备忘录，例文 5－14 是便条式备忘录。

例文 5－13

备忘录

发送：公共关系部　　　　发自：总经理办公室

日期：2 月 1 日　　　　　主题：总经理的行程安排

总经理将参观下列地区的工厂，并将对工厂生产部的全体人员讲话，希望通知每个工厂取消其他约会。

- 3 月 8 日：吉隆坡
- 3 月 9 日：新加坡
- 3 月 10 日：雅加达

例文 5-14

2018 年 3 月 18 日

这里是本月正在考虑的一些项目。附有各项目的状况评价及目前为止相互之间的进展程度。下周一再开会讨论该份清单。

抄送：张　强
　　　赵　英
　　　王黎明
　　　李　想
　　　周　苗

三、商务谈判备忘录

商务谈判备忘录是在业务磋商过程中使用的一种提示性或记事性文书，它记载了经过初步讨论后双方的谅解与承诺，可供进一步洽谈时参考。

商务谈判备忘录是备忘录的一种特殊形式。谈判备忘录一般不具备法律效力。

商务谈判备忘录的格式要求如下：

（1）标题。标题可用“备忘录”或者“×××谈判备忘录”。

（2）谈判双方的情况。包括单位、名称、谈判代表姓名、会谈时间、地点、会谈项目等。

（3）事项。即各自做出的承诺。

（4）签署。即双方谈判代表署名。

例文 5-15

备忘录

××××年×月×日

中国××公司××分公司（简称甲方）与×国××公司（简称乙方）的代表，于××××年×月×日在中国××市就兴办合资项目进行初步协商。双方交换了意见，达成了谅解，双方的承诺如下：

（一）依据双方的洽谈，乙方同意就合资经营××项目进行投资，投资金额大约×××万美元。投资方式待进一步磋商。甲方用于投资的厂房、场地、机器设备的作价原则和办法，亦待进一步协商。

（二）关于利润的分配原则，乙方认为自己既出资金又出技术，应该占60%～70%，甲方则认为应该按投资比例分成。对此双方没有取得一致意见。但乙方代表表示，利润分配比例愿意考虑甲方的意见，另定时间进行协商确定。

（三）合资项目生产的××产品，乙方承诺在国际市场上销售年产量的45%，甲方希望乙方提高销售额，达到70%，其余的在中国国内市场上销售。

（四）工厂的规模、合营年限以及其他有关事项，均没有详细地加以讨论，双方都认为待第二项事情向各自的上级汇报确定后，其他问题都好办。

（五）这次洽谈，虽未能解决主要问题，但双方都表达了合作的愿望，期望在今后的两个月再行接触，以便进一步商洽合作事宜，具体时间待双方磋商后再定。

中国××公司××分公司　　　　　　×国××公司
代表×××（签章）　　　　　　　代表×××（签章）
　　　　　　　　　　　　　　　　××××年×月×日

四、备忘录的使用原则

（一）书面表扬，当面批评

这是使用办公室备忘录的一般原则。

（二）简短明确

备忘录要简短，不长于一页，并以要求某种行动而结束，这有助于消除无聊的寒暄。

（三）遵循商务信函的基本规则

即使这是一份办公室内部的备忘录，也要遵循商业信函的规则——你给公司内部的备忘录要与公司外部的一样正式，因为这关系到你留给那些收到你的备忘录的同事、下属以及上司什么印象。

同时还要注意别让办公室内部的备忘录落入“外人”手里。曾经发生过这样一件事，一位知名电视主持人给经理层递交了一份备忘录，抱怨他的一些同事们（另一些知名电视主持人），而这份备忘录不知怎么落到了媒体手中，被刊登在全国各家报纸上。这份备忘录的制作还违反了前述的办公室备忘录使用原则：书面表扬，当面批评。

（四）避免误送备忘录

错误地把办公室内部备忘录送给公司以外的人，或把本应该发给甲的备忘录发给了乙，即使这些疏忽还没有严重到可以上报纸头条，但信誉和生意关系也可能因此就被毁掉了。

（五）语言礼貌

不要对任何人写任何恶言。尽可能避免表达任何负面的东西。要是你的上司非要求你在备忘录里批评某人或某事，事前须慎重地与上司进行沟通，争取化解此事。

本章小结

礼仪文书是对在礼仪场合中所使用的应用文体的总称，它具有使用范围广、针对性强、礼仪周全、能表达真情实意等特点。本章介绍了书信礼仪、柬帖礼仪、备忘录礼仪、商务启事礼仪等方面的知识。书信礼仪中要求写信要规范，发信要认真，收信要仔细。

关键概念

商务信笺　一般书信礼仪　柬帖　备忘录　商务启事

课堂讨论题

1. 一般书信礼仪有哪些？
2. 请柬礼仪有哪些？如何制作请柬？

复习思考

1. 聘书礼仪有哪些？
2. 邀请书的结构如何？
3. 制作商务启事应注意哪些事项？
4. 备忘录包括哪些内容？

案例分析题

阅读下面的案例，回答问题。

李君是跨国贸易公司的分公司总经理，这天，他准备举办一个午餐会，邀请同事和与本公司有业务关系的客户参加。这次午餐会很重要，他要给客户留下好印象。

李君先让A秘书打电话给同事，得到对方（同事）的应允，然后邮寄“备忘卡”给他（同事），以便同事可以确知午餐会地点。接着，李君派B秘书打电话邀请与本公司有业务关系的客户来参加午餐会。最后，李君分派C秘书用公司的信纸给那些李君认为重要的客户写正式邀请函，然后用传真发出。

准备工作一一办妥，李君就等着午餐会了。

问题：

1. 李君的做法有什么值得借鉴之处？
2. 李君的做法中是否还有需进一步完善之处？

工作实务题

1. 写一张祝贺同学毕业的祝贺卡。
2. 请你回答下列问题：

（1）过期无用的书信，应该如何处理比较合适？

（2）填制信封，指明A、B、C、D、E各部分应该填制的内容名称。

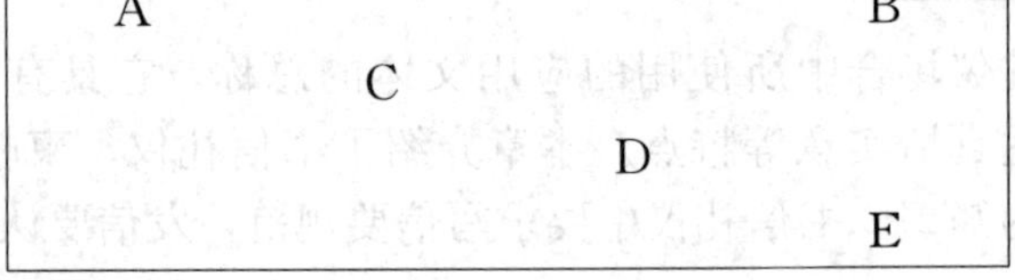

〔参考答案〕

1. 略。

2. （1）集中销毁，不能当作废纸变卖。

（2）A. 收件人邮编

B. 贴邮票处

C. 收件人地址

D. 收件人姓名或名称

E. 寄件人姓名（名称）、地址和邮编

第六章

商务人员旅行礼仪

案例导入

国内某大型电子公司的老总将带领公司的研发人员到美国去洽谈设立分公司的事，决定由刘秘书陪同。下班之前，刘秘书像放电影似地对15天的出国活动安排在头脑里进行了预演。由于住宿、交通和与当地有关部门会谈的联络工作都交给了美国的分公司负责，所以刘秘书的工作减去了一大块。刘秘书担心的是可能出现的飞机晚点或交通堵塞，因为他们的日程安排得实在太紧，稍微耽搁一点都会导致工作计划无法完成。于是，刘秘书再次拨通了长途电话，与对方确认在什么时间、什么地方接他们，什么时间上门拜访……

在和对方确定行程之后，刘秘书又拿出随身携带物品的清单，一个个核对了一遍：手机、手提电脑、摄像机、讲话稿提纲、谈判背景资料、药品……

评　析

事无巨细、做事周到，是一个秘书必须具备的能力。不管你是在公司还是在机关，如果你对周围的人和事不能考虑周到，那么你肯定不会受到欢迎，甚至可能会被领导认为是个不称职的秘书。

对于秘书来说，平时工作的日程安排，特别是到国外出差的时候，最怕的是出现时间上“撞车”。国外的办事规则自有其不同的特点，一旦在时间这一环节出现纰漏，很多安排就会被打乱重来，而且不像在国内那么好处理。

今天，企业的经营活动早已打破了传统的地域，跨地区、跨国界的商贸往来已相当普遍，因此商务旅行便成了商务人员的一项重要活动内容，而旅行中的交通礼仪、住宿礼仪等对塑造企业形象和商务活动的顺利开展都具有积极的意义，需要商务人员重点掌握。

第一节　交通礼仪

商务人员出行时，无论是乘坐汽车、火车、轮船、飞机，还是步行，都必须强调秩序意识、自律意识、互助意识、礼让意识。

一、行路礼仪

（一）遵守交通规则

城市的交通规则对行人和各种车辆的行驶均有严格的规定，商务人员应自觉遵守。

如果需要穿行马路，一定要走人行横道，不可随便穿越，不可低头猛跑，更不可翻越栏杆，要注意避让来往车辆，确保安全。

在有信号指示或交通警察指挥的地方，一定要听从指挥。

（二）文明行路

走路姿势要端庄。不要弓腰、低头，不要东张西望，不要摇头晃脑，不要边走路边吃东西，也不要口中小调不停或吹口哨。

两人走路时，不要勾肩搭背。多人走路时，不要依仗人多便无所顾忌地高声说笑或横占半个路面影响他人行走，应自觉排成单行或双行。

男女同行时，通常男士应走在人行道靠公路的一侧，需要调换位置时，男士应从女士的背后绕过。

当一名男士和两名以上的女士结伴而行时，男士不应走在女士的中间，而应走在女士们的外侧。

在街上遇到熟人，不要停下说个没完，通常应是点点头走过，或只做简单的问候，或提出改日再约。

在拥挤或狭窄的路段上行走，应自觉礼让，特别是对年长者、妇女、儿童、生病体弱者，一定要主动让路。

碰撞别人要主动道歉。别人撞了自己或踩了自己的脚时，应大度宽容，对主动向自己道歉者应说声“没关系”，不可口出怨言、斥责对方。

对意外跌倒碰伤的行人要尽力相助。如果遇到残疾人，要主动让路，必要时还应主动上前搀扶。不可久久注视路上的异性。

（三）问路要有礼貌

需要问路时，首先，应选择合适的对象，最好不要去问正在急行的人、正在与人交谈的人以及正忙碌的人。其次，问路时要礼貌地称呼对方，可根据对方的年龄、性别和当地的习惯来称呼，绝对不能用“喂”“哎”等呼叫对方。最后，当别人给予解答后，要诚恳地表示感谢，若对方一时答不上你的提问，也应礼貌地说声“再见”。

二、乘车礼仪

乘坐不同车辆，礼仪要求也有所不同。

（一）乘坐公共汽车的礼仪

1. 按顺序上车

车到站时，要先下后上，先到先上，自觉排队，不要拥挤。遇有残疾及行动不便者，应主动给予帮助。绝不能凭自己身强力壮而推开众人往上挤，表现出一副野蛮相。

2. 文明乘车

上车后，应尽量往里走，不要堵在车门口。

如果里面还有座位，应先让老、弱、病、残及抱小孩或带小孩的女士坐，不要强占座位。如你已经坐在了座位上，遇上述人员乘车时，也应主动将座位让出。

不随便乱坐。公共汽车上除座位外，诸如窗沿、地板、扶手、发动机等处均不能就座。挤坐他人座位也是不雅之举。

不要在车上吃东西。上车前未吃完的东西，应进行必要的处理。在车上吃东西是很没有教养的表现。

不要吸烟，不要随地吐痰，不要乱扔废弃物，更不要将废弃物扔向车外，以免砸伤行人、污染环境。

坐在座位上不要高跷二郎腿，不要将头或手伸出车窗外，以免发生危险。

雨雪天上车后，应把雨伞、雨衣等雨具放入塑料袋中，或提前抖掉身上的雨水和雪花，以免弄湿其他人。对已经湿了的物品，应妥善处理。

上车后应主动买票或刷卡。

提前做好下车准备。如果自己不靠近车门，应先礼貌地询问前面的乘客是否下车，如前面乘客不下，要设法与其调换一下位置。

（二）乘坐火车的礼仪

1. 自觉遵守候车规则

要爱护候车室内的公共设施，不要大声喧哗。

携带的物品应放在座位下或座位前，不要挂在衣帽钩上，不强占或多占座位，不躺在座位上使人无法坐下休息。

保持候车室卫生，废弃物应主动扔到果皮箱内，不随地乱扔东西，不随地吐痰。

检票时自觉排队，不乱拥乱挤，有秩序地上车。

2. 按要求放好行李

所有行李应放在行李架上，不能放在过道上或小桌上。

长途旅行一般携带行李较多，乘客间要相互照顾，合理使用行李架，放、取行李时应脱掉鞋子，以免踩脏座位。

自己的行李要摆放整齐，尽量不压在别人的行李上，如果不得不压也应征得别人的同意。

3. 自觉维护车厢环境

不在车厢内吸烟，不毫无顾忌地打喷嚏，没有特别原因不在车厢狭窄的过道上走来走去，坐在座位上时不要把脚伸到车厢过道上。

不旁若无人地大嚼食品，不要把果皮、残渣及废弃物抛向窗外或在车厢内随地乱扔，不随地吐痰。

4. 邻座之间友好相处

与邻座的旅客交谈应先看清对象，与不喜交谈者谈话是不明智的，和正在思考者谈话也是失礼的。

即便与旅伴谈得很投机，也不要没完没了，看到对方有倦意就应立即停止谈话。注意谈话中不要问对方的姓名、住址及家庭情况。

如需阅览别人的报刊或使用邻座的物品，应先征得对方同意，不可随便取用。别的乘客看报时，不能凑上去瞧。

5. 礼貌道别

到达目的地后，拿好自己的物品，有礼貌地与邻座旅客道别，有序下车，不抢道拥挤。

（三）乘坐轿车的礼仪

1. 了解座位的尊卑

有关内容可参见相关章节。这里强调的是：嘉宾坐在哪里，哪里就是上座。即便嘉宾不明白座次，坐错了位置，也不要纠正。

2. 了解上下车的先后顺序

同女士、长者、上司或嘉宾乘双排座轿车时，应主动打开车后排的右侧门，请女士、长者、上司或嘉宾在右座上就座，然后把车门关上，自己再从车后绕到左侧打开车门，在左座坐下。到达目的地后，若无专人负责开启车门，则应先从左侧下车后绕至右侧门，把车门打开，请女士、长者、上司或嘉宾下车。

由主人亲自驾车时，出于对乘客的尊重，主人应最后上车，最先下车。

3. 注意在车内的谈吐举止

车辆行驶过程中，乘车人之间可适当交谈，但不宜过多与司机交谈，以免司机分神。

举止要文明，不在车内吸烟，女士不在车内化妆。

男女之间不在车内打打闹闹或表现得过分亲热，否则，与商务人员的形象有悖。

不在车内乱吃东西、喝饮料，不在车内吐痰或向车外吐痰，不通过车窗向车外扔废弃物。

三、乘坐飞机的礼仪

（一）提前办理乘机手续

乘机手续主要指购票和登机手续，它比较严格且较为复杂，应提前办理。

乘坐飞机至少应在飞机预定起飞时间前一个小时至一个半小时到达机场，在这段时间里核查机票、办理行李装运手续，并进行一些必要的登记。

（二）妥善处理携带的行李

携带行李应尽可能轻便。国际国内航班对行李的重量均有严格的限制，可尽量少带。

随身携带的行李，登机后可放到置物架上，放置时应避免把置物架塞得过满，造成其他后到的乘客无处可放。

（三）遵守规定，文明乘机

飞机飞行期间，乘客应严格遵守机上宣布的有关规定。当“系好安全带”的信号灯亮时，要迅速系好安全带。如恰好正在盥洗室，应尽快回到座位上去。

不贪图小便宜。阅读用的书刊、洗手间的卫生纸、座位下的救生衣、座位上的氧气面罩，均不可取走。

不使用违禁物品。在机上不准用移动电话、手提电脑、调频收音机、电子游戏机以及电子玩具等有可能干扰无线信号的物品，否则极有可能危害自己和他人的生命安全。

在飞机上使用盥洗室或厕所应尽量少占时间，使用完毕要保持其清洁，在任何地方都不要留下令人不愉快、不整洁的痕迹。要尽量避免做让人反感的事。

（四）尊重乘务人员的劳动

飞机飞行中，乘务员会为乘客提供服务，在接受服务后应向乘务员道声“谢谢”或点头致谢。

无特殊事情应尽量不要麻烦乘务员。如果有事确需乘务员帮助，可向乘务员招手示意，不可大声呼叫，更不允许跟漂亮的空姐开过头的玩笑甚至动手动脚。

第二节　住宿礼仪

商务人员出差在外多入住宾馆、饭店，因此，要遵守宾馆、饭店的规章制度，做一个文明礼貌的客人。

一、入住客房的礼仪

（一）爱护房内设施

宾馆客房内备有供旅客生活使用的各种常用物品，如桌、椅、灯具、电视、空调，以及盥洗和卫生洁具、浴具等设施，使用时应予以爱护，不应用力拧、砸、敲，如不慎损坏，应主动赔偿。

故意破坏房内物品，或损坏了物品不声不响，甚至把房内不属于自己的东西拿走等，都是违背社会公德的不文明行为。

（二）接待来访客人

宾馆不提倡在客房内会见来访的客人。必要的话，可在宾馆大堂与咖啡厅接待访客。当然，偶尔在客房里会见来访的客人也是允许的，但必须注意以下几点：

（1）在客房里接待的客人人数不宜过多。否则，人声嘈杂会破坏宾馆的肃静，影响他人休息。

（2）在客房里接待客人的时间不宜过久，否则会让外人误会。

（3）不允许来访客人在客房留宿，或使用客房内的各项设备。

（4）尽量不要在客房内接待普通关系的异性客人。如果一定要接待，最好不关闭房门，时间也不要长于半小时，以防被人误会。

（5）不要邀请刚刚结识的人到自己所住的房间做客，以免造成不必要的麻烦或损失。

（6）不要让按摩人员上门服务，也不要请态度暧昧的异性到房间玩。

（三）注意内外有别

室内着装可相对随便，走出房间则应衣着整齐，不可穿背心、短裤、睡衣、拖鞋等在走廊或宾馆、饭店内外的公共场所游逛。

不可窥视他人居住的房间。如同室还有其他客人，出入房间应随手关门，不要将房门大开，让别人一览无余。

休息的时候，可在门外悬挂特制的“请勿打扰”的牌子。

（四）保持房间整洁

不要将小件物品如钱包、钢笔、电子记事簿等乱扔在桌子上，或放在枕头下面、毛毯之中，这样很有可能被客房服务员当作无用的物品清理掉。

脱衣休息时，衣服、鞋袜应分别放好，不要乱抛、乱丢。

废弃物应投入垃圾桶内，也可放在茶几上让服务员收拾，千万不要扔进马桶里，以免堵塞而影响使用。

吸烟者不要乱弹烟灰、乱抛烟头，以免烧坏地毯或家具，甚至引起火灾。

（五）不影响他人休息

到别人房间找人，应揿门铃或敲房门，不可重击房门或高声喊叫。开、关门时，动作要轻，声音要小。

不在房间内大声喧哗或举行吵闹声较大的聚会。晚间不在房间里打牌，看电视也应尽可能放小音量，以免影响其他客人。

在走廊里说话、走路应注意不发出太大的声音，夜深之时更应如此。

（六）尊重服务人员的劳动

当服务人员来房间送水或打扫卫生时，要起身相让，不可无动于衷。服务人员离去时，应表示感谢。

当遇到一些特殊情况，比如有客人来访而服务人员恰好也在这时来打扫房间，如果觉得不便，可有礼貌地请服务人员稍过一会儿再来打扫。

二、餐厅用餐的礼仪

餐厅也是公共场所，用餐举止得体、姿态优美，历来被认为是衡量一个人文明修养水平的标准之一。注意用餐礼仪，不仅能反映一个人的教养程度，而且也是尊重他人的表现。

（一）入座礼仪

来到餐厅，可由服务人员引领到餐桌前就座，如无服务人员引领，也可自己找合适的位子坐下，不要在餐厅内乱转，不要来回调换桌子，不要在餐厅内东张西望，也不要在餐厅的镜子前梳头、补妆、整理衣服等做一些私人的事情。

（二）等待就餐的礼仪

入座后，如带有手提包，不应放在餐厅餐桌上，而应放在腿上或椅子靠背的前面，这样既不影响进餐，又能保持良好的坐姿。等待用餐期间可与同席的人进行交谈，不可旁若无人，更不可显出迫不及待的样子，也不要摆弄餐具，比如敲碟子、碗等。主人未宣布开宴时，不要先动餐具。

（三）进餐礼仪

用餐时应注意餐桌礼仪，树立良好的进餐形象，尤其是在正式宴会上用餐时。从餐具的使用，夹菜、吃菜，到饮酒、品茶，都应注意自己的形象。特别是吃西餐时，更要注意餐具的使用及菜肴的吃法，不会时可先看后动，千万不要操之过急，想当然而为之，以免惹出笑话，令自己尴尬。

在餐厅里吸烟是失礼的行为，更不要一边进餐一边吸烟，即使有人这样做也不可模仿。

饮酒一定要适度，不可过量，否则，既耽误工作，也使自己形象受损。

不要在餐厅里大声打电话。许多商务人员都有手机，但在餐厅进餐时除非有要事，一般最好关掉手机。若需要接打电话，应起身走开，找个僻静处，不要在餐厅里当众高声喊叫，以免干扰别人。

第三节　携带物品礼仪

商务人员常因商务洽谈或商务考察而出差，每次出差，除携带一些生活用品外，还要准备一些与本次差旅活动相关的物品，因此，要注意携带和使用物品的基本礼仪。

一、业务资料

业务资料是商务人员自我展示的有效装备，一般需携带下列业务资料。

（一）协议或合同文本、报价资料、工程图表等资料

协议或合同文本要提前准备好，以便随时同客户成交签字；报价资料除准备本公司的，还应备有其他公司同类产品的价格，方便客户比较；工程图表等资料可使客户对企业或工程有更进一步的了解。

（二）公司资料（如公司简介、产品说明等）

除公司情况简介、产品说明外，还可准备一些权威机构的评价、报纸的宣传、买主提货时兴高采烈情景的照片等。

（三）谈判对方人员名单及背景资料或买主名单

如果是因商务洽谈而出差，就要尽可能地多收集与对手有关的情况，做到“知己知彼”；如果是因推销产品而出差，则可将购买并使用本公司产品的客户名单整理成册，在推销时会起到加强说服力的作用。

（四）礼品

对初次见面的客户应准备小礼品（若有公司标志则最佳），让客户时刻记住你的公司。

（五）翻译文本

若有外宾参加或涉及语言问题的，应将有关资料的翻译文本提前准备好。

（六）考察目录

如果是去商务考察，则还应提前对考察对象做一个初步了解，将希望考察的内容整理成一份目录清单或访谈问题清单，这样才能在有限的时间内把需要了解的问题了解得系统而全面。

二、办公用品

商务人员处理公务时经常需要使用一些物品，如公文包、名片、钢笔、记事本、计算器、笔记本电脑等。以上物品准备得齐全，可从一个侧面展现商务人员细致、严谨、认真的工作作风。

（一）公文包

1. 包内物品的放置

公文包内的物品，应均与商务活动有关，而且需放置有序。在外人面前拿包取物时，要绝对避免给人包内物品乱七八糟的印象，同时还应注意保持取出的物品干净、整齐。

2. 正确携带公文包

根据公文包的款式，可采用夹、提等方式携带，不要随便肩扛、肩背，甚至提在手中乱甩。在街头行走时，注意不要用包撞人。出门做客时，公文包不可乱放，应放在自己的腿上或身旁，这样取用方便。

（二）名片

需携带的名片应放在专门的名片盒内，名片盒可放在公文包内，使用时可随时从公文包内取出。

将对方赠送的名片根据自己工作的需要分类后，放入专门的名片夹或名片册妥善保存。

（三）钢笔

许多正式场合只允许使用钢笔，因此，商务人员出差在外必须随身携带一支钢笔。

钢笔的款式要大方，颜色以素雅为宜。墨水的颜色宜选择蓝黑色或黑色。如同时携带两支钢笔，墨水的颜色应一致。

所携带的钢笔可放在公文包内或放在西服左侧的内袋里。

（四）记事本

经常使用记事本，随时记录下所需信息，以便日后查用。

记事本要随身携带，且只应记录与工作有关的事情，不要在上面乱写乱画。

记事本以实用雅观为原则。现在市场上有一种每年一册的效率手册，大都一天一页，有的还可以用来精确地安排每小时的工作，用它代替记事本既经济又实用。

记事本宜放在随身携带的公文包内。

（五）计算器

在数字的计算上，口算、心算、笔算都难以保证准确无误，若随身携带一个计算器就相对方便许多。

计算器可放在随身携带的公文包内，体积小的也可放在衣服口袋里。

（六）笔记本电脑

在现代化的社会里，高效率、快节奏已是工作的主旋律，移动办公、上网、到自己的邮箱里查找文件或随时调用资料，都离不开笔记本电脑。

出差在外，如果需要给对方展示一些文件，则一定要带上该文件的备份。可用光盘或磁盘备份，或如果随同前往的其他人员再携带一个笔记本电脑，可把相关文件备份其中。

小案例

张经理为争取进一步的合作，出差到一家大用户那里介绍新的产品。新产品资料已经存入张经理携带的笔记本电脑中。为了防备万一，张经理又请同行的另一名同事再带上一台笔记本电脑，备份了该资料。在准备的过程中，有人颇不以为然，觉得张经理用的笔记本电脑质量非常好，从未出过问题，需要带的行李已经不少了，何必再带一个笔记本电脑！由于张经理的坚持，备份的笔记本电脑还是带上了。产品介绍会开始了，当该公司介绍产品时，问题发生了，张经理用的笔记本电脑突然死机，怎么也调不出要用的文件。张经理不慌不忙地悄悄换上备份电脑，一切按照安排顺利进行，最后，产品介绍会取得了预期效果。

试想，如果准备不够充足，又在对方的众目睽睽之下，那将会是什么样的结果？新产品的介绍可能泡汤不说，还将严重影响公司的形象，甚至会给新的合作带来阴影。所以，准备工作一定要求全求细，同时必须坚持原则。

三、通信工具

现代社会是一个信息社会，对于商务人员来说，信息就是财富。为了方便随时与公司联系、与客户沟通，在商务旅行中，商务人员应准备必需的通信工具，如移动电话。

携带移动电话，既要考虑方便使用，又应注意形象。可放在公文包里或专用的手包里，亦可放在西装上衣左边的内侧口袋里。

四、个人必需物品

除上述用品外，商务人员还需携带一些为证明身份或方便生活的个人必需品，例如：

（1）文件类，如商旅日程表、相关地址、电话通信录、机票/车票、身份证、护照、名片、介绍信、地图、信用卡等。

（2）衣物和药品，如感冒药、肠胃药、睡衣、礼服等。

（3）洗浴用品。现在有些宾馆、酒店已不再免费提供洗浴用品了，因此商务人员要事先有所准备。

本章小结

本章介绍了交通礼仪、住宿礼仪以及差旅礼仪，包括步行、乘车、乘飞机、入住宾馆、旅行就餐、旅行物品准备等礼仪知识。

关键概念

交通礼仪　住宿礼仪

课堂讨论题

1. 步行礼仪有哪些要点？你赞同这些要点吗？
2. 乘坐轿车和乘坐其他车辆的礼仪有何不同？
3. 乘坐飞机应如何表现风度和雅量？

复习思考

1. 行路时应注意哪些礼仪？
2. 乘车时应注意哪些礼仪
3. 入住客房时应注意哪些礼仪？
4. 商务人员出差旅行在携带物品上应注意哪些礼仪？
5. 判断题。

（1）饭店是专供住宿者进行休息的场所。（　　）

（2）帮助意外跌倒碰伤的行人有可能好心不得好报。（　　）

（3）乘坐火车时可以旁若无人地大吃大喝。（　　）

（4）行走时可以抽烟、喝饮料。（　　）

案例分析题

阅读下面的案例，回答问题。

某商贸公司经理武力为了与新亚公司洽谈一笔重要生意，即将前往新亚公司所在的A城。武力准备乘火车去A城，顺便给他在A城的朋友带些土特产。上了火车，武力找到自己的座位后便急忙将行李和两袋子土特产平行摆了一排，然后又将放洗漱用品的袋子挂在了衣帽钩上。列车启动了，武力想喝水，可暖瓶中水不多，武力便不断地喊叫列车员。喝过水后，武力又拿出些水果来吃。吃了水果，他顺手将果皮扔到窗外。火车继续前行，武力感到有些疲乏，于是脱了鞋，把脚放在席位上，鞋与袜子立时散发出一股难闻的气味，周围的乘客厌恶地皱着眉头，捂着鼻。坐在他对面的中年男士目睹了这一切。到了A城，武力几经周折终于找到了新亚公司。进了经理室，武力发现端坐在老板席上的竟是火车上坐在他对面的那位男士。这时，中年男士也认出了他。接下来任武力把话说得天花乱坠，中年男士也不同意与他合作。

问题：

请运用旅行礼仪知识分析武力此次洽谈没取得成果的原因。

工作实务题

1. 情景模拟：乘坐飞机的礼仪。

目的：通过练习使学生巩固旅行礼仪的基本常识。

参加者：3 人一组，2 人扮演乘客，1 人扮演乘务员。

练习时间：8～10 分钟。

背景：A 公司甲、B 公司乙乘坐同一航班去某城出差，甲、乙二人的座位正好相邻。丙作为乘务员随时为他们提供必要的服务。

其他人认真观看。如时间允许，可分几组练习，比较优劣。

2. 情景模拟：为上司出差做准备。

目的：通过练习使学生巩固为上司出差做准备的基本知识。

参加者：3 人一组，2 人扮演秘书，1 人扮演公司经理。

练习时间：8～10 分钟。

背景：滨江公司经理因业务需要 5 天后将去南方某公司出差。甲、乙作为经理办公室的秘书正在为经理做着必要的准备。

其他人认真观看。如时间允许，可分几组练习，比较优劣。

第七章

生活中的礼仪

案例导入

一家公司新近来了一位秘书叫晓兰，她在工作方面没有什么问题，人也非常勤快，可是就是给人不太得体的感觉。一天，快到中午的时候，晓兰气喘吁吁地从外面办事回到公司，满头大汗。她像个假小子一样只拿手擦了擦汗就开始给客户打电话。同事见她还有些头发沾在眼角边，便说："晓兰，看你出了那么多汗，去补个妆吧。"

"没什么。"晓兰有些不在意，继续埋头干活。

过了不久，晓兰又以一副新面孔出现在公司的同事面前——她脸上的粉擦得特别厚，感觉就像是戏台上的媒婆，差点吓了同事一跳。

评　析

作为职场人员，必须养成随时随地注意保持自己良好的职业形象的习惯，因为无论是接电话时说话的语气，还是与客人交谈时的坐姿，都代表着公司的形象。可以说，职场人员个人在衣着打扮上的爱好和习惯，早已超越了其本身的审美情趣，它是公司整体形象的客观要求。

另外，化妆要同周围环境相协调，不可在公司里显得太扎眼，而应基本随大流，同时要同自身的年龄、身份相协调。

第一节　优雅的举止

举止即指人的姿态和风度，包括人的站姿、坐姿、走姿、面部表情等。优雅的举止对于个人的形象塑造和事业的成功是至关重要的。优雅得体的举止不仅能体现一个人的良好修养，而且在商务活动中容易得到别人的尊重和信任。因此，从事商务活动的人士应该十分注意自己的举止。

一、姿态

姿态是一种无声的语言，人们的举手投足都在不知不觉中传递着信息，所以在商务活动中保持规范、得体的姿态是十分重要的。具体来讲，就是要具有良好的坐姿、站姿、走姿。

（一）挺拔的站姿

正确的站姿为：头正、颈直、肩平、下颌微收，收腹挺胸，双肩放松，双臂自然下垂，双手放于大腿两侧，手指并拢自然微屈。两腿挺直，两膝相碰，脚跟并拢，两脚尖张开夹角45°左右。男性双腿可以分开，双脚间的距离最多与肩齐。长时间站立时可暗暗调整身体重心，使双脚轮流承受身体重量。不能一腿弯一腿直，否则会显得很懒散。正确的站姿给人以挺拔舒展、落落大方、精力充沛的印象。

小知识

女士优美的站姿为：脊背自然挺直；双手轻放腹部；双膝打直；双脚并拢。

站立时应避免的姿态有：头下垂或上仰，挺腹塌腰，背弯膝松，或者一腿不停地抖动，双手叉在腰间或插在衣裤口袋里，摆弄头发，搓脸，倚着墙或其他物体站立等。

小知识

站立时的禁忌

- 忌双脚叉开、交叠或呈内外八字。
- 忌双手环抱在胸前或压在吊挂式皮包上。
- 忌姿势常常更换，甚至斜靠在墙上或东西上。
- 忌用脚尖或脚跟点地，甚至发出声响。
- 忌手不时把玩头发或物品等。
- 忌单手或双手叉腰，以及身体重心倾向一边。

（二）端正的坐姿

正确的坐姿是：入座时要轻而稳，坐好后腰背挺直，双肩放松，女士两膝并拢，男士膝部可分开但不要超过肩宽。入座后一般坐椅面的2/3，背部轻靠椅背。如果是与长者或上司谈话，为了表示尊敬，上身可以略倾向于对方而不靠椅背。

女士穿裙装入座时应用手将裙后摆稍稍拢一下，再慢慢坐下，以免将裙子弄皱导致起身后不雅。

下面介绍几种常见的坐姿。

1. 正坐

两腿并拢，上身挺直坐正，小腿与地面垂直。男士将两手放在双膝上，双腿分开，双腿之间的距离为一拳到一拳半；女士则双手叠放，置于左腿或右腿上。

2. 侧坐

坐正。女士双膝并紧，上身挺直，两脚同时向左放或向右放，双手叠放，置于左腿或右腿上。男士小腿垂直于地面，上身左倾或右倾，左肘或右肘支撑于扶手上。

3. 开关式坐姿

坐正。女士双膝靠近，两小腿前后分开，两脚前后在一条线上；男士既可两小腿前后分开，也可左右分开，两膝并紧，双手交叉放于双膝上。

4. 交叉式坐姿

两腿前伸，一腿置于另一脚上，在踝关节处交叉成前交叉坐式，也可小腿后屈，脚前掌着地，在踝关节处交叉（女士可用一脚挂于另一脚踝关节处）成后交叉式。

（三）优雅的走姿

最能体现出一个人精神面貌的姿态就是走姿。从一个人的走姿就可以了解其精神状态、基本素质和生活节奏。

走路速度应适中，不要过快或过慢，过快让人觉得轻浮，过慢则显得没有时间观念，没有活力。

走路时要头正颈直，两眼平视前方，上身挺直，挺胸收腹，两臂自然下垂，前后自然摆动，前摆稍向里折约 35°，后摆向内折约 15°。由后脚跟至前脚掌，相距约为 1.5 到 2 个脚长。女性的脚步应轻盈均匀，穿裙子时要走成一条直线，使裙子的下摆与脚的动作显示出优美的韵律感；男性的脚步应稳重、大方、有力，显示出阳刚之气。

走路时要注意纠正不正确的走姿，如八字步、含胸、歪脖、挺腹、与人勾肩搭背等。

小贴士

对走的要求是“行如风”，即走起路来像风一样轻盈。

保持优雅的走姿有如下四句口诀：“以胸领动肩轴摆，提髋提膝小步迈，跟落掌接趾推送，双眼平视背放松。”

二、手势

手势是体态语中最丰富、最具有表现力的传播媒介，恰当使用手势会在交际中起到锦上添花的作用。

手势在人际交往中占有重要的地位。它是一种传递信息的方式，有极强的吸引力和表现力，在日常交际中使用频繁。手势的运用要规范适度、简洁明确，还要注意相同手势在不同国家的不同含义。常用的手势有指示的手势、打招呼的手势等。

给人指示方向、指点物体、介绍某人、请人做某事等，都需要用手来指示。正确的指示手势应该是四指并拢，拇指自然分开，手心向上，手臂适度伸出。这种手势在商务活动中的使用频率相当高。

打招呼、致意、告别时也常用手势表达。值得注意的是，当双方距离很近的时候，手势动作要小，抬起小臂挥一挥即可；双方距离较远时，手势动作可以大一些。

在使用手势时，有三点需特别注意：

第一，在任何情况下都不要用手指指点别人，那是极不礼貌的。在谈到自己的时候，可以用右手轻按自己的左胸部，这样显得稳重可信。

第二，因各国习惯不同，同一手势所表达的意思也不尽相同。因此，与外国人交往时不可乱用手势。比如，在我国竖起大拇指表示称赞夸奖；在欧洲一些国家，伸出拇指上挑可视作招呼出租车；而澳大利亚人认为竖起大拇指尤其是横着伸出是一种侮辱。“OK”手势，即用拇指和食指组成一个圆圈，其余三指竖起，这在美国人眼中是好、顺利、平安之意；而在日本则代表钱；在南美洲的一些国家，这是一种下流、侮辱性的手势。如果伸出手掌向下摆动，在中国和日本是招呼别人过来的意思，但在美国这是唤狗的手势，如果用来招呼人则会引起误解。

第三，在交谈中，人们常常借用手势来加强语气、帮助表达。除了要注意手势的正确使用外，还要避免因动作幅度太大、过于夸张而引起对方的反感。

此外，有些手势是令人反感、有损形象的，如当众搔头皮、掏耳朵、挖鼻孔、剔牙、咬指甲、修指甲等。

三、表情

表情是指人的面部情态，即通过面部眉、眼、嘴、鼻的动作和脸色的变化表达出来的内心思想感情。

表情在人际交往中起着十分重要的信息传递作用。心理学家在一系列试验的基础上得出了这样一个公式：

信息的总效果＝7%的言语＋38%的音调＋55%的面部表情

由此可见，面部表情的交际作用占有重要的地位。

面部表情主要是通过目光和微笑来传递信息的。

（一）目光

目光是心灵的窗户，是人深层心理情感的一种自然表现，如喜、怒、哀、乐都会从目光的微妙变化中反映出来。目光的表现形式是多种多样的：炯炯有神的目光，体现着对事业的坚定而执着的追求；麻木呆滞的目光，反映着对生活心灰意冷的态度；明澈坦荡的目光，反映的是为人正直、心胸开阔；狡黠奸诈的目光，说明为人虚伪、心胸狭窄。在社交中恰到好处的目光应该是：友善尊敬、明澈坦荡、真诚热情、炯炯有神。

在运用目光时有几点特别值得注意：

其一是视线接触的长度，与人交谈时视线接触对方脸部的时间应占全部谈话时间的30%～60%。超过这一平均值者，可认为对谈话者本人比谈话内容更感兴趣；低于此平均值者，则表示对谈话内容和谈话者本身都不怎么感兴趣。因此，在与人交谈时，可以随谈话内容的变化，适当而自然地将目光移向他处，以免引起对方的不适。在许多文化背景中，长时间的注视、直视或上下打量，都是失礼行为。

其二是在与多人交谈时，要不时地用目光与不同角度的听众进行沟通，不要只顾与一两个人交谈，而使其他人有一种冷落感。

其三是目光注视范围。公务场合的注视范围应该是两眼为底线、额头为上限，这种注视范围较窄，显得比较严肃郑重；社交场合注视的位置是以两眼为上限，以唇部为底线，构成一个倒三角，这种目光带有一定的感情色彩，亲切友好。

其四是注意不要总回避对方的目光，这样会使对方以为你心里有鬼或在说谎。

（二）微笑

微笑是社交场合最富有吸引力的面部表情。微笑体现着人际关系中友善、诚信、谦恭、和蔼、融洽等最为美好的感情因素，具有一种天然的吸引力，能使人相悦、相亲、相近。微笑是自信的象征，是礼貌的表示，是心理健康的标志。与人初次见面，微笑可以使其消除紧张感；上级对下级微笑，会让人感到平易近人；服务人员面带微笑，顾客就有宾至如归之感；顾客向服务人员报以微笑，显示对对方的尊敬和理解，会化解对方的烦躁与疲劳。

在人际交往中，微笑能强化有声语言的沟通功能，增强交际效果。微笑的魅力能使"强硬的"变得温柔了，"困难的"变得容易了，甚至还会反败为胜。因此，在商务活动中一定要善于用真诚的微笑表达对他人的尊重与理解，善用微笑也较易获得别人对自己的尊重与理解。

小知识

微笑的礼仪规范

- 微笑要真诚。
- 微笑要适度。
- 微笑要适宜。

第二节　得体的服饰

一、着装礼仪

在商务活动和人际交往中，得体的着装不仅反映了一个人良好的修养与气质，更重要的是表达了对他人的尊重。同一个人因身着不同的服装会给人留下截然不同的印象。因此，我们每个人都应该注重着装礼仪，并且根据自己的素质、气质、性格、职业特性选择最适合自己的服饰基调，不要过于追求华丽，以奢侈为荣，也不能过于随便，不修边幅。

（一）着装原则

1. 合身

即一要合乎自己的身材，二要合乎自己的年龄，三要合乎自己的身份。

2. 合意

既要使自己满意又要使他人满意，既要考虑交际对象的欣赏习惯又要恰当地表现自己的个性。

3. 合时

要有时代特色，既不要过于古板又不要过于超前。我们可以用 TPO 原则来更加具体地表述着装要求：

（1）T（Time），即时间，要求人们着装要随时间的变化而变化。一年之中有四季，一天之中有早晚，着装应各不相同。

（2）P（Place）指的是人们在某一时刻露面的具体场所，如办公室、舞厅、购物中心、友人家中等。在不同的地点着装应不同。如果穿着运动装去参加很重要的商务活动，会显得对人、对事都不大重视。

（3）O（Objective），可以从两方面考虑：一是做事的目的，如果去运动就要穿运动装，去进行商务谈判就要穿正装；二是想给别人留下什么印象，是严谨可信，还是随意自然，不同的着装可以突出不同的印象。

（二）不同场合的着装礼仪

根据 TPO 原则，可以把所处的具体环境分为正式场合、半正式场合和非正式场合三大类型。

1. 正式场合

庆典、商务谈判、盛大宴会、晚会、音乐会等都属于正式场合，在这些场合需要穿礼服。

2. 半正式场合

即工作场合。有些企业要求员工统一着装，但多数企业并无统一要求。一般情况下，工作场合的着装都应该庄重、整洁、大方，与企业文化、职业特征相适应。如银行业，为了增强可信度，接待客户的员工衣着总是庄重、严肃的；而 IT 业的员工一般着装都较随便，因为他们接触的大多是年轻人，轻松、随意的着装更具有亲和力。

小案例

美国 IBM 公司强调团队意识，注重统一的形象，其一般员工都穿蓝色衬衫配深色西裤，因而公司被人们誉为蓝色巨人。而同样经营电脑设备的美国苹果公司更注重个性的张扬，其员工着装不拘一格，营销人员多着牛仔装，从而给人轻松、活泼的印象。这些迥然不同的着装风格都是为了在公众心中塑造独特的企业形象。

3. 非正式场合

聚会、运动、休闲、娱乐等均属于非正式场合。非正式场合的着装以舒适为准，不宜穿正装。

（三）常见的礼服

礼服是对出席礼仪性活动时着装的特指。例如，西方国家最正规的大礼服，男士的是黑色的燕尾服，女士的则是袒胸、露背、拖地的单色连衣裙式服装。

1. 常见的男士礼服

（1）西装。

西装是目前世界各地最常见、最标准的礼服。西装与衬衫、领带、皮鞋、袜子等是一个统一的整体，它们彼此间的协调一致能使穿着者显得稳重高雅、自然潇洒。穿西装时要注意衬衫和领带的搭配。最常见的衬衫是白色或其他浅色衬衫。领口要适中，以扣上扣子以后自己的食指能上下自由插进为宜。袖子的长度以长出西装袖口 2 厘米左右为宜。领带的颜色要与西装颜色搭配，西裤的长短正好接于脚面，袜色以深色为宜。皮鞋以黑色为最佳，也可以穿深咖啡色。非正式场合可以不扣衣扣，正式场合或半正式场合应扣上衣扣，两粒扣的应扣上上面一粒，三粒扣的只系上面两粒，总之不论有几粒衣扣，最下面的那一粒一定不要系上。

西装与领带的搭配如何才能相宜呢？关键在于深浅相配、冷暖相适。表 7－1 可做参考。

表 7－1　西装与领带的搭配效果

西服	领带	效果
黑色	银灰色、蓝色调或红白相间的斜条纹	沉着稳健
深蓝色	蓝色、深玫瑰色、橙黄色、褐色	素净高雅
墨绿色	浅灰色、灰黄色	华贵典雅
乳白色	红色或褐色	温文尔雅
米色	海蓝色、褐色	朴实大方

（2）中山装。

中山装是中国人常穿的礼服。穿中山装要求衣服平整，衣领处可以露出一道白衬衫领。衣兜不要鼓鼓囊囊，内衣不要太厚，任何场合都要扣好扣子和领钩。上下装同质同色，配黑色皮鞋。

穿中山装可显得庄重、大方、稳健，富有中国气派，适于出席各种外交、社交场合。

小知识

中山装的由来

中山装在国际上被视为中国男式礼服的代表性服装。

孙中山先生居住日本期间，看到日本学生所穿服装简朴、方便、灵巧、大方，于是他就将这种学生装的领子和口袋等部位加以改革，改成单立领，前身门襟九粒扣子，左右上下四个明袋，袋褶向外露，后身有背带缝，中腰处有一腰带。这就是最早的中山装。

2. 常见的女士礼服

（1）套裙。

套裙以西式样子居多，现在也有一些设计考究的有中国特色的套裙。女士在正式场合的着装，以裙装为佳，其中又以西式套裙为首选，其适合在任何正式场合穿着。套裙应成套而穿，表明对工作的严谨和对对方的尊重。穿着时要注意色少、款新，不宜穿亮度过高的色彩，如大红、大黄、大绿，同时要注意与衬衫的色彩搭配。

小知识

女士穿套裙的四大忌

- 忌穿黑色皮裙。
- 忌裙、鞋、袜不搭配。
- 忌光脚。
- 忌“三截腿”。

（2）旗袍。

旗袍是具有中国民族特色的服装，在正式场合穿着可以很好地体现中华民族的气质。作为礼服穿着的旗袍应该做工考究，质地上乘。值得注意的是，旗袍的开衩不能过高，以膝上一到两寸为好。

（3）鞋与袜的穿着要求。

女士的正装鞋是高跟或半高跟浅口皮鞋，袜色以肉色最佳，不能穿带网眼和有图案的袜子，穿着时应注意不要露出袜口。

（四）服装的色彩搭配

正规场合所穿的服饰色彩应该遵守“三色”原则，即全身上下的衣着保持在三种色彩之内，而且这三种色彩应该相互协调。此外，男士着装还应注意“三一律”原则，即公文包与鞋子、腰带的色彩相同。

二、配饰礼仪

配饰是指人们佩戴的装饰物品。各种饰品的佩戴必须符合一定的礼仪规范与佩戴原则才能达到较好的效果。配饰的佩戴原则是宜少不宜多，首饰佩戴至多不要超过三件。

（一）各种配饰的佩戴礼仪

主要是要把握戒指、手镯、领带夹、袖扣等饰物的佩戴规范。

1. 戒指的佩戴

戒指既是一种装饰品，又是吉祥物和生活变迁的标记，其佩戴很有讲究。国际上较为通行的佩戴规范是把戒指戴在左手上，拇指不戴戒指。作为特定信息的传递物，戒指的不同佩戴方式表达了不同的含义。例如：戴在食指上表示无偶求爱；戴在中指上表示已在恋爱；戴在无名指上表示已订婚或结婚；戴在小指上表示奉行独身主义。在商业交际中，应注意准确地传递戒指的特定信息，以免造成误会。

2. 手镯的佩戴

手镯是一种常见的首饰。其佩戴方法不甚讲究。一般情况下，在左手腕或左、右两手腕同时佩戴，表示佩戴者已婚；仅在右手上佩戴，则表明佩戴者是自由而不受约束的。同一手腕上不应同时佩戴手表和手镯。同时还要注意手镯的戴法会因各地各民族的习俗不同而不同。中国人习惯将手镯戴在右手腕，而西方不少地方则习惯戴在左手腕。

3. 领带夹和袖扣的佩戴

领带夹是最常见、最醒目的男用饰品之一。领带夹的位置不能太靠上，以在从上往下数的第三粒与第四粒衬衫衣扣之间为宜。在正式场合佩戴领带夹，需考虑其质地，应选择工艺精制、材料考究的领带夹。袖扣是佩戴在男士衬衫袖口上的特有装饰，常与领带夹配套使用，因此，要注意两者在造型、图案、色彩、材料等方面风格统一，相互协调。

（二）不同场合的配饰礼仪

1. 正式场合

正式场合的配饰要考究。如果参加一些典礼、礼仪活动，可以适当戴一两件稍大的首饰；参加晚上的社交活动，要配合晚礼服戴大型首饰。如果穿西式大礼服，首饰一定要华丽，耳坠与项链的式样应该搭配。如果社交活动属于商务应酬范围，女士的装束要保守一些。参加交谊舞会时，女士则要注意携带一个与服饰相配的手包，要小到可以挂在手腕上。

2. 半正式场合

在商务活动中，女性所佩戴的首饰要与职业装相配，最好不要超过两件，式样宜简洁。男士已婚者在左手无名指上戴一枚结婚戒指即可。

3. 非正式场合

非正式场合的配饰没有过多的要求，可以根据个性佩戴各种质地的首饰。

小贴士

• 遵从有关的传统和习惯佩戴饰品，在社交场合不靠佩戴的饰品去标新立异。

• 不要使用粗制滥造之物，在正式场合中不戴饰品是可以的，戴就要戴质地、做工俱佳的。

• 佩戴饰品要注意场合，一般只有在交际应酬时才佩戴饰品，严肃的工作场合以不戴或少戴为好。

• 佩戴饰品必须考虑性别差异。一般场合，女士可适当佩戴首饰，而男士佩戴结婚戒指即可。场合越正规，男士戴的饰品就应当越少。

第三节 整洁的仪容

仪容指人的外表、外貌。在商务交往中，整洁的仪容不仅体现了本人的良好修养，而且表现着对交往对象的尊重，因此也是礼仪的重要内容。

一、美发礼仪

美发礼仪指的是头发的护理与修饰的礼仪规范，是装束礼仪之中不可或缺的重要组成部分。在正常情况下，人们观察一个人往往是“从头开始”的，因此不可忽视对头发的打理和修饰。

美发礼仪主要分为护发礼仪和做发礼仪这两个有机的组成部分。

（一）护发礼仪

商务人员的头发必须经常地保持健康秀美、干净卫生、清爽整齐的状态。

1. 要重视头发的洗涤

保持头发干净、清洁的基本方法是要对它进行认真洗涤，最好是每日一次。洗涤头发，一是为了去除灰垢，二是为了清除头屑，三是为了防止异味，四是为了使头发柔顺服帖。此外，洗涤还有助于保养头发。

洗涤头发有三点必须注意：其一，注意水的选择，以水温40°左右为宜，温度过高过低，都对头发有害，各种矿泉水都不宜用来洗头。其二，注意洗发剂的使用。应该选择适合自己发质、营养柔顺头发、刺激性小、易于漂洗的洗发剂。其三，要注意头发的变干。洗头之后最好令其自然晾干。此种做法最有益保护头发。如使用电吹风将其吹干，也应选择低温，否则会伤害头发。

2. 要重视头发的梳理

梳理头发有三点值得注意：一是要选择适当的工具，主要标准是不会伤及头发、头皮。外出时最好随身携带一把梳子，以备不时之用。二是要掌握梳理的技巧。梳理头发，不但是为了将其理顺，而且也是为了促进头部的血液循环与皮脂分泌，提高头发与头皮的生理机能。因此用力要适度，梳子与头发可形成一定的角度，以促使头发起伏变化。三是要避免公开的操作。梳理头发是一种私人性质的活动，不宜在公开场合进行。

3. 要重视头发的养护

要保护好头发，就应尽量避免接触强碱性或强酸性物质，避免长时间曝晒。洗头之后应使用适量护发剂，此外，一些质量上好的发乳、发露、发油、发胶、发蜡等，只要使用得法，也会有一定的护发作用。

（二）做发礼仪

做发礼仪所涉及的主要是有关头发的修剪、造型等方面的问题。其基本要求是：必须以庄重、简约、典雅、大方为其主导风格。

发型对仪容的影响很大，发型的选择除了考虑时尚因素和个人爱好以外，还要考虑个人条件和所处场合。

在正式场合，发型应当庄重、保守一些，尤其在商务活动中，过于新潮甚至怪异的发型会让人产生不信任感。因此，很多公司对员工的发型有明确的要求。在参加重要的商务活动之前，应该到美发厅去打理一下头发。女性在穿晚礼服时，头发应该盘起来，年轻女性可以梳时尚的高发髻，年长者梳的发髻则应该稍低一些。现在的假发做得越来越逼真，需要时选一顶接近自己头发颜色、适合自己脸形、适合正式场合的戴上也很不错。

此外，发型的选择应该与个人条件相匹配。比如，年轻人梳一个马尾辫显得很有朝气，可是若是一名中年女士这么梳就会显得极不协调。脸形、身材等也是选择发型时必须考虑的因素：长脸形的人适合梳齐耳短发，额前留刘海，而圆脸形的人就不太适合；身材较高者适合梳披肩长发，而身材矮小者梳披肩长发就会使人显得更矮。另外，在正式场合所选择的发型应该有性别的差异，尽管近几年来发型的选择愈来愈多元化，男子可以留披肩发，少女也可以理成板儿寸，但是在商务交往中选择这样的发型是很不明智的，以发型而分男女仍然是商界的惯例。

二、化妆礼仪

化妆是一种通过对美容用品的使用来修饰自己的仪容、美化自我形象的行为。对一般人来讲，化妆的最实际的目的是对自己的容貌上的某些缺陷加以弥补，以期扬长避短，使自己更加美丽、更加自信。在许多商务场合，服饰与妆容的配合已成定规，是一种礼仪，是表示对这一场合的重视和对参加者的尊重。在国外，参加商务活动而不化妆，会被交往对象理解为蔑视对方，或是一种侮辱。

由于化妆在商务交往中与维护形象和对交往对象的尊重有关，因此每位商务人员对于化妆问题都不可以掉以轻心。

一般来讲，工作时应该化淡妆，参加晚宴、舞会时妆可以化得浓一些。淡妆要清爽自然，浓妆要华美不俗。

（一）皮肤的护理

拥有好的皮肤，即使不化妆也能展现健康自然之美，因此我们必须十分注意保养好自己的皮肤。要想皮肤好，首先要有健康的身体，经常性的身体锻炼对皮肤是很有好处的。其次，科学的饮食也很重要，多吃蔬菜水果、不偏食、不盲目减肥等都对皮肤有好处。最后，坚持经常性地按摩可以促进皮肤的血液循环，有利于吸收护肤品中的营养成分，增加皮肤的弹性。条件允许的话，经常去美容院做系统护理最好。

（二）化妆

化妆的步骤如下所述：

第一步，沐浴。沐浴时使用浴液，浴后使用润肤蜜保养、护理全身肌肤，并注意保护手部。

第二步，做头发。使用发胶或啫喱做出合适的发型。

第三步，洁面。用洗面奶去除油垢、汗水与灰尘，使面部彻底清洁。随后在脸上扑打化妆水，为面部化妆做好准备。

第四步，涂敷粉底。先涂上少量的护肤霜，以保护皮肤免受其他化妆品的刺激，此外，它还能使涂敷粉底的工作进行得更容易。接下来，在面部的不同区域使用深浅不同的粉底，使妆面产生立体感。完成之后，可使用少许定妆粉来固定粉底。

第五步，描眉。描眉时要顺着眉毛生长的方向一根一根地画，不要一笔到底，画完后用小刷轻轻刷两下，去掉笔痕。

第六步，画眼线。一定要把眼线画得紧贴睫毛。上眼线从内眼角画到外眼角，下眼线一般只从外眼角画至距内眼角 1/3 处即收笔，外眼角处的眼线稍粗，渐渐细到没有。上下眼线不连接，上眼线稍长出眼角。

第七步，涂眼影。眼影用来为眼部着色，加强眼睛的立体感。一般可用双色眼影，沿眼线到外眼角上方涂抹，颜色由深到浅涂出立体感。

第八步，美化鼻部。即画出鼻侧影，以改变鼻形的缺陷。

第九步，打腮红。使用胭脂扑打腮红，目的是修饰美化面颊，使人看上去容光焕发。腮红颜色最好与眼影或唇膏属同一色系，给人一种和谐之感。涂好腮红之后，应再次用定妆粉定妆。

第十步，修饰唇形。先用唇笔描出唇形，然后填入色彩适宜的唇膏。涂完后，用纸巾吸去多余的唇膏。

第十一步，喷涂香水。

第十二步，修正补妆。检查化妆的效果，进行必要的调整、补充、修饰和矫正。至此，一次全套化妆就完成了。

不一定每次化妆都完全按照上述步骤去做，化淡妆简单一些，化浓妆可能还要复杂一些。

在工作岗位上，化妆应遵守如下规则：

（1）以淡妆为主；

（2）避免过量使用芳香型化妆品；

（3）避免当众化妆或补妆；

（4）不在公共场合与他人探讨化妆问题；

（5）避免妆面出现残缺。

（三）香水的使用

1. 香水的类型

我们平时所说的香水包括三种：香水、花露水、古龙水。香水是含香料最多的，稍微抹一点就有较持久的香气。花露水的味道比香水淡，酒精含量比香水多。古龙水的味道更淡，适用的场合最多，只是香味不易持久。

香水的香味大致分为三类：一是花香，这是最常见的一类，很受少女欢迎。二是水果香，其中柑橘系列的香味让人感到清爽，常常被男用香水采用。有的是水果香与花香混合的，有可爱甜蜜的味道，很适合少女。三是森林田野的味道或海洋的味道，是近年来颇为流行的，迎合了现代人希望回归大自然的心理，具有智慧感和现代感。这三类香水都可以在上班时使用。

香水散发出的香气是因人而异的，一定要涂到身上后才能确定，因此，选香水时不能仅闻一闻瓶口的味道，而应该把它喷在手腕内侧，过一会儿再闻，才能确定是否是你喜欢的。

2. 香水的使用方法

香水适合喷洒在耳后、耳垂、手腕内侧、膝盖后面，这些地方体表温度略高，利于香水味道的散发。千万不要喷洒在头发上、腋下等爱出汗的地方，这样容易使香水的味道与汗味混合，效果会适得其反。

此外，如果使用香水，其他化妆品的味道则越淡越好。

（四）补妆

化妆以后，为了持久保持较好的形象，适时地补妆是十分必要的。尤其是午饭以后和下班之前，午饭后爱出油的地方会出油发亮，唇膏也脱去了许多，需要进行补妆，下班前人易显得疲劳，适当补补妆可以恢复活力。

补妆时不必把妆全部洗掉，只需用面巾纸轻轻按在出油的地方把油吸掉，再扑一点粉、涂涂口红即可。

（五）个人卫生

良好的卫生习惯也是礼仪中不可缺少的一部分，作为商务人员，任何场合都应该以干净、整洁的形象出现在他人面前。

为达到这一目的，商务人员应该经常换洗衣服，而且要熨烫平整，衬衫、袜子最好一天一换，皮鞋擦亮，头发不要油腻，不要有头皮屑，刮干净胡须，认真修剪和洗净指甲，同时还要避免口臭及身体异味的出现。

小贴士

• 修剪头发时，对于男性来讲应当求短忌长；对于女性来讲，则不提倡留披肩发，偏爱披肩发者在工作时有必要将它暂时盘束起来。

• 修剪指甲，总的要求是忌长，并且应经常修剪。

• 通常情况下，不应把头发染成其他颜色，不应在手指甲上涂抹彩色指甲油。

• 切记“修饰避人”的原则。在对自己的仪表仪容修饰、整理时，要自觉回避他人，以示对己对人的尊重。女士需补妆时，应避开他人或到洗手间内进行。

• 男士不化妆，以修面、理发为主，但也可少量使用护肤霜、香水等；女士要以淡妆为主，达到容貌端庄、自然、健康的效果。

• 根据装束、自身特点、场合需要选择佩戴饰品。佩戴饰品时应符合佩戴要求，以点缀为主。

第四节 礼貌的谈吐

谈话是人们进行沟通交流的主要形式，在商务活动中不可缺少，因此，掌握谈话礼仪是十分重要的。

一、礼貌谈吐的基本要求

（一）谈话的态度要诚恳

谈话的基本态度是“诚恳”，只有在双方态度诚恳的情况下才可能获得良好的沟通效果。谈话中可能会出现分歧，此时一定要冷静，先让对方讲完，听清楚他的看法，设法找到对方意见的可取之处，尽可能消除分歧。即使需要坚持自己的观点，也应该态度和缓。注意切不可以生气的态度与人交谈，采用这种态度交流是不会取得良好的沟通效果的。

诚恳的态度源于真诚，只有真诚地与人交流，才能获得别人的信任与尊重，这一点在商务活动中显得尤为重要。因此，在人际交往中应该避免当面一套、背后一套的虚伪做法。

小贴士

若想让别人觉得自己有吸引力，最好的办法就是说话真诚明了，并且明智地选择话题。

在商务活动中，即使话不投机，也不宜只说“半句话”。

（二）谈话的声音要适中

在交谈中要特别注意谈话的声音，不能过大也不能过小。其标准是：让所有参与者都能听清而又不干扰与之无关的人。在公共汽车上，在候机室、候车室，在展览馆、博物馆、餐厅、饭店、音乐厅等一切公共场所，都不应该大声说话，这是对他人利益的尊重。

在商务活动中还要学会控制自己的情绪，不能让消极的情绪通过自己的声音流露出来。语气理性、语音清晰、声调略低，是职业的需要，有利于树立良好的形象。

（三）注意谈话时的人际距离

心理学家发现，在人群中每个人都需要一个个体空间，它就像一个无形的“气泡”把人包围着。一旦有其他人靠得太近，突破了这个“气泡”，就会令人感到不舒服。一个心理学家做过一个有趣的实验，在一个读者寥寥的大阅览室内，他匆匆闯进，坐在一位读者身边，那位读者瞪了他一眼便拿着书本走开了，他又如法炮制坐到另一位读者的身边，另一位也皱着眉头走开了。人们离开这位心理学家的本能反应来源于这位心理学家侵犯了他们的“心理人际空间”，这个心理空间如同一个私人领地，一旦被人侵入，就有一种被冒犯的感觉。因此，在与人交谈中应特别注意与谈话者之间的人际距离，不要在不知不觉中冒犯了交往对象。

根据人们感情交往的程度不同，空间距离可分为四种：

（1）亲密距离（0cm～45cm）。只有有血缘关系的人、同性好友、恋人、夫妻等可以采用。

（2）个人距离（45cm～120cm）。在个人距离内交谈一般带有情感，好友可以采用这种距离。

（3）社交距离（120cm～360cm）。这是公事公办的距离，适合人们进行社会性的非个人的相互联系，如同事们在一起工作、各种公务交往等。

（4）公众距离（360cm 以上）。这是公式化的、社会活动的距离。

不同国家、不同地区的人际距离会有差异，因此在交往中要特别注意。

二、恰当的称谓

称谓即人们在日常的交往中彼此之间的称呼。在不同的场合针对不同的人采用恰当的称谓是礼仪的基本要求。常见的称呼方式有下述几种。

（一）通用称呼

在我国，通用称呼主要有同志、老师、师傅、先生、小姐、女士等。这些称呼主要在公共场合使用。

（1）“同志”的适用范围曾经很广，但现在它的适用范围已经缩小了，在商务场合几乎不用。如果到政府部门办事，使用“同志”还是合适的。

（2）“老师”不仅是职业称呼，也是在公共场合对人的一种尊称，在演艺界尤为流行。

（3）“师傅”这一称呼过去曾十分流行，现在除了在工厂作为职业称呼使用之外，也可以在公共场合用来称呼体力劳动者。

（4）“先生”是现在在公共场合比较通行的对男性的称呼。

（5）“小姐”是在公共场合对年轻女性的称呼。但是现在在某些地区，服务业的女性忌讳这种称呼，所以可以称呼她们“服务员小姐”“售货员小姐”等。

（6）“女士”对各个年龄段的已婚、未婚女性都适用，显得更文雅、更正规。

（二）职业性称呼

职业性称呼常用于公务场合，主要有以下几种称呼形式：

（1）姓＋职位，如张经理、王厂长、刘院长等。

（2）姓＋职称，如陈教授、李工程师等。

（3）姓＋职业或学衔，如王医生、李老师、张法官、赵博士等，也可以在有些职业的后面加通用称呼，如律师先生、法官先生。只有博士学衔可以用来称呼，如孙博士，在国外是很重视这一称呼的。

对有上述职位、职称、学衔的人，用职业性称呼比用通用称呼更好，更体现对他们取得的成就的尊重。

（三）姓名式称呼

主要有以下几种称呼形式：

（1）称呼全名。常用于严肃的场合。如上级称下级、老师称学生、年长者称年轻者，或是关系较近者互相称呼。

（2）只称名，省略姓。这样称呼适合于关系较近者，但是单名一般不省略。如“程刚”，别人不会称其为“刚”，除非夫妻或恋人之间。

（3）老、小＋姓。这种称呼在公务场合常用，如小王、老李，这样称呼显得比较亲切。

（四）零称谓

零称谓即“喂”“嘿”“拿包的”“穿大衣的”等用来指人的短语。零称谓是带有贬义的一种称呼，在公共场合使用会带有一种不敬之意，在商务交往中切不可使用。

（五）社交中采用称谓要考虑的因素

1. 称呼要看对象

对不同性别的人应使用不同的称呼。如对女子称“女士”“小姐”，对男子称“先生”。

对不同亲密程度的人使用不同的称呼。如对于亲密度高的人可以称呼小名、绰号，而对亲密度低的人则不行。

对不同国籍的人采用不同的称呼。西方国家对人的口头称呼一般称姓，朋友之间称名字，正式场合用全名。在我国称呼外宾，对男士一般可称先生或名字＋先生，对女子可称夫人、小姐、女士等，知道名字的最好冠以名字，这样能给客人以亲切感。对地位高的政府官员可称阁下。面对君主制国家的来宾，对国王称陛下，对亲王、王子、公主称殿下。

2. 称呼要看场合

一般情况下，人们使用的都是与其环境相对应的正式称谓。例如，一位陈姓男士在某单位任职书记，下级向他汇报工作时称其为“陈书记”，同事和他交往时称其为“老陈”，与老朋友聚会时大家则称他为“陈大哥”，而出席正式的晚宴时人们又称他“陈先生”。由此可见，不同场合的称谓是不同的。

3. 如何称呼别人和自己的身份、修养有关

称呼别人时也要考虑是否与自己的身份相符，不能过谦，这样会有失身份，也不能傲慢无礼，甚至采用零称谓，这样也会损害自己的形象。

三、常用礼貌语

礼貌是人们在交往中彼此表示尊重与友好的行为规范。礼貌用语则是尊重他人的具体表现，是建立友好关系的敲门砖。在日常生活中，尤其在社交场合中，使用礼貌用语十分重要，多用礼貌用语不仅表示尊重别人，而且体现了自己的修养，在商务交往中有利于双方交往气氛的融洽。“请”“谢谢”“对不起”“你好”是人们在日常生活中最常用的礼貌用语。

不论在商务交往中，还是在日常生活中，都应该做到“请”不离口。当要从人群中穿过时，要说“请让一下”；嫌空气闷热时，要说“请把窗户开一下”；需要停车时，要说“请停一下车”；用餐时，要对服务员说“请你给我一杯咖啡”。

此外，只要得到了别人的帮助，都须说声“谢谢”，不论事大事小。买到称心如意的东西时要说声“谢谢”；客户付了款时要说声“谢谢”；服务员送来一杯咖啡时要说“谢谢”；得到别人的谅解时也要说声“谢谢”。当人们称谢时，接受者也要用“不用谢”“别客气”“没关系”“这个算不了什么”“乐意效劳”等礼貌用语回敬，以示尊重对方。不过，千万注意：在美国，为一件事道谢，只谢一次即可，绝不能为同一件事不断道谢；在中国，为一件事道谢，可以谢了又谢，“一再致谢”表明谢意之真诚，这是中国人的言谈礼仪。

“对不起”也是非常重要的礼貌用语。无论何时何地因何事打扰别人，都必须说声“对不起”。在日本，说“对不起”已成了一种文化，在遭到责怪时，即使不是自己的错，也要先说“对不起”，然后再解释。因此，商务交往中不要忘记常说“对不起”。当要经过别人的面前时，要说“对不起”；在离开宴会时要说“对不起”；无意之中打了个“喷嚏”要说“对不起”；在中途离开会议时要说“对不起”；约会时迟到了更要说“对不起”。当一方说“对不起”时，另一方也应该用“没关系”之类的礼貌用语来应答，以示相互尊重、相互谅解。

在中国也常用“ 劳驾”表示歉意，如穿过人群时说声“劳驾”，比说“请让开一下”显得更有礼貌。

“你好”“上午好”“下午好”“晚上好”“晚安”等问候语应该天天说。在欧美国家和日本，这一类的问候语人人说、天天说、处处说。如果在楼道中相遇，即使不认识，也要相互打招呼，所以商务人员应该养成见面问好的好习惯。

小贴士

敬语是谈吐文雅的重要体现，是展示谈话人风度和魅力的必不可少的基本要素之一，是尊重他人并获得他人尊重的必要条件，是人际交往达到和谐融洽境界的推动因素。

四、交谈中的技巧

商务交往对商务人员的口才有很高的要求。商务人员不一定要伶牙俐齿，但必须具有良好的逻辑思维能力、清晰的语言表达能力，在谈话之中保持应有的风度，始终以礼待人。在商务活动的交谈中，主要应掌握如下技巧。

（一）谈话目的要明确

谈话前必须明确“想说明什么”。要把思路理清楚，这样才能提高效率。

（二）表述要准确

只有表述准确，才能使对方正确地理解自己所要表述的意思。为了表达准确，应该遵从 5 个 W（即 When、Where、Who、What、Why）、2 个 H（即 How to、How much）。其表述示例如表 7-2 所示。

表 7-2　　5 个 W 和 2 个 H 表述示例

	表述不明确	表述明确
When	最好快一点	今天中午 11 点以前
Where	在谈判桌右边	进门面对谈判桌的右边
Who	交给领导	交给市场部李部长
What	把这件事研究一下	下班前请告诉我研究结果
Why	先复印这份文件	这份文件今天下午 2 点要用，请先复印
How to	请快一点寄去	请用特快专递寄给他
How much	请尽量节约	请不要超过 1 000 元

（三）交谈中的用语要规范、通俗、文明

交际语言的最大特点是它的社会通用性，语言若不规范就不可能为人们所接受。

语言的通俗化也很重要，通俗的语言容易被人们接受、记住。英国首相丘吉尔在一次演讲时说过这么一句话：“我所能奉献给你们的只是鲜血、劳累、眼泪和汗水。”从那以后许多英国人都引用这句话，但只记住了“鲜血、眼泪和汗水”而忘了“劳累”，因为“劳累”这个词抽象，不好琢磨，所以很快被人们淡忘了。

语言的文明化则是交谈中最基本的礼仪要求。它不仅表现了个人的修养，而且是对别人的尊重。所以在交往中应避免使用尖刻、讽刺、嘲笑甚至谩骂的语言，而且应有意识地多使用礼貌语言。

（四）商界人士应该运用自如的说话技巧

1. 寒暄与问候

寒暄的主要用途是在人际交往中打破僵局，缩短人际间的距离，或是向对方表示乐于与之交往之意。所以，若能恰当地使用寒暄语，往往会为双方进一步的交谈做好铺垫。常用的寒暄方式常常是关切的问候，如“您好”“最近忙吗”“家人都好吧”“身体怎么样”。

与初次见面的人寒暄可以礼貌地问好，也可以说“很高兴认识您”“见到您很荣幸”“幸会”等；随便一些可以说“早听说过您的大名”“某某常谈起您”“早就拜读过您的大作”等。西方人寒暄时则常常喜欢谈论天气。

2. 称赞与感谢

懂得恰当赞美别人的人往往最受欢迎，因为普遍来讲人们都是喜欢听赞美之词的，所以从事商务活动的人应该学会适当地赞美别人。赞美别人，应该有感而发，诚挚中肯，恰如其分，不要有阿谀奉承之嫌。有时对人的精神面貌、服装、发型进行恰当的赞美往往比较安全，如“气色真不错”“您今天真精神”“这套服装真适合您”等。值得注意的是，赞美别人时不要引起误解。如“您今天穿的这身衣服，比昨天的那身好看多了”或是“从照片上看你可真年轻呀”，前者可被理解为“昨天穿的衣服太差劲”，后者则可被理解为“照片上看着年轻，实际看上去可不年轻”，这样赞美适得其反。

此外，对他人给予的关心、照顾、支持、鼓励、帮助表示感谢也是十分必要的。感谢也是一种赞美，是对他人付出的肯定。商务人员对他人说一声“谢谢”的场合非常多，如受到他人夸赞时，获得礼品时，得到同事、领导、邻居的关照时，得到他人理解时，接受别人的服务时等，都应真诚地说一声“谢谢”。

3. 争执与辩论

在商务交往中，特别是在某些正式的场合，为了民族利益或本企业利益，有时免不了会发生争执。即使争执的发生是不可避免的，在进行必要的争辩时也需先礼让三分，先礼后兵。争辩不是争吵，所以在争执辩论的过程中依旧要讲文明礼貌，要始终如一地尊重交往对象，维护其自尊心，要晓之以理、动之以情，“台上是对手，台下是朋友”。坚决避免揭发隐私、谩骂、人身攻击等现象发生。

4. 拒绝

在商务交往中，学会有礼貌地拒绝是十分重要的。拒绝就是不接受对方的建议、意见、批评或者邀请。拒绝他人会使双方一时有些尴尬难堪，但是应该拒绝时一定要果断，不要模棱两可，后者所造成的后果可能会更糟。

拒绝时应注意不要把话说绝，尽量委婉，以免让别人感到为难。拒绝有四种方法：

（1）直接拒绝。即将拒绝之意当场明讲。采用此法时要避免态度生硬，并且要讲明拒绝的原因，必要时要表明歉意。如拒绝馈赠时可以说：“谢谢您的好意，但我公司规定不能收他人的礼金，对不起了，您的钱我不能收。”这样做，对方就不好强人所难了。

（2）婉言拒绝。就是用温和曲折的语言表达拒绝之意。与直接拒绝相比，这么做可以顾全被拒绝者的尊严。

（3）沉默拒绝。即在面对难以回答的问题时暂时一言不发。这种拒绝方式常常会产生极强的心理上的威慑力，令对方不好继续下去。

（4）回避拒绝。对对方不说“是”也不说“否”，而是转而议论其他事情，尤其在遇到他人过分的要求时，用这种方式拒绝比较机智。

5. 道歉

在人际交往中，如果自己的言行有失礼和不当之处，或是打搅了他人，应该及时道歉。在确定自己错了之后，绝不能文过饰非，将错就错，而应以适当的方式道歉，这样不仅可以获得他人的原谅，而且可以消除宿怨，获得理解。注意道歉一定要及时，要大大方方，不要遮遮掩掩，也不要过分贬低自己，否则可能让人看不起。

（五）交谈中应注意的问题

1. 不要随意打断对方的谈话

交谈中最好不要随意打断别人的谈话，如果确实没有听清，需要等对方的话告一段落再插话，打断别人谈话时一定先道声“对不起”。

2. 要照顾到在场的所有人

当多人在一起交谈时，应选择大家都可介入、都方便发表意见的话题，不要只对着一个人说，置其他人于不顾。此外，要经常用目光照应一下所有的人，以免不知不觉中冷落了在场的其他客人。

3. 礼貌地加入别人的谈话

想加入别人的谈话时，要先打招呼，可以说：“对不起，我可以听听吗？”“看你们聊得挺热闹，我能参加吗？”千万不要毫无声响地站到别人身旁，这样既没礼貌，又担了偷听的嫌疑，在社交场合尤其忌讳这么做。

4. 注意谈话中的禁忌

与人交谈时要注意：

（1）不问婚否；

（2）不问收入和支出；

（3）不问个人经历；

（4）不问年龄；

（5）不问家庭住址和电话；

（6）不和陌生人谈政治和宗教；

（7）不要随意谈论不在场的人。

总之，交谈中不要涉及个人的隐私，在与外国人打交道时特别要注意这一点，不要问及他们任何涉及个人隐私的问题，因为他们把工作和生活分得很清楚。

五、聆听的艺术

倾听是说话的有效补充，在人际交往中，做一个耐心而又机敏的听众十分重要。专心致志地听别人讲话也是一种对他人的尊重，同样会受到人们的喜爱和尊重。

（一）要积极地倾听

在听的过程中要有积极主动的参与精神和强烈的交流欲望。积极地倾听绝不仅仅是用耳朵，而是用整个身心，要始终保持着认真的态度、专注的精神、动人的情感和入神的姿态，这种听人讲话的态度会给对方留下极好的印象。所以，在听的过程中应注意不要让身体放松，如随随便便地靠在沙发背上，或手中玩弄小物件，这种漫不经心的态度是很不礼貌的。

（二）主动给对方以反馈

为了表明对谈话内容的重视，应该主动地给对方以反馈，即以面部表情或动作向对方示意你对他的话语的了解程度，需要时还可以请对方做进一步解释。

（三）适时而有礼貌地插话

在对方谈话的过程中可以在适当的时候插话，但要注意不能突然打断对方的谈话，而应该在对方停顿的时候针对谈话内容提一些问题，或简短阐明一下自己的观点，如“您说得很有道理，请接着讲下去”等，从而达到充分交流的目的。

（四）采用鼓励的话语和眼神

应该用鼓励的话语和眼神使对方明白你的关注，从而促使对方继续讲下去。

（五）边听边分析

有时，人们对于一些意见的表达不是直截了当的，而是用很多言外之意来表达真实意思，所以在听的时候一定要边听边分析，弄清表面话语下的真实意思。有些国家的人说话比较委婉，比如日本人，当他想要拒绝的时候，总是用模棱两可的话来表示，此时应特别留意，如不了解他们的表达习惯，就会产生沟通障碍。

本章小结

生活中的礼仪是商务礼仪中十分重要的一部分，从一个人的言谈举止到服饰的穿着与搭配，均可反映出一个商务人员的基本素质与修养，因此，作为商务人员应该具有优雅的体态、得体的举止、较高的服饰品位、良好的个人卫生习惯。同时要了解不同场合、不同文化环境的礼仪要求，掌握服饰的 TPO 原则，在与人交往中要有礼貌的谈吐习惯，能够恰当地使用称谓，特别要尊重交往对象的个人隐私，注意谈话的禁忌，此外，还要学会做一个好的聆听者。总之，注意生活中的礼仪规范不仅体现了个人的修养，而且更重要的是体现了对他人的尊重。

关键概念

举止　站姿　坐姿　步姿　手势　表情　TPO 原则　仪态

课堂讨论题

请讨论各种站姿分别给人们留下何种印象，以及哪些站姿适合在商务场合中采用。

要求：

1. 分小组进行讨论。
2. 小组讨论结束后全班一起进行讨论，教师在最后进行总结。
3. 课堂讨论时间为 25 分钟左右。

复习思考

1. 商务人员为什么应该具有优雅的举止？
2. 为他人指路时可以用一个手指示意吗？
3. 为什么在商务交往中不宜采用零称谓？
4. 什么是服饰的 TPO 原则？
5. 当遇见律师、医生、博士时，怎样称呼他们最好？
6. 如何做一个好的聆听者？

7. 在交谈中怎样才能做到意思表达明确？
8. 什么是社交中的人际距离？与人交往时为什么要注意采用恰当的人际距离？
9. 在工作岗位上，化妆应遵守哪些原则？
10. 在交谈中可以随意问他人的私人电话和家庭住址吗？
11. 如何有礼貌地加入他人的谈话？
12. 寒暄语的用途是什么？
13. 在什么场合应该穿礼服？常见的男士礼服、女士礼服是什么？

案例分析题

1. 根据案例回答问题。

小王是张经理的秘书，一天，他收到了一封邀请张经理去参加一个晚宴的邀请函，邀请函中明确写有出席晚宴时的着装要求为礼服。小王把邀请函交给了张经理，并且为张经理安排好了车辆，但是却没有注意着装要求，张经理也没有仔细看请柬。当张经理身着便装出现在宴会厅时，一下子感到十分尴尬，因为所有参加晚宴的人都穿着十分正规，只有他一身便装。

问题：

小王和张经理应从中吸取什么教训？

2. 阅读案例，回答下面的问题。

小张刚刚参加工作，在一家公司做销售代理。一个月来，他打电话、发传真、写电子邮件，终于找到一家对他们公司感兴趣的大公司，该公司同意与小张面谈合作事宜。小张对这次面谈十分重视，特意穿上笔挺的西装、发亮的皮鞋和一双刚买的白色球袜来到对方公司。在与对方面谈时，小张不免有些紧张，坐在椅子上双腿不停地晃动，手指也不时地在腿上敲击。面谈结束后，对方只是淡淡地说："以后再联系吧。"对这次面谈的失败，小张百思不得其解，后来请经理向对方询问原因，对方说："你们员工的素质还有待提高。"

问题：

在这次面谈中，小张的表现有哪些地方还有待改进？

工作实务题

1. 站姿训练：按照正确的站姿要求靠墙站立。头正、颈直、双臂自然下垂，脚跟并拢，后脚跟、臀部、后背及头后部应尽量与墙面接触。每次练习 20 分钟。

2. 坐姿训练：分别按照几种坐姿要求进行练习，每一种姿势练习 15 分钟。

3. 走姿训练：全体学生可以排成队，按照正确的走姿进行练习。

在进行以上训练时，教师应首先进行示范，并逐一为学生纠正姿态。

第八章

国际商务礼仪

案例导入

经过长期洽谈，我国南方某市的一家公司终于同德国的一家跨国公司谈妥了一笔大生意。双方在达成合约之后，决定正式为此举行签字仪式。因为当时双方的洽谈在我国举行，故此签字仪式便由中方负责。在仪式正式举行的那一天，让中方出乎意料的是，德方差一点要在正式签字之前“临场变卦”。

原来，中方的工作人员摆放中德两国国旗时，误以中国的传统做法“以左为尊”代替了国际惯例“以右为尊”，将中方国旗摆到了签字桌的右侧，而将德方国旗摆到了签字桌的左侧。

这让做事严谨的德方工作人员恼火不已，他们甚至拒绝进入签字厅。经过调解，加之中方人员主动及时的道歉，这场签字仪式才得以正常进行。

评　析

在国际商务交往中，双边签字仪式的准备工作需按国际惯例，遵循“以右为尊”的位次礼仪，即将客方的座位安排在主方的右侧，以示尊重。因此，客方的座椅及国旗也相应地放在右侧。

这个案例中，中方工作人员错误地把德方的国旗放在左侧，造成了德国工作人员的误会，以为中方公司不重视甚至看不起德国工作人员，因而十分恼怒，甚至差点放弃与中国公司的合作。

上述案例告诉我们，在国际商务交往中，对于签字仪式的礼仪不可不知。

国际商务谈判中的签字仪式礼仪涉及商务礼仪的综合规范，是国际商务活动中不可或缺的重要组成部分。由于国际商务签约涉及的环节较多，因而礼仪的讲究也就比较多，特别是签约前的准备工作、签约人员需要注意的礼仪、签约程序等。签字仪式礼仪涉及各方面关系，同时往往是谈判成功的标志，有时甚至是历史转折的里程碑，因此，一定要认真筹办，一丝不苟。

随着我国改革开放的发展，我国与世界各国之间的技术交流与合作日益增多，商务人员对了解掌握国际礼仪知识的需求日趋迫切。国际商务礼仪就是在对外经济交往工作中对外宾表示尊重、友好的各种礼节、仪式。在国际交往中，商务人员所代表的不仅仅是自己，同时还代表着所在企业的形象，甚至还代表整个国家的形象。因此，涉外活动中的言行举止必须遵循国际规则，符合涉外礼仪规范，以维护祖国的尊严以及企业、个人的形象，促进合作的成功。

第一节　国际商务一般礼节

在国际商务活动中，商务人员的言谈举止、仪容仪表、衣着服饰等，无不反映着其个人修养及文化素质，并在一定程度上反映了其所在企业及国家的精神面貌。因此，每个商务人员都应自觉地遵守国际商务工作准则，做好涉外商务接待工作，注意与外商交往的礼节。

一、国际商务礼仪原则

国际商务礼仪原则，就是商务人员在国际商务往来中所依据的标准或规则。具体原则如下所述。

（一）尊重原则

在国际商务活动中要相互尊重国格，这是国际商务活动中友好往来的基本原则。在涉外商务交往中，既要维护本国的尊严，又要尊重他国的尊严，同时与交往者之间应做到相互尊重、相互谦让、友好相待、和睦共处。

（二）遵守原则

正常的社会生活秩序是以共同遵守为前提的，遵守、应用礼仪是每一个人的义务。国际商务活动中，每一位参与者都必须自觉自愿地遵守礼仪，以礼仪去规范自己的行动。如果与之相违，涉外商务活动就难以成功，甚至会受到谴责。

（三）平等原则

在国际交往中应遵循“国家不分大小、强弱，一律平等”的原则。不论国家大小，肤色、种族有何差异，都要一视同仁，给予同等程度的礼遇。同时还应做到不卑不亢，既不妄自菲薄，亦不妄自尊大。

（四）适度原则

在人际交往中情感的表达应有一个适度问题，即在应用礼仪时要做到合乎规范，把握分寸，认真得体，恰到好处。既要彬彬有礼、热情大方，又要注意维护国家和企业的利益，把握好各种情况下的社交距离及彼此间的感情尺度。

（五）真诚、宽容原则

真诚就是要求在涉外商务活动中以诚待人，诚实无欺，言行一致。只有这样，才能表达出对对方的尊重与友好，才能更好地被对方理解和接受。同时，交往中的严于律己、宽以待人也是十分重要的，这同样是尊重对方的一个主要表现。交往中的虚假处世、言行不一、求全责备、过分苛求，可能会蒙混一时，但终究不会长久，是交往中的禁忌。

（六）从俗原则

不同国家、不同民族，因为文化传统各不相同，所以有一些特殊的风俗习惯。商务工作者应对此表示理解和尊重，而不能大惊小怪或妄加评论。在涉外交往中注意遵循对方的习俗，有利于增进双方的理解和沟通以及促进国际商务活动的顺利进行。

二、涉外商务接待

在涉外交往中，接待工作是商务人员的一项重要的日常性工作。接待工作的严谨、热情、细致、周到，会加深外商对企业的了解和信任，增强与企业合作的信心，有时是促成商务活动成功的关键环节。

（一）制订接待计划

要做好接待工作，不但要对其高度重视，还要先期制订出周详的接待计划，以便准备充分，减少疏漏。一般而言，商务接待计划包括下述方面。

1. 接待准备

接待准备工作一般包括：了解来访者的基本情况，掌握来访者的来访目的和要求，确定接待的主要方式、方法，安排好接待人员，等等。具体安排时，一定要从简务实，既要体现诚意，又不要流于形式。

2. 食宿安排

食宿安排是接待工作中的一个重要问题。既要遵守规定，又要主随客便。在接待前应注意了解来访者的情况，可事先问清来访者的具体要求，以免犯忌。对重要客人应安排专人陪同。

3. 交通工具

接待方应为来访者提供往来及停留期间使用的交通工具，并应做到随叫随到、安全可靠，尽量满足来访者的要求。

4. 协商日程

接待日程的安排必须具体、详尽、周全，并由双方共同协商确定。各项具体活动既不可发生冲突，亦不可间隔过长。

接待计划制订后，应注意各项工作的贯彻执行，同时还应根据实际情况进行调整和补充，并将变动及时通知有关人员。

（二）迎送安排

迎送是国际商务活动中一项重要的礼仪活动。热情的迎接，可给来宾留下良好的第一印象；圆满的送别，能给来宾留下美好的回忆。

对商务交往中的来宾，不必举行隆重的迎送仪式，可根据来访者的身份、访问性质及目的，由接待者确定迎送规格。确定规格时应遵循对等原则，即主要迎送人员应与来宾的身份对等，并注意控制迎送人数。

1. 迎送地点及时间

如果来宾是重要的客商或者是初次来华，或者来宾事先要求迎送时，接待方要前往机场、港口或车站迎送。除此之外，一般不需要前往机场、港口或车站迎送。欲使迎送活动顺利进行，应十分注意迎送时间。迎送时间应由主宾协商确定。为留有余地，接待方人员应提前到场，以免耽误迎送活动；活动结束后，接待方人员应最后离去，以便办理急需事宜。迎接素未谋面的客人时，应事先准备一块迎客牌，以便客人主动前来接洽。宾客抵达后从机场到下榻地，以及访问结束由住地到机场，一般都要安排迎送人员陪同乘车。宾主上车后，主人应通过交谈来活跃车内气氛，主要话题是本地的风土人情、人文景观等，也可介绍沿路风景，此时还可将日程表送到客人手中。

2. 介绍与寒暄

宾主见面时应相互介绍，介绍礼仪参见相关章节内容。有些国家（如日本）习惯用交换名片的形式进行相互介绍。交换名片时必须以双手递接，并认真阅读名片正反面的内容。双方相互介绍后，按国际惯例，一般行握手礼，此时应注意握手的顺序和基本礼仪。遇到外宾主动与我方人员行拥抱礼、亲吻礼、鞠躬礼等时，我方均应做相应表示，不应推辞或勉强应付。但外方行拥抱礼时，我方女士可以例外。宾客初到，一般较拘谨，主方宜主动上前与客方寒暄。

根据礼仪规格，一般不需献花，对贵宾可安排献花这一程序。献花时必须采用鲜花扎成礼品花束，有的国家习惯送花环，注意忌用杜鹃花、菊花和黄色的花等。

迎送工作中还应注意：迎送贵宾时，事先应在机场、港口或车站安排贵宾休息室，准备饮料；客人抵达住地后，一般不要马上安排活动，应让其稍作休息，为其留出更衣时间。

三、与外商交往的礼节

（一）与外商交往的礼节原则

1. 遵时守约

遵守时间，不能失约，是国际交往中极为重要的礼仪。在现代社会中，人们普遍认为时间就是金钱、效率、生命，因此守约便成为公共交往中起码的道德行为规范。每一个懂得尊重自己、懂得尊重别人的人，都不可轻易浪费别人的时间，都必须严格地遵守自己的所有承诺，否则不仅会造成失礼，还会为此而失信于人。

为了遵时守约，应采取一些必要的预防措施：首先，在有关时间的问题上坚决果断、干脆明确；必要时，应把日期、时间、地点等清楚地记在自己的日程上，以免遗忘。其次，要严格遵守与他人约定的时间，不宜随便改动或取消。再次，要适时赴约，不宜早到，更不可晚到。如果到得太早，主人也许正忙于准备工作或做其他的公务，反而会给其带来不便。此外，在约会中一般不允许早退；发生临时情况而迟到或不能赴约时，必须有礼貌地尽早向对方通报、解释、致歉，争取对方谅解，不可显得若无其事。

另外要注意，正式的宴会、会谈应准时到达；出席文艺晚会、音乐会等应提前到达，若迟到则要等节目间隙时才可入场。

2. 女士优先

尊重女士是一种美德，女士优先是国际社会公认的一条重要的礼仪原则。人们早已普遍认为，在社交活动中遵守女士优先原则，是男士个人教养的基本体现，还可以显示男子的气质与绅士风度。

女士优先的原则是通过一系列的具体做法来贯彻和实现的。例如，在女士面前，男士应谈吐文雅，不得开无聊的玩笑；在同行时，男士应自觉地请女士先行一步；并排行走时，出于安全方面的原因，男士应走在靠车辆行驶的一侧；在楼梯口、电梯口以及其他狭窄的过道里遇到女士，不管认识与否，均应侧身站立一旁，让女士先行；在需要开门的场合，男士应为女士开门；等等。女士优先原则还要求，在尊重女士、照顾女士、体谅女士、关心女士、保护女士方面，男士们应对所有的女士一视同仁。

但在某些公务场合，人们强调男女平等，不必太讲究女士优先。

3. 尊重隐私

个人隐私，泛指一个人出于个人尊严和某些方面的考虑，不愿告之于人或不愿公之于众的个人情况。在国际交往中，尊重个人隐私权是至关重要的。在许多国家，个人隐私是受到法律保护不容侵犯的。

商务人员在涉外交往中应有意识地回避涉及对方个人隐私的一切问题。一般而言，在国际交往中下列几方面的问题均被视为个人隐私：

（1）收入支出。收入是个人能力和地位的直接体现，外国人非常忌讳他人对此进行直接或间接的打听。其他诸如银行存款、住宅面积、汽车价格、服饰品牌等反映个人经济状况的问题，也不宜问及。

（2）年龄及婚姻状况。这个问题普遍被外国人认为是最不愿公之于众的机密，一旦问及，不仅会造成不愉快，有时甚至可能带来不必要的麻烦。

（3）健康状况。在国外，人们通常很反感他人对自己的健康过分关注，因为在一定程度上健康被视为个人的资本。

（4）个人学历、经历。在涉外交往中，外国人一般不希望对方对自己有过多的了解。

（5）家庭住址。外国人大都视住所为私生活领地，忌讳别人无端干扰，除非至交，一般不邀请外人前往家中做客。

（6）宗教信仰。宗教信仰问题是一个严肃而敏感的问题，交谈中易产生误解和意见分歧，因此，涉外交往中多有意回避这类问题。

事实上，由于文化传统、风俗习惯的不同，中国人平常所爱谈论的许多内容都是被外国人视为个人隐私的。因此，在涉外交往中，商务人员切不可按自己的习惯向外国友人问长问短。关心别人是一种美德，但凡事皆有分寸，关心亦应适度，要避免过分关心别人而导致的对对方的干扰甚至伤害。尊重个人隐私，是商务人员必须牢记和遵守的一条对外交往原则。

4. 尊重各国风俗习惯

不同国家、不同地区、不同民族，由于历史、文化、宗教等方面的不同，形成了各自特殊的风俗习惯，在涉外商务活动中应无条件地予以理解和尊重。因此，到某一个国家或接待来自某一国的客人，要事先了解该国的礼俗，以免犯忌。涉外交往中注意尊重外国友人所特有的习俗，有利于增进中外双方之间的理解和沟通，有助于恰如其分地向外国友人表达我方的亲善友好之意。

5. 爱护环境，遵守公共秩序

自然环境是指人类赖以生存的一切自然条件。在日常生活里，每一个人都有义务对人类所赖以生存的环境自觉地加以爱惜和保护。人们没有权利为发展经济或提高生活质量而不加任何限制地毁坏自然环境。同时，为维护自然界的生态平衡，人们亦不可虐待动物。另外，自觉遵守公共秩序，也是爱护环境的具体表现。

遵守公共秩序，应在以下方面予以特别注意：

（1）在公共场合吸烟对其他不吸烟者是极不尊重的。在剧场、博物馆、会议厅等禁止吸烟的场所均不得吸烟。在火车、轮船上往往设有专门的吸烟区，不要随处吸烟。到私人住宅或办公室做客，要询问一下主人是否允许吸烟，如果有女士在场，还应征得女士的同意。主人不吸烟而又未请吸烟时，最好不要吸。

（2）现代生活中，噪声也是对环境的一种污染。在公共场所大声喧哗，或是在不适当的地方劲歌狂舞，是一种极不文明的行为。特别是在图书馆、博物馆、医院、教堂等公共场所，应保持安静。在隆重的场合，如举行仪式、听讲演、看演出等，要保持肃静。不得在聆听他人讲话时随意交谈或翻阅书刊。

（3）在公共场合行走应鱼贯而行，切忌几个同行者排成一排阻挡他人；也不要在人来人往的大道上长时间驻足交谈，妨碍他人行走，因此，路遇熟人，如无重要事情，点头致意即可。

总之，在公共场合应注意做到尊重别人，不打搅影响别人，不给别人带来麻烦或不便，不随意发表议论，不随意指责别人，否则会被认为没有教养。

（二）馈赠礼仪

馈赠礼品是涉外商务活动中不可缺少的内容。商务礼品所表达的是一种职业联系，既是友好的、礼节性的，又是公务性的。随着人们交际活动的日益频繁，馈赠礼品越来越受到人们的重视，礼品可以联络感情，加深友谊，有利于巩固彼此的贸易关系。但是，馈赠礼品时应注意礼品的选择、馈赠时机以及馈赠中的礼仪规范，如此才能将礼品送得恰到好处，达到理想的馈赠目的。

1. 礼品的选择

选择赠送给外宾的礼品时，首先要了解受礼人的性格、情趣爱好和品位，尽量使礼品受到受礼人的喜爱。如无法了解对方喜好，稳妥的办法是选择具有民族特色的工艺品，因为送别人没有的东西最易于被对方接受。国际交往中一些具有我国民族特色的礼品，如书画、图章、景泰蓝工艺品、剪纸、绣品、茶叶等，往往会备受青睐。赠送礼品还要讲究经济性，把握好度，贵重的礼品并不一定受人欢迎，甚至可能让受礼者产生受贿之感，在许多国家都不时兴赠送过于昂贵的礼品。国外非常讲究礼品的包装，包装被认为是礼品的一个重要组成部分，因此，购买礼品后，一定要精心包装。包装材料尽量择优而用，而且，外包装的图案、颜色、彩带系法等方面均应考虑到受礼人国家的风俗习惯。值得一提的是，商务礼品有时也可以不必迎合受礼人的兴趣爱好，但必须与受礼人的地位相符。

2. 馈赠时机的选择

在涉外交往中，送礼也要把握好时机，要巧妙、自然。在会见、会谈时，一般应选择在起身告别之时送礼；向对方祝贺、道喜或在特殊纪念日送礼时，应在事前或是在双方见面之初相赠；作为主方接待来宾时，可在来宾向自己赠送礼品之后回赠，也可在来宾临别前的一天回赠；出席宴会向主人赠送礼品，一般是在起身告辞时进行。赠礼场合的选择也是十分重要的，一般情况下，当众给某一个人送礼是不合适的。但也有例外，如在阿拉伯国家，必须要有他人在场，送礼才不会被视为贿赂。在英国，合适的送礼时机是请别人用完晚餐或在剧院看完演出之后；在法国，不能向初次结识的朋友送礼，应等下次相逢的适当时机再送。

3. 礼品忌讳

因为不同的国家有着不同的宗教、不同的风俗习惯，因此，挑选礼品时不仅要考虑礼品的类型、色彩、图案，还要考虑礼品的数量、包装等方面的因素。例如，日本人忌讳四、九这两个数字，因为在日语中“四”的发音与“死”的发音相近，而“九”的发音与“苦”的发音相同，所以送给日本人礼物应尽量避免这两个数。另外，给外宾送礼一般要注意以下几个方面：

（1）绝对禁送触犯对方宗教禁忌、民族禁忌、个人禁忌的礼品。

（2）禁送现金、有价证券以及过于昂贵的礼品，因为赠送或接受这类礼品有行贿受贿之嫌。

（3）禁送容易引起误会的礼品。不可向一般关系的异性送项链、戒指、内衣、腰带等物品，因为这类东西一般是恋人、夫妻间赠送的礼物。

（4）禁送带有广告性的礼品。这类礼品会使对方产生被利用、缺乏诚意的感觉，反而会弄巧成拙。

（5）禁送药品及补品。在国外，健康状况属于个人隐私，不希望他人过于关心。

（6）禁送过于廉价的礼品。这类礼品可能使对方产生不受尊重、敷衍了事的想法。

（三）送花的礼仪

赠送鲜花是馈赠的一种特殊形式。对鲜花的喜爱是人类的共性，是不分民族、没有国界的。鲜花作为一种时尚而有品位的礼品，在现代交际活动中日益盛行，应用广泛。绚丽多彩的鲜花，不仅魅力无比，而且寓意无穷，因此，在人际交往中以鲜花作为礼品，是一种最容易获得成功的馈赠选择。在遵守基本馈赠礼仪的同时，还要学习送花的礼仪，了解鲜花的寓意，以及送花的忌讳。

1. 鲜花的寓意

古往今来，人们在追求美好事物的过程中，寓情于景，赋予了鲜花各种各样的含义。一些花的寓意相传已久、广为人知。例如，玫瑰表示热烈的爱情；郁金香表示高贵；橄榄枝表示和平；百合表示圣洁；常青花卉表示健康长寿；茶花表示美好；水仙表示尊敬；牡丹象征着富贵吉祥；梅花象征着孤傲不屈；等等。同时花的颜色也有着不同的意义：白色象征纯洁；红色表示炽烈、喜庆、勇敢；金黄色象征神圣，展示富丽；绿色象征生命和希望，充满青春与朝气；蓝色象征宁静和深远。另外，一些国家、城市拥有自己的国花、市花，在国际交往中，应尊重国花、市花，不宜滥用。只有了解了鲜花的不同含义，才能有的放矢，达到送花的最佳效果。

2. 送花的时机

为使送花的效果恰到好处，送花时机的选择也是非常重要的。一般来说，在喜庆、祝贺、节日、慰问等场合，以鲜花作为礼品，不仅能表示送花者的祝贺、慰问之意，同时还可以展示出送花人的修养与品位。在涉外交往中，一般是在迎送、做客等场合送花。迎送贵宾时献上一束鲜花，既表达了接待方的热情友好，又反映出对来宾的重视与尊重。出席家宴时，向女主人送上一束鲜花，表示对女主人的尊敬与谢意，便于家宴在自然和谐的气氛中顺利进行。

3. 送花的忌讳

由于各国家、地区的民俗习惯不同，对某些花赋予了不同的含义，因此，送花也要考虑国家、地区、民族的禁忌。例如，中国人非常喜爱的“出淤泥而不染”的荷花，在日本却代表死亡，专门作为祭奠之用。在西方许多国家里，菊花意味着死亡，因此除葬礼之外忌送菊花。在德国，不要送女主人红玫瑰；在加拿大、英国，不要送百合花；在巴西，不要送紫色的鲜花。另外，鲜花的组合与数量也很有讲究。在西方国家，送花最好是单数，但要避开作为凶兆的“13”。总之，送花前一定要了解对方的风俗习惯与禁忌，避免违禁而导致的失礼与不愉快。

（四）受礼礼仪

在涉外交往中，接受礼品是司空见惯的事，接受礼品同样应遵守礼仪规范。当外方友人向自己赠送礼品时，首先要起身站立，神态自然，以双手高兴地接受礼品，并就此郑重地向对方道谢。但需注意，在阿拉伯及东南亚的一些国家，左手被视为“不洁之手”，用左手递接物品或行礼被公认为是一种蓄意侮辱别人的行为，此时只可用右手递接礼品。如送礼人来自西方国家，应立即拆启礼品包装，认真欣赏并附上赞美之言，并再次表示感谢；如将礼品原封不动地放在一旁，会使送礼人产生受冷落的感觉。要珍惜和爱护收到的礼品，如有可能在下次见面时加以利用，这种做法会使对方非常高兴。但是，当所赠物品是违禁品或是现金、有价证券、过于昂贵的物品、有损国格人格的物品时，应保持礼貌、从容、友好的态度，说明原因，当场拒绝；如对方并无恶意，拒绝时仍应表示感谢。若收到的是由他人转交或邮递的礼品时，应及时写信或打电话给送礼人，表示感谢；如有可能，在下次见面时应当面再一次表示感谢。

第二节　国际商务会见与会谈

在涉外经济活动中，商务人员为了融洽双边或多边关系，保持接触，建立联系，促进彼此之间的了解与合作，或以经济利益为目的，为达成某种合作意向或协议，经常需要在宾主双方约定的地点与合作对方及其他相关人士进行会见和会谈。会见与会谈是一种十分重要的交往形式，应目标明确，有备而至，周密组织，不失礼仪。

一、会见与会谈的含义

（一）会见

会见在国际上一般称为接见或拜见。按国际惯例，凡身份高的人会见身份低的或主人会见客人，称作接见或召见。凡身份低的人会见身份高的或是客人会见主人，称作拜会或拜见。拜见君主，又称谒见。我国不做上述区别，统称为会见。会见按内容分为礼节性的、政治性的和事务性的三种。礼节性会见不涉及具体实质性问题，话题广泛，会见时间一般较短。政治性会见涉及双边关系、国际局势等重大问题。事务性会见指外交交涉、业务洽谈等，时间一般较长。接见或拜会后的回访，称作回拜。

（二）会谈

会谈是双方或多方就某些重大的政治、经济、文化、军事以及其他共同关心的实质性问题交换意见，进行讨论；或为求得某些具体问题的解决而进行的严肃的商谈。会谈的内容较为正式，按会谈内容的性质，可分为政治性的和专业性的两种。专业性会谈包括各国贸易代表、企业、公司之间关于商务、经济合作等方面的会谈。会谈首先要组成会谈小组，确定主谈人。主方主谈人的职位要与客方主谈人相同或相近。会谈人数双方大体相等。其次是准备会谈提纲，如需在会谈结束时双方签署会谈纪要或协议书，应事先草拟好文本。会谈由主谈人主持，其他人员未经主谈人许可不得随便发表意见。如有不同看法，可写条子递给主谈人，供主谈人参考。如主谈人请大家做补充发言，其他人可按主谈人的谈话口径做适当补充，但不能提出与主谈人意见相反的看法。

在涉外交往中，会见与会谈是十分重要的交往形式。它既具有礼仪性，又具有实质性，并有广泛的适用范围，可以在不同的层次和不同方面的人员间进行。

二、会见与会谈的程序

会见、会谈，一般均须经双方事先约定。会见一般是礼节性的交流较多，而会谈则往往要进行一些实质性的交流，虽然两者谈话的内容与时间长短不同，但程序大体上是一致的。具体程序如下所述。

（一）提出要求

希望拜会的一方应将己方要求会见者的姓名、身份，以及要求会见对方的什么人、会见的目的等告知对方。接到要求的一方应尽早给予回复，不应无故拖延或置之不理。因某种原因不能接见时，应向对方婉言解释。

（二）接受要求

如果接到拜会要求的一方同意对方的请求，则应将主方的参加人员名单通知对方，并与对方协商确定会见、会谈的时间、地点等具体事宜。前往会见的一方亦应提供自己一方的出席人员名单。双方人员的人数和身份应符合对等原则。

（三）准备工作

经双方或多方协商确定下来的会见、会谈的时间、地点及各方出席人员名单，应及早通知有关部门及有关人员，以便做好各项准备工作。参加涉外会见、会谈的双方均应对对方的背景资料、风俗习惯、礼仪特征等有所了解，这样可在会见、会谈中争取主动地位，并使会见、会谈在融洽的气氛中顺利进行。参加会谈前还应做好文字资料的准备，必要时还要准备好外文资料。

三、场所布置与座次安排

根据会见、会谈的地点的不同，可将会见、会谈分为主场会见、会谈，客场会见、会谈，以及中立会见、会谈。因为会见、会谈地点的确定会直接影响到会见、会谈中战术的运用以及会见、会谈的结果，所以具体确定会见、会谈地点时，既不应当对对手听之任之，也不应当固执己见，应当从礼仪角度出发，先由各方各抒己见，再由大家协商确定。一般商务性的会见、会谈，在国外多在主人的办公室内进行，在我国多在会客室或会议室进行。在主场会见、会谈的情况下，身为东道主，应自觉地做好现场的布置及座次的安排工作。

（一）会见、会谈的场所布置

从礼仪角度讲，在涉外商务活动中，布置好会见、会谈的场所环境，使之有利于双方会见、会谈的顺利进行，一般来说应考虑以下几个因素：

（1）会见、会谈场所应舒适明亮、整洁大方。这一方面是对外宾的礼貌和尊重，另一方面也可以向外宾展示企业的整体形象。

（2）会见、会谈场所的家具、门窗、墙壁的色彩要力求和谐一致，室内的陈设与装饰应简洁、实用、美观、整洁，并在室内安装类似黑板的视觉中心。此外，会客室应安排足够的座位，并事先在现场放置座位卡，座位卡需用中英文对照的，上部写中文，下部写英文。

（3）会客室一般不设录音设备，除非双方都同意才能配备。经验证明，录音设备对双方都有可能起副作用，使用这些设备之后，人们本能地难于畅所欲言。如会客室面积较大，应准备好扩音器、麦克风等音响设备和灯光设备。

（4）场所周围应备有完好的通信、传真、复印设备及必要的文具，以备临时急需。

（5）会见、会谈时还应备有招待用的饮料。我国一般准备茶水，夏季加冷饮。会谈时间过长时，可准备咖啡等。

此外，会见、会谈室用适当的工艺品、花卉加以布置，会产生祥和、生机盎然的气氛。

（二）会见、会谈的座次安排

会见、会谈的座次有着严格的规定，它既是会见、会谈者对规范的尊重，又是会见、会谈者给予对方的礼遇。遵照国际惯例，会见、会谈时宾主座次均由主方负责安排。

1. 会见的座次安排

按照商务礼仪，涉外商务会见的座次排列方法主要有以下几种：

（1）主宾相对式：宾主分别坐在桌子的两侧，双方的主谈者居中坐在平等而相对的位子上，双方参与会见的其他人员根据身份高低按照右高左低的原则自近而远分别坐在主谈者的左右两侧。这种座位的安排显得正式、礼貌、尊重、平等。

（2）主宾分列式：宾主各坐一边，座位呈八字形或半圆形放置，主宾在右侧，主人在左侧，译员与记录员分别坐在主人和主宾的后面。其他宾客按顺序坐在主宾一侧，主方其他人员坐在主人一侧。座位不够时可在后排加座。

（3）主宾并列式：宾主并排而坐，客人居右侧，主人居左侧。这种方式适合于小规模的双边会见。

2. 会谈的座次安排

举行正式会谈时，会谈气氛严肃，对等性强，座次要求严格，礼仪性很强。按参加会谈的利益主体的数量划分，座次排列通常可分为以下两种基本情况：

（1）双边会谈。双边会谈指的是由两方面的人士所举行的会谈。在一般性的会谈中，双边会谈最为多见。双边会谈的座次排列主要有两种形式：

其一是会谈桌横置式。是指在室内横放长方形桌，宾主相对而坐。面对正门一侧为上，由客方就座，背对正门一侧为下，由主方就座。双方主谈者在自己一方居中就座，其他人士则应依其具体身份的高低，先右后左、自近而远地分别坐在己方一侧。双方主谈者的右侧，在涉外会谈中则应由翻译人员就座。见图 8－1。

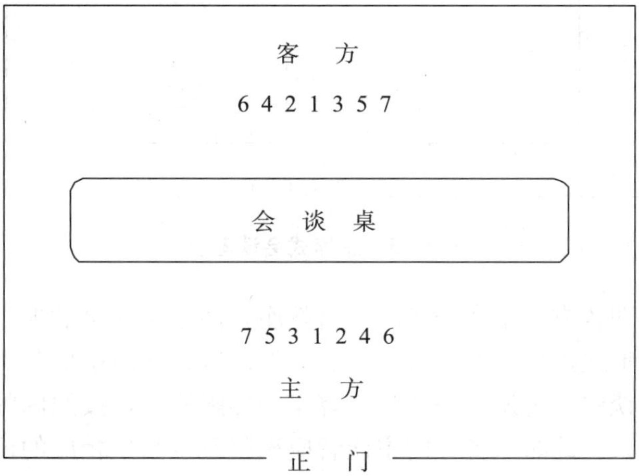

图 8－1　会谈桌横置式座次

其二是会谈桌竖置式。是指在室内竖放长方形桌，以进门时的方向为准，右侧为客方，左侧为主方。具体排列方式与会谈桌横置式排座相似。见图8－2。

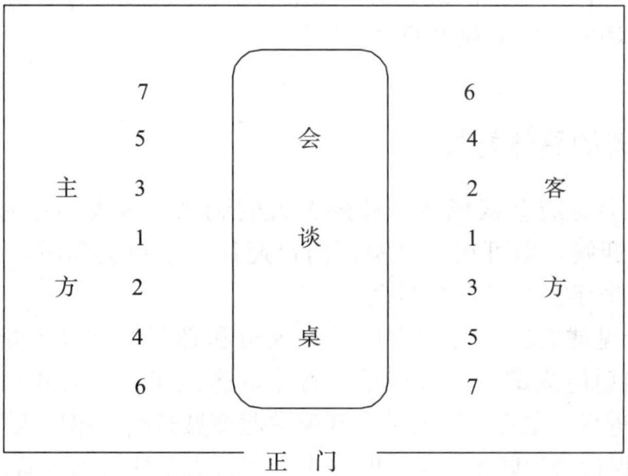

图 8－2　会谈桌竖置式座次

（2）多边会谈。多边会谈是三方或三方以上人士所举行的会谈。多边会谈的座次排列主要也可分为以下两种形式：

其一是主席式（见图 8－3）。是指在会谈室内面向正门设置一个主席台，由各方代表发言时使用，其他各方人士则一律背对正门、面对主席台就座。各方代表发言后应下台就座。这种形式适合于参加者较多、注重介绍讲解的大型会谈。

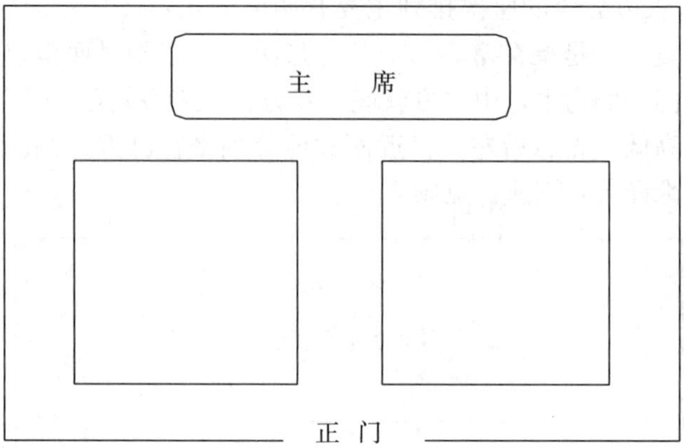

图 8－3　主席式会谈座次

其二是自由式。即各方人士在谈判时自由就座，甚至相互穿插地坐在一起，无须事先正式安排座次。这种形式适合于参加者较少、会谈内容轻松的小型会谈。

另外，在多边会谈中，为避免失礼，使尊卑的界限淡化，按照国际惯例，常以圆桌为会谈桌来举行圆桌会议。此时，各方的主谈者应该就座于圆桌相应的位子上，翻译人员及其他谈判工作人员一般围绕各自的主谈者分列两侧而坐，也可坐于主谈者的身后。主方人员不应在客方人员之前就座。

无论是双边会谈还是多边会谈，桌子和椅子的大小应该与环境和会谈级别相适应。会议厅越大，或会谈级别越高，桌子和椅子通常也相应越大、越宽绰，否则就会使会谈者心理有压抑感或不适。与长方形会谈桌不同，圆形会谈桌通常给人以轻松自在感，所以，在一些轻松友好的会见场所一般采用圆桌。

四、会见与会谈的具体礼仪

主人应提前到达会见或会谈场所，迎候客人的到来。客人到达时，主人应在门口迎候，既可在大楼正门迎候，也可在会客室正门口迎候。主宾会面时，与客人握手、致意，然后主人在主宾左侧陪伴客人步入会客室。

领导人之间的会见或会谈，除双方的陪见人员和必要的翻译人员、记录员外，其他工作人员待安排就绪后应立即退出。谈话过程中，旁人不要随意进出。

为保证会谈顺利进行，主方工作人员应准确掌握会见时间、出席人员等事项，随时了解变化情况，与各方面保持密切联系。会谈时，主方工作人员应及时处理临时情况；对较长时间的会谈，应根据参加会谈人员精力变化的规律，适当安排中间休息，以获得理想的会谈效果。

在会见、会谈中，应为宾主准备茶水、咖啡和矿泉水等，夏天还可准备一些冷饮。服务人员上饮料时，应尽量不发出声响。

如需合影，应事先做好合影位次排列表，人数众多时应准备梯架。合影时，一般由主人居中，主宾双方间隔排列，以右为上。主要身份者在第一排，其余按顺序排后。按惯例，两端通常由主方人员把边。注意将全部人员摄入镜头。

会见、会谈结束时，主人应送宾客至车前或门口，与客人握别并目送客人离去后再返回。

第三节　与不同国家商人的贸易来往

不同的国家，由于受地域、宗教、文化、历史等因素的影响，形成了自己特有的商务礼俗。因此在与不同国家的商人进行商务交往时，在不批评该国的政治、宗教的前提下，还应注意考虑不同国家、不同区域的特殊性，使双方在尊重和理解的基础上成功开展贸易。

一、与欧美地区商人的贸易来往

欧美商人具有时间观念强、喜欢与他人保持一定距离的共性，因此与欧美商人交往必须遵时守约。此外，由于文化、历史等因素的影响，欧美各国的商务习俗又各具特色。

（一）德国

小贴士

德国人以讲究效率而著称。

德国人勤勉矜持，讲求效率，崇尚理性思维，时间观念强。他们不喜欢暮气沉沉、拖拖拉拉、不守纪律和不讲卫生的坏习气。

在商务活动中，德国商人讲究穿着打扮。一般男士穿深色的三件套西装，打领带，并穿深色的鞋袜。女士穿长过膝盖的套裙或连衣裙，并配以高筒袜，化淡妆。女士在商务场合不允许穿低胸、紧身、透明的性感上装和超短裙，也不允许佩戴过多的首饰（最多不超过 3 件），否则会被视为待人无礼和不自重。

在商务谈判中，德国商人不仅讲效率，而且准备周详，瞧不起“临阵磨枪”、缺乏准备的对手；喜欢在商谈前即准确地做好谈判议程安排；在谈判中表现得倔强好胜，较为固执，难以妥协，因而在交易中很少让步。

德国人在交谈中很讲究礼貌。他们比较看重身份，尤其看重法官、律师、医生、博士、教授一类有社会地位的头衔。对于普通的德国人，应以“先生”“小姐”“夫人”等称呼相称，但德国人没有被称为“阁下”的习惯。在交谈中不要议论垒球、篮球或橄榄球等内容，最好谈谈德国的风景名胜、个人的业余爱好和足球之类的体育项目。

德国人爱吃油腻食品，且口味偏重，香肠、火腿、土豆是他们最爱吃的东西，还爱饮啤酒，但在吃饭、穿衣、待客方面都崇尚节俭。

给德国人赠送礼品，务须审慎，应尽量选择有民族特色、带文化味的东西。不要给德国女士送玫瑰、香水和内衣。因为它们都有特殊的意思，玫瑰表示“爱”，香水与内衣表示“亲近”，即使女性之间也不宜互赠这类物品。将刀、剪和餐刀、餐叉等西餐餐具送人有“断交”之嫌，也是德国人所忌讳的。

在服饰和其他商品包装上禁用“卐”或类似符号，忌讳茶色、黑色、红色和深蓝色。

德国是一个保守、严肃的国家，与德国人交往要比与其他欧洲人交往更注意礼仪。德国经济较发达，德国商人一般素质较高，因此同德国人进行商务活动应注意以下几点：

（1）德国人崇尚理性思维，逻辑性强，在商务活动中往往准备很充分、具体，因此必须针对德国人的这一特点事先做出周详的准备，否则会引起德国人的反感与不满。

（2）德国人很重视合同，对合同内容研究得很仔细，并严格执行合同内容，合同一旦签订就不再理会任何对合同更改的要求。因此，在签订合同之前要考虑周密，并善于讨价还价，迫使对方做最后的让步。

（3）德国人在资金问题上的风险意识很强，所以在洽谈前要有充分的准备，解除对方的风险疑虑。另外，德国人对产品的质量要求严格，技术指标要求高，因此对出口德国的产品一定要严把质量关。

（4）德国人纪律严明、讲究效率、时间观念强。与德国人进行商务洽谈时，必须按约定时间准时赴约，并注重自身的着装。

（二）英国

小贴士

英国人在任何时候都是彬彬有礼、举止得当的绅士或淑女。

在日常生活中，英国人注意仪表，讲究穿着。男士每天刮脸，凡外出进行社交活动都要穿深色的西服，但忌戴条纹领带；女士则应着西式套裙或连衣裙。他们相信“外表决定一切”，因此，应尽量避免感情外露。英国人崇尚绅士风度和淑女风范，讲究“女士优先”。

英国人见面常行握手礼。戴着帽子的男士在与英国人握手时，最好先摘下帽子再向对方致意。但切勿与英国人交叉握手，因为那样会构成十字架形，也要避免交叉干杯。英国人喜欢别人称呼他们的荣誉头衔。称呼英国人的聪明做法是，先看别人如何称呼，再跟着学。

与英国人交谈时，应注视对方的头部，并不时与之交换眼神。要注意使用“请”“谢谢”“对不起”等敬语。不要问对方“你做什么”（What are you doing），在英国这会被认为是干预他人私事。就是上厕所也不直接说，而代之以“我想洗手”等，提醒别人时也说：“你想洗手吗？”

英国人性格沉稳，说话办事讲究传统、注重程序，在商务活动中讲究礼仪、态度良好、易于相处。同英国人进行商务活动应注意以下几点：

（1）英国人讲究绅士风度，如果能在商务活动中显示出良好的修养与风度，一定能赢得英国人的好感与尊重。另外，英国人的等级观念非常严格，在选择洽谈人员时一定要注意级别对等，以示平等与尊重。

（2）英国是一个多民族国家，由于历史原因，其在民族关系等方面有些微妙之处。因此，在交流时不要谈及北爱尔兰前途等政治问题。

（3）一般英国客商不太重视洽谈前的准备工作，洽谈过程中效率不高，但他们应变能力强。

（4）英国人在休假、圣诞节、复活节等非工作时间一般不进行商务活动，更忌讳就餐时谈工作。英国人的时间观念极强，与他们交往时要特别守时。注意不要私自登门拜访或打电话。

（5）不要随意造访英国人家。但若受到对方的邀请，则应欣然而往。这无疑可理解为对方向你发出商务合作可能顺利实现的信号。但在访问时最好不要谈及商务内容，不要忘记给女士带上一束鲜花或一盒巧克力。

（6）给英国女士送鲜花时，宜送单数，但忌送 13 枝，也不要送菊花和百合花，因为在英国人看来菊花和百合花是死亡的象征。

（7）忌用人像作为商品的装潢。英国人忌白象、猫头鹰、孔雀等商标图案而喜欢蔷薇花图案。

（8）英国人最忌讳打喷嚏，他们将流感视为一种大病。

小贴士

跟英国人谈生意态度须保守、谨慎。

（三）法国

法国人天性浪漫好动，喜欢交际。

在商务交往中，法国人常用的见面礼是握手，而在社交场合，亲吻礼和吻手礼则比较流行。法国人使用亲吻礼有严格的规矩：朋友、亲戚、同事之间只能贴脸或额，长辈对小辈是亲额头，只有夫妇和情侣才真正接吻。至于吻手礼，则主要限于男士在室内象征性地吻一下已婚妇女的手背。请注意，少女的手不能吻。

与法国人交往，称呼对方宜称其姓，并冠以“先生”“小姐”“夫人”等尊称。只有在区别同姓之人时，才可姓与名兼称。熟人、同事之间可直呼其名。与法国人交谈，应避免谈论政治和钱，不要涉及对方私事。法国人待人彬彬有礼，礼貌语言不离口。在公共场合，他们从不大声喧哗。

在商务活动中，法国商人特别注重“面子”，在与之交往时，如有政府官员出面，会使他们认为有“面子”而更加通情达理，有利于促进商务活动的进行。在商务谈判中，法国商人对双方提交的各方面材料十分重视。他们通常对对方要求较高，而对自己却极少“求全责备”。合同在法国客商眼里极富有“弹性”，所以他们经常会在合同签订后还一再要求修改它。

在商务交往中，法国商人有一个十分独特的地方，就是坚持要求使用法语。若发现跟自己交谈的人会说法语却使用了英语，他肯定会生气，但也忌讳别人讲蹩脚的法语，认为这是对其祖国语言的亵渎。若对法语不纯熟，最好讲英语或借助翻译。

法国人爱花，生活中离不开花。在他们看来，不同的花可表示不同的含义。他们忌送别人菊花、杜鹃花、牡丹花、康乃馨和纸做的花。

法国人初次见面一般不需要送礼；第二次见面时则必须送点礼物，否则会被认为是失礼的。法国人喜欢有文化和美学素养的礼品，唱片、磁带、艺术画册等是法国人最欣赏的礼品。他们非常喜欢名人传记、回忆录、历史书籍，对于鲜花和外国工艺品也颇有兴趣，讨厌那些带有公司标志的广告式礼品。

公鸡是法国的国鸟，其勇敢、顽强的性格得到法国人的青睐。野鸭商标图案也很受法国人喜爱。法国人不喜欢无鳞鱼，所以也不大爱吃它。

对于色彩，法国人有着自己独特的审美观。他们忌黄色、灰绿色，喜爱蓝色、白色和红色。

小知识

法国人对类似纳粹标志的任何图案都极为反感，不喜欢在商品和包装上出现宗教标志图案和锤子、镰刀图案，也不欢迎我国的山水图、仕女图以及大红花朵的图案。

同法国人进行商务活动应注意以下几点：

（1）法国人天性浪漫、性格开朗。在和法国人洽谈时，不要只谈生意，应该加谈一些关于文化艺术等方面的话题，以制造富于情感的气氛，为双方顺利交易奠定基础。

（2）法国人在谈判中喜欢制定"备忘录"一类的文件。这类文件被法国人视为"准谈判"成果，因此必须对这类文件给予足够的重视，不可等闲视之。

（3）在商务活动中，法国人十分重视双方提交的材料，而且对对方的资料要求较高，因此提供给法国人的材料应讲究质量，力争充实、完备。

（4）严格按事先预定的时间、地点和内容进行洽谈，不要迟到或违约。但法国人的时间观念不是很强，且在公共场合下有一种非正式的习俗，即主客身份越高来得越晚。对此要有足够的心理准备。

（5）法国人认为衣着代表一个人的修养、地位和身份，因此在与法国人交往时必须注意自己的服饰。

小贴士

法国人在商务谈判中的特点：

- 立场极坚定；
- 坚持在谈判中使用法语；
- 明显地偏爱横向式谈判。

（四）美国

美国的特殊发展历史，形成了美国商人外露、自信、热情、坦率和办事利索的性格特征。

美国人一般都性格开朗，乐于与人交往，而且不拘正统礼节，没有过多客套。日常相见时，一般只点头微笑，打声招呼，而不一定握手。一般也不爱用先生、太太、小姐、女士之类的称呼，而认为对关系密切的人直呼其名是一种亲切友好的表示，从不以行政职务去称呼别人。

在美国，付小费被认为是对服务人员提供服务的尊重和酬谢。付小费的方式可根据当地习惯灵活运用，例如，不必找零钱，或将小费置于茶盘、酒杯下面，或塞在招待员手中。有些旅馆、饭店账单上列有10%～15%的服务费时，可不付小费。但其他服务，如帮助叫出租车、开车门、取存衣帽、代搬行李等，还得付不低于1美元的小费。对政府公务员、客机上的机组人员等是不付小费的。

美国人在进行商务谈判时，喜欢开门见山，答复明确，不爱转弯抹角；在谈判中谈锋甚健，不断地发表自己的见解和看法；商务谈判前准备充分，且其参与者各司其职、分工明确，一旦认为条件适合即迅速做出是否合作的决定，通常在很短的时间内就可以做成一笔生意。

与欧洲人相比，美国人无论在衣着、饮食还是礼仪等方面都要随便一些。同美国人进行商务活动应注意以下几点：

（1）深入了解和掌握美国有关贸易进出口的法律、法规和常规做法。了解哪些范围的商品限制与外国人合作，哪些范围的商品必须得到政府有关部门的特别许可，哪些商品市场有可能触及反倾销法等。另外，还应了解商品的广告代理、批发零售、价格包装等常规做法，以免造成损失。

（2）了解美国商户的特点，进行有准备、有针对性的洽谈。美国商人在商务活动中总流露出一种国富民强的自豪感，谈吐直率大方，讲求高效率，时间安排紧凑，因此，与美国商人谈生意时要针对这些特点充分准备，不卑不亢地展开工作。

（3）注重谈判技巧。跟崇尚进取和个人奋斗的美国人讲话不要谦虚，否则会被认为是虚伪，甚至被认为无能。跟美国商人谈业务不必客套，打过招呼即可直接进入话题。谈判时应坚持立场、施展策略、据理力争，这会在一定程度上得到对方的认可与尊敬。早餐、午餐时也可以谈工作，但洽谈时间和地点要事先约定。

（4）注意聘请律师。美国商人的法律意识很强，在商务谈判中十分注重合同的合法性，因此，请懂行的律师做法律顾问也是同美国商人做生意时必不可少的环节。

（5）和美国人做生意大可放手讨价还价，但在磋商中要注意策略，立足事实，不辱对方，若不同意美商的某些论点可遵循美式逻辑进行驳斥，往往能收到很好的效果。美国人十分欣赏那些富于进取精神、善于施展策略、精于讨价还价而获取经济利益的人，尤其爱在“棋逢对手”的情况下和对方开展谈判和交易。自卑的人在美国社会受到普遍的轻视。

（6）绝对不要对对方团队中的某个人进行指名批评。把以前在谈判中出现过的摩擦作为话题，或是把处于竞争关系的公司的缺点提出来进行贬低，都是违反美国商人的经商原则的。

（7）注意商品的包装与装潢。包装与装潢都较新奇的商品往往能激起他们的购买欲和销售欲。

（8）美国人忌以各种珍贵动物头像图案作商标。

小贴士

与美国人做生意，“是”和“否”必须表示清楚，这是一条基本的原则。

（五）加拿大

加拿大人主要是欧洲移民的后裔，以英国、法国血统者为多，除魁北克省人讲法语外，其他地区人讲英语。

加拿大虽与美国相邻，但在礼俗上与美国人存在区别。加拿大人通常行握手礼，讲究使用礼貌语言，注重必要的礼节。

与加拿大人进行商务交往时，应注意以下几点：

（1）赴约时要求准时，切忌失约。

（2）日常生活中忌白色的百合花，白色的百合花只在开追悼会时才使用。同时，加拿大人不喜欢黑色和白色。

（3）切勿将加拿大与美国相比较，这是加拿大人的一大忌讳。

（4）销往加拿大的商品，其商品名及商品说明必须有英法文对照，否则禁止进口。

（5）当听到加拿大人自己把加拿大人分为讲英语和讲法语的两部分人时，切勿发表意见，因为这是有关加拿大国内民族关系的一个敏感问题。

（6）在宴席上，加拿大人喜用双数（偶数）安排座位。

（六）丹麦

丹麦是一个北欧国家，有着北欧人共同的特点。北欧的冬天很长，因而当地人都喜欢夏天，乐于在夏天休假，在七八月份时找他们谈公事是很困难的，并会被认为是不为他人考虑的行为。北欧人自主性强，坦率大度，善良谦恭，待人沉着而又亲切。性格特征方面，倾向于保守是其共性。在商务交往中，通常穿保守式样的西装，办事计划性强，强调按时，无论公、私拜访均需预约，言行举止都较为保守和正统；进行商务交易时，特别乐于与“老字号”或“老牌子”商家交往。

在丹麦，无论男人和女人，见面时都握手。

丹麦的敬酒规矩非常严格。如主人“请”字未出口，任何人不能动杯，其他人要待主人、年长者、位尊者饮酒之后才能饮酒。如果客人坐在女主人的左手边，客人在饭后吃点心的时候要向女主人敬酒；如果客人坐在女主人的右手边，客人应对女主人讲几句感谢之语。

当地人称酒为“生命之水”，他们喜欢给客人的酒杯里偷偷斟上烈性酒，客人对此要有思想准备。

（七）瑞典

瑞典人享受着“从摇篮到坟墓”的各种社会保障，其文化素养也高。人们见面很少行接吻礼，即使恋人也不表现得过分亲昵；同别人见面，以握手为礼。瑞典是个半禁酒的国家，即使在家中饮酒，也要持“购酒许可证”到指定的地点购买，还得交一笔可观的税。瑞典人爱吃生、冷食品，喜欢清淡，不爱油腻，对中国的粤菜很感兴趣。在瑞典忌讳送酒以及有蓝色、黄色、白色组合的物品。

（八）挪威

挪威人办事特别注重按时、准确。假如有事不能按时赴约，一定要给对方打电话，方便其另做安排。

挪威人友善而好客，若受邀到挪威人家中做客，切勿忘给女主人带上一束鲜花或是一盒巧克力作为礼物。

在挪威严禁酒后开车，否则将受到极重的处罚；7 月、8 月和 9 月初为挪威人享受阳光的季节，在此期间最好不要找他们办公事，否则会被视为不为他人考虑的自私行为。

与挪威人交谈，不要问对方干什么工作、工资多少以及社会地位如何等私事。挪威人喜欢谈论业余爱好、体育和旅行。

（九）意大利

意大利人的见面礼是握手或以手示意。意大利大学生毕业后都有头衔，也喜欢别人称呼他们的头衔。商务活动中联系事宜要尽早进行，有些意大利人不大注重约会的准时性。在意大利，商务交往时一般要送礼。应邀到意大利人家中做客、吃饭可带些礼物，如葡萄酒、鲜花或巧克力等，但不要带菊花，因为菊花在意大利是用于葬礼的。送花时要注意送单数。

与意大利人交谈，话题比较广泛，可谈政治、足球、军事、工作和当地新闻，但意大利人不喜欢谈论美国的橄榄球和美国政治。

给意大利人斟酒切忌反手斟，这意味着“势不两立”，它源于黑手党的一种手势。

小贴士

意大利人的时间观念极为奇特，与别人进行约会时往往都会晚到几分钟。意大利人认为，这既是一种礼节也是一种风度。

（十）奥地利

奥地利人热情好客，和蔼可亲，民族自尊心强，喜欢谈论自己民族的特点和成就。在公共场所，奥地利人即使是和陌生人相遇也打招呼。

虽然奥地利人讲德语，但在与之进行商务交往时，切忌将其误认为德国人，也不要搞错企业家的头衔，否则会导致不良后果。前去奥地利从事商务活动，最好安排在 2～4 月或 9～11 月之间。

与奥地利人交谈，不要主动议论钱、宗教或政治之类的话题，除非对方先谈起。

第一次去奥地利人家中做客时，要带上一束鲜花或一盒巧克力之类的小礼物。

（十一）荷兰

荷兰人日常生活中必不可少的饮料是牛奶，为客人倒牛奶时讲究倒至杯子的 2/3 处，否则会被认为是一种失礼或缺乏教养的行为。

与荷兰人的商务约会要事先约定，并准时赴约。荷兰人时间观念很强，讲求准时。

荷兰人爱谈政治和体育等方面的话题，对中国的孔孟之道也乐于谈及，更喜别人夸奖其家庭布置，但忌讳谈及第二次世界大战时日本对在亚洲的荷兰人的迫害、美国政治、个人私生活等话题。

荷兰人是理财的好手，浪费为人们所轻视。荷兰人注重工作效率，喜欢安静而平和的生活。

在荷兰，人们大多习惯吃生、冷食品，送礼忌送食品，且礼物要用包装纸包好。

到荷兰人家做客，切勿对女主人过于殷勤。在男女同上楼梯时，其礼节恰好与大多数国家的习俗相反，讲究男士在前、女士在后。

（十二）瑞士

瑞士人有很强的环保意识，尤其爱鸟。在瑞士不仅没有噪声，连人们说话也是轻声细语。

瑞士人作风保守、严谨，办事讲究实际，时间观念极强。七八月份是瑞士人休假的季节，要避免在这一期间与他们联系工作。

从事商务活动宜穿三件套式西装。拜访公、私机构均应预约，公事信函应寄至单位，而不要寄给某主管或职员，以免误事。瑞士商人特别愿与“老字号”进行交易，历史悠久的老公司若在名片、信封上印上本公司的创建日期，将会收到意想不到的效果。

在瑞士，猫头鹰是死亡的象征，忌作商标。瑞士人忌用黑色，喜欢几何图形。

鲜花和糖是较受瑞士人欢迎的礼物，但送花不要送红玫瑰，它带有浪漫的色彩。

（十三）比利时

比利时有佛兰芒人和南部的瓦龙人两个民族，这两个民族的习俗差异很大。佛兰芒人相见时在两颊交替着吻三下，男人相见也拥抱。在社交场所和工作交往中，人们相见和离别时常见的礼节是握手。

比利时流行两种语言：荷兰语和法语。安特卫普地区的人讲荷兰语，布鲁塞尔地区的大部分人讲法语。

比利时商人现实、稳健、诚实，工作努力。他们不像有的国家在休息时间不谈公事，相反，一些上层办事人员在需要时，即使正逢周末或休假，也会赶回办理公事。

比利时商人讲究职业道德，很少做使人上当受骗的事。比利时商人特别注意外表和地位，与之交往时，容易因所住饭店级别不高、穿着不雅或是身份、地位不高而受到轻视。

与比利时人交易时，若要直接与同级负责人会谈，需事先请他们指明会见日期，并且要保证会见双方的身份、地位相当，否则很难获得见面的机会。

不要以菊花作为礼物送给比利时人，因为在他们看来菊花意味着死亡。

（十四）西班牙

在西班牙，好友相见，男人之间要相互抱一抱肩膀，女人之间则要相互搂一搂并亲吻双颊。

西班牙人性格直率，易发火，但争吵后不计前嫌，往往一通争吵后又满面笑容。

西班牙家庭习惯利用午休相聚，视午饭为一天中的主餐。因此，西班牙的大部分机构和商店从下午1点半到4点半停止办公。

西班牙人喜欢狮子、石榴的图案，忌山水、亭台楼阁的图案。

如被邀请去西班牙人家里吃饭，可带上一束鲜花或一盒点心、巧克力，但送花忌送大丽花和菊花。

（十五）葡萄牙

依葡萄牙的习俗，好友相见，男士热情拥抱并互相拍肩膀，女士亲吻对方双颊。

在葡萄牙，中午12点到下午3点不办公，因此不要在这段时间联系工作。葡萄牙人不太强调准时赴约，但客人应按时到达。事先安排约会是十分必要的。

葡萄牙人非常重视和喜爱葡萄酒，且饮酒时在酒的温度、酒杯形状、开瓶及斟酒等方面均有不少的讲究。

（十六）俄罗斯

俄罗斯是一个重礼好客的多民族国家，其礼俗兼有东西方礼仪的特点。俄罗斯人整体文化素质较高，重视文化教育，喜欢艺术品和艺术欣赏，许多家庭都有极丰富的藏书。

俄罗斯人与外来人见面时一般行握手礼，朋友之间则亲吻面颊和拥抱。与人相约，讲究准时。尊重女性，在社交场合，男士还帮女士开门、脱大衣，餐桌上为女士分菜等。称呼俄罗斯人要称其名和父名，不能只称其姓。

俄罗斯人做生意比较谨慎。在谈判桌上，他们从不吝惜时间，擅长讨价还价，在生意场上显得有些拖沓。

和俄罗斯人交往，应特别注意以下特殊礼俗与禁忌：

（1）日常交往中主动问好是起码的社交礼仪。

（2）在称呼上，“您”和“你”有不同的使用范围，“您”用来称呼长辈、上级和不熟识的人，以示尊重；而“你”则用来称呼家人、熟人、朋友、平辈、晚辈和儿童，表示亲切和友好。

（3）送礼和收礼都极有讲究。到俄罗斯人家中做客，可以送鲜花或酒，也可以送艺术品、书等。如果是送花，要送单不送双，因为俄罗斯人认为，双数不吉利。俄罗斯人忌讳别人送钱，认为送钱是对人格的侮辱。他们很喜爱外国货，外国的糖果、烟、酒、服饰都是很好的礼物。

（4）对颜色的好恶和东方人相似，喜红忌黑；对数字，他们却和西方人一样忌讳“13”，但对“7”这个数字却情有独钟；忌食狗肉；喜欢商标图案中有向日葵。

（5）俄罗斯人豪爽大方，忌讳别人说他们小气。

（6）俄罗斯人爱整洁，随便乱扔东西会受到众人的鄙视。

（7）忌讳以历史上的某些有争议的领袖人物及当前的改革等作为话题。

小知识

俄罗斯人迎接贵宾的方式是“面包加盐”，以此来表示最高的敬意和最热烈的欢迎。

（十七）波兰

与波兰人约会要事先做好安排。

波兰人无论在正式或非正式的宴请中都经常敬酒。波兰人嗜烈性酒，他们常请客人喝白兰地。

波兰盛行吻手礼，他们认为吻手象征着高贵；喜欢谈论和赞美他们的国家和文化，也乐于谈及个人家庭生活，但忌讳谈及第二次世界大战中的苏联和德国；一切有战略意义的地点和建筑都严禁拍照；洗手间的表示方式极为独特，“△”符号表示男用，“○”表示女用，去波兰进行商务活动或旅游时切勿搞错。

（十八）其他欧洲国家

在匈牙利、罗马尼亚、保加利亚等国，每年6～8月是商人的度假月，在此期间不宜与他们进行商事活动。圣诞节及复活节前后两周也不宜前往拜访。多数东欧人家中都铺有地毯，客人进门时最好脱鞋，以示对主人生活习惯的尊重。

在匈牙利，不要给军人和军事设施拍照。应邀到匈牙利人家中吃饭，可带上一瓶酒或一束花作为礼物。匈牙利人习惯以白色代表喜事，黑色表示庄重或丧事。

罗马尼亚人时间观念严格，如有商务约会，应事先联系并按时赴约。罗马尼亚人一般不请人到家中做客，若被邀请，一定不要忘记给女主人带上一束鲜花。香水、化妆品、咖啡和牛仔裤是给罗马尼亚人的理想礼品。对共事的人可以送不贵重的带厂家标记的笔或打火机。罗马尼亚人忌穿堂风，认为穿堂风有损健康，他们不允许两个对着的窗子同时打开。

在保加利亚和阿尔巴尼亚，点头表示“不是”，摇头却表示“是”。与保加利亚人交谈，应少谈政治和保加利亚的社会状况。保加利亚人喜欢玫瑰花，不喜欢鲜艳明丽的色彩。

二、与亚太地区商人的贸易来往

亚太地区是指亚洲和太平洋地区。这一广大辽阔的区域既有历史悠久的文化及传统宗教，又吸取和借鉴了欧美文化的精华，从而形成了国家间不同的商业习俗。

（一）日本

日本人经商带有典型的东方风格，一般比较慎重、耐心而有韧性，自信心、事业心和进取心都比较突出。

1. 重视礼节和礼貌，注意服饰、言谈和举止

日本人彼此见面时不握手。在初次见面时一般不谈工作，相互鞠躬、相互引见、自我介绍、互递名片已成为一整套礼仪。如果是老朋友或者相互间已比较熟悉，就主动握手或拥抱。他们常用的寒暄语是“您好”“您早”“再见”“请休息”“晚安”“对不起”“拜托您了”“请多关照”“失陪了”等。日本人鞠躬很有讲究，往往第一次见面时行 30°问候礼，分手离开时行 45°告别礼。日本人既讲究送礼，也讲究还礼，不过日本人送、还礼一般都是通过运输公司的服务员送上门的，送礼与受礼的人互不见面。与日本人做生意，最好不要选在 2 月和 8 月，因为在日本这时是商业淡季。

2. 商务谈判先礼后兵

日商一般都具有较高的文化素质和个人涵养，能自如地运用先礼后兵的方法，形成“礼貌在先”“高报价、高折扣”“慢协商”的商务风格。他们既保持笑脸和友好的态度，又在利益上毫不放松。

3. 重视谈判前的准备工作

日本人极重视信息资料的掌握。在商业谈判前，他们会撰写出详尽的计划方案，精心准备；若在谈判中出现新的变化，他们会迅速形成文字，使对方充分理解，为谈判的成功创造机会。同他们进行商务交往，在认真准备的同时，还必须有很强的应变能力，随时有对策。

4. 吃小亏，占大便宜

这是日本人经商的典型特征之一，其常用的手法是打折扣吃小亏，抬高价占大便宜。与日商谈生意，应坚持“看货论价”，绝不要被高折扣率所迷惑。日商很注意交易和合作的长远效果，而不过分争执眼下的利益，善于“放长线钓大鱼”。例如，日本商人可能会以明显低于市场的价格向你出售某种生产设备，然而当以后你再向其购买特有的零部件、配套设备或生产原料时，他们会把价格提到吓人的高度，从而获得大大超过低价出售主要设备而损失的利益。因此，与日商交往时应有长远观念和全局观念，既注意眼前利益，又提防以后受制于人。

5. 抓关键人物，促成交易

日商很重视在交易中建立和谐的人际关系，十分重视做对交易有决定作用的人物的工

作，在他们身上不惜花大工夫。在同日商商谈的开始阶段，拜访日本企业中同等地位的负责人十分重要，他会促使日本企业重视与你之间的合作关系。

6. 不明确表态

日本人办事效率高，时间观念强，但在谈判桌上却慢条斯理，比较谨慎，不轻易表态，更不公开说“不”字。他们不住地点头，并不表示他同意你的主张和看法，而仅仅表示他已经听见了你的话。他们在签订合同前要花较长的时间仔细地审查合同的细节，一旦签约，履约率都很高，同时对对方履行合同也很苛求。因此，同日商签订合同应十分仔细，事前最好有中间人介绍，在合同签订前仔细审查，充分理解每一条款的准确含义，以免以后造成纠纷。

7. 日本人的习俗及商务禁忌

日本人喜欢奇数。在贸易谈判时要照顾他们的感情，尽可能不用偶数。由于日语发音中“4”和“死”相似，“9”与“苦”相近，因此，忌讳用4、9等数字。此外，13、14、19、24、42等数字也在忌讳之列，还忌讳三人合影。

日本不流行家宴，商业宴会也难得让妇女参加。商界人士没有携带夫人出席宴会的习惯。商界的宴会普遍是在大宾馆举行鸡尾酒会。

日本人没有相互敬烟的习惯。与日本人一起喝酒，不宜劝他们开怀畅饮。日本人接待客人不是在办公室，而是在会议室、接待室。他们不会轻易让人进入机要部门。

日本人有“当日事，当天毕”的习惯，时间观念强，生活节奏快。

日本人很忌讳别人打听他的工资收入。年轻的女性忌讳别人询问她的姓名、年龄以及是否结婚等。

在商品的颜色上，日本人爱好淡雅，忌讳绿色，认为绿色不祥；也不喜欢紫色、黑白相间色。忌用荷花、狐狸、獾等图案。送花给日本人时，忌送白花，也不宜把玫瑰和盆栽植物送给病人。菊花是日本皇室专用的花卉，民间一般不能赠送。日本人喜欢樱花。

在日本招呼侍者的手势为：把手臂向上伸，手掌朝下，并摆动手指。用手抓自己的头皮是愤怒和不满的表示。

在日本发信时，邮票不能倒贴，倒贴邮票表示绝交。装信也要注意，不要使收信人打开后看到自己的名字朝下。

日本是世界商业大国之一，与我国的商贸往来十分密切。日本人的经商作风具有典型的东方色彩，办事谨慎认真，自信心强。同日本人进行商务活动应注意以下几点：

(1) 日本人工作勤奋，办事一丝不苟，计划性与集体协作精神极强，与他们交往必须事先做好充分的准备工作，在洽谈过程中，既要坚持原则、坚忍不拔，又要顾全大局、讲究策略，以自信和耐心去赢得自身的利益。

(2) 日本商品进出口方面的管理法规复杂，限制繁多，对产品的质量、技术标准、包装要求严格，因此必须详细了解此类事宜，避免商务交往中的失误与损失。

(3) 日本人在商务接触或洽谈时一般使用名片做自我介绍，因此与日本人交往必须准备足够的名片，并注意要双手递送名片，收到名片时要点头以示尊重，看清内容后方可收起。

(4) 日本人对问题的表达比较委婉，有时会给人模糊不清的感觉。在商务交往中必须善于捕捉和理解日本人所要表达的真实含义。

（5）日本人非常讲究礼仪，注意细节。在与他们进行商务交往的过程中，应注意自身的衣着服饰、言谈举止。初次见面时最好准备一份包装精美的小礼物。

小贴士

日本人爱面子，自尊心强，一句有伤面子的言语，一个有碍荣誉的动作，都会使事情陷入僵局。

（二）韩国

韩国是一个礼仪之邦，其习俗与我国朝鲜族基本相同，尤其注重尊老爱幼、礼貌待人。如与长辈握手时，要以左手轻置于其右手之上，躬身相握，以示恭敬。与长辈同坐，要保持姿势端正、挺胸，绝不能懒散；若想抽烟，须征得在场长辈的同意；用餐时不可先于长者动筷。男子见面，可打招呼，相互行鞠躬礼并握手；女性与人见面时通常不与他人握手，只行鞠躬礼。

韩国人很讲究礼节，用餐时不能随便出声，不可边吃边谈，如不注意这一点，往往会被别人瞧不起。

韩国人一般不轻易流露自己的感情，在公共场所不大声说笑，颇为稳重有礼。女性笑时还用手帕捂住嘴，防止出声失礼。在韩国，女性十分尊重男子，双方见面时，总是女性先向男子行鞠躬礼，致意问候；男女同坐时，一般男子位于上座，女子位于下座。众多人相聚时，往往也是根据身份高低和年龄大小依次排定座位，地位高的、年长的优先在前。

韩国人忌讳“4”这个数字，认为此数字不吉利，因其音与“死”相同。因此在韩国没有四号楼，不设第四层，餐厅不排第四桌等。在接待韩国人时须注意回避，以免他们误解与生气。

韩国的商务习俗比较复杂，主要应注意以下几点：

（1）前往韩国进行商务访问的最适宜的时间是从2月到6月、9月、11月和12月，尽量避开多节的10月以及7月到8月中旬、1月到2月中下旬。

（2）初次与韩国商务人士来往，要有一位双方都尊敬的第三者介绍和委托，否则不容易得到对方的信赖。为了方便介绍，要准备好名片，中英文或韩文的均可，但要避免在你的名片上使用日文。到公司拜会必须事先约好。会谈的时间最好安排在上午10点或11点、下午2点或3点。

（3）韩国商人不喜欢直说或听到“不”字。此外，在商务交往中，韩国人比较敏感，也比较看重感情，只要感到对方稍有点不尊重自己，生意就会告吹。韩国人重视业务中的接待，宴请一般在饭店或酒吧举行。吃饭时所有的菜一次上齐。饭后常邀客人到歌舞厅娱乐、喝酒，如果你拒绝是不礼貌的。与韩国人交谈，应避免谈论有关社会意识形态及韩国内部的政治，也不要批评他们的政府。

（三）新加坡

新加坡是一个物质文明和精神文明都高度发达的国家，讲究文明礼貌已成为新加坡人的行为准则。新加坡是一个以华人为主体的国家，与他们交往要避免因同种同文就将他们等同于华侨，否则可能引起对方不快。值得一提的是，与海外华人进行贸易，采用方言洽谈有时可以起到一种独特的作用。

新加坡商人谦恭、诚实、文明和礼貌，在商务谈判中常表现出以下特点：一是谨慎，不做没有把握的生意；二是守信，对签订的合同能够认真履行；三是顾“面子”，与新加坡商人交往要以诚相待，更要多考虑给对方面子，特别是对长辈，“面子”往往具有决定性的作用，多说几句“多多指教”“多多关照”是十分必要的。

在新加坡，留长发的男子不受欢迎。新加坡注重环保。在商务活动中，反对使用如来佛的形象和侧面人像作商标，还禁止用宗教词句，喜欢红双喜、大象、蝙蝠等图案。

（四）马来西亚

同马来西亚商人进行商务活动的最佳时间是每年的 3 月至 7 月，因为多数商人会于 11 月到次年 2 月休假。

在马来西亚，男人之间通常行握手礼，而男女之间很少握手。马来西亚人友好和善，注重礼节，尊老爱幼。与马来西亚商人进行商务交往时，宴请是很重要的内容，通常安排在饭店进行，但不用酒来招待客人。马来西亚人喜爱绿色，忌讳黄色，不穿黄色衣服；忌讳的数字为 0、4、13；忌讳的动物有猪、狗，却极爱猫。

（五）印度尼西亚

前往印尼洽谈商务的最佳时间是每年 9 月到次年 6 月，因为多数印尼商人会在七八月份外出避暑度假。印尼商人很强调行业互助精神，待人很有礼貌，不讲别人的坏话，但却较难成为知心朋友。而一旦建立了推心置腹的交情，与之合作就比较容易，而且可靠。喜欢客人到家里拜访，是印尼商人的一个重要特点，所以家访是与印尼商人顺利进行商务活动的一种有效手段。印度尼西亚是一个多民族的国家，很多民族有本民族的特殊礼仪与禁忌，若到印尼访问、旅游，最好先了解一下这些礼仪与禁忌。

（六）泰国

泰国人经商一般不喜欢冒险，较小心谨慎，宁可依靠自己的力量积少成多地发展，也不愿大刀阔斧地大数额贷款、大范围投资。由于过分谨慎，不轻易相信别人，故很多企业都带有浓重的家族色彩。对于商品，他们重视质量甚于品牌，只要商品货真价实，即使是名不见经传的产品，也能获得认可。此外，泰国人很重视面子，十分重视别人对自己的看法，洽谈中如能让其获得心理上的满足，无疑可以使洽谈在十分融洽的气氛中进行。

泰国商人喜欢诚实而富有人情味的商业伙伴。他们常以闲逸舒适的态度经商，对待生意漫不经心，也不太主动争取客户。这种商务方式被称为“卧着做生意”。泰国商人喜欢通过共进午餐来开展商务联系，以便能更多地了解客户。许多高级商人都有皇室头衔，如 P. O. C（国王的孙子）、M. R.（国王孙子的孙子）等，而且他们乐于将之醒目地印在名片上。接过其名片时，应认真细读，并以头衔称呼他。泰国在圣诞节或每年 4 月的宋干节（即泼水节）期间，商业部门大都是停业的，所以与泰国人做生意要先通过信函约定。

在泰国，若有位尊者或年长者在座，其他人无论是蹲或跪，其头部都不得超过尊者、长者头部，否则是极大的失礼。给长者递东西必须用双手。给一般人递东西要用右手，因为他们认为左手不洁。传递物品时不能扔过去，泰国人认为这样做是不礼貌的行为，若不得已这样做了，要说声“对不起”。别人坐着时，不可把物品越过他的头顶传递给他人；从坐着的人身边经过时，要略微躬身以示礼貌。

泰国人喜欢大象与孔雀，白象被视为国宝，荷花是他们最喜欢的花卉。他们喜欢红色、黄色，尤其喜欢蓝色，视之为“安宁”的象征。他们忌用红笔签名和狗的图案。

小贴士

跟泰国人接触时，千万不要动手拍打对方。用左手接触对方以及讲话时以手指对对方指指点点，也是不允许的。

（七）越南

在越南，如遇到同自己年龄相仿的人，不能称“先生”“小姐”“师傅”，更不能称“大哥”“大姐”而应礼貌地尊称对方为“二哥”“二姐”。越南人很好客。在南方一些山区做客，可以同他们一起喝“同坛酒”，且第一圈必须喝；如不胜酒力，就双手抱拳向右一举，即可不喝了。路口悬有绿色树枝的村寨和门口悬有绿色树枝的人家，外人不得进入。

（八）缅甸

缅甸是著名的“佛教之国”，素有“佛塔之国”的美誉。无论什么人进入佛塔或寺庙，甚至进入某些人家，都必须脱鞋后光脚进入。缅甸人认为牛是忠诚的朋友，吃牛肉是一种忘恩负义的行为；认为“右为大，左为小”“右为贵，左为贱”，遵守“男右女左”的原则；星期天忌讳送东西给人，星期二忌讳做事；睡觉时，头必须朝着代表光明的东方。

（九）菲律宾

菲律宾人日常见面时，无论男女都握手，男人之间有时也拍肩膀。菲律宾天气炎热，商务活动最好安排在10～11月、1～3月进行。圣诞节、复活节及中国农历新年（春节）前后不宜安排访问。商务洽谈中，对于对方所提出的无理要求要明确地予以回答，不能暧昧不明。

三、与中东地区商人的贸易来往

中东地区商人主要指阿拉伯人。在阿拉伯人的社会里，宗教和等级制度根深蒂固。宗教控制和影响着国家的经济、政治和日常生活，忽视其宗教，不尊重对方的教义和习俗，就不能顺利进行商务活动。同阿拉伯人谈话，应避免谈论政治和宗教。

阿拉伯人重感情、讲信誉，争取他们的好感和信任，与之建立起朋友关系，是和他们进行商务往来的基础。在阿拉伯国家，不可能一次见面或是一次电话就做成一笔生意。如想向他们推销商品，前两次见面时最好不要提及，第三次才可稍微提一下，再访问一两次后方可进入商谈。讨价还价是阿拉伯人做生意时的一个重要习惯。他们认为在买东西时与对方讨价还价是对对方的尊重。有意思的是，不讨价还价即将东西买走的人，还不如讨价还价后却什么东西也不买的人受到店主的尊重。

在与阿拉伯人进行商务交往时，“IBM”是一种经常出现且令人很头疼的语言。这里的“IBM”，是阿拉伯商业圈中三个词语的字头。“I”表示“因夏拉”（神的意志）；“B”代表“波库拉”（明天再谈）；“M”为“马列修”（不要介意），阿拉伯商人常用“IBM”来保护自己和抵挡对手。比如说，双方已在商谈中订好了合同，而后来情况有了变化，其中一方想单方面取消合同，他可名正言顺地说这是“神的意志”；有时在商谈中刚谈出一点名堂，自己已取得较为有利的地位，对方却常常耸耸肩，来上一句“明天再谈吧”，而当明天再谈时，对你有利的形势已不复存在，一切都要从头开始；或许你对他们的上述行为或商业上的其他不愉快而十分恼怒，他却拍拍你的肩膀说“不要介意”，叫你哭笑不得，甚至进退两难。

与阿拉伯人进行商务合作，无论是同政府部门还是同私人企业，一般必须通过代理商。通过代理商的从中斡旋，可以加快谈判速度、提高成功率。如果没有合适的代理商，商务合作很难进展顺利。

在一些保守的阿拉伯国家，穿着不合适的衣服会招致当地人的指责。在这些国家，不要穿短裤、没有袖子的衬衫、领口开得很低的衣服和膝盖以上的短裙，在游泳池绝不许穿三点式的比基尼。

沙特阿拉伯人在见面时首先要互致问候和祝贺：“撒拉姆，阿拉库姆”（你好）。“伊夫凯，拉克”（身体好）。沙特人很大方，你若对他身上的某物表现出好感，他往往会马上送给你，你若不接受反而会得罪他。他们爱以咖啡和茶待客，迎送客人喜欢用薰香和喷洒香水这种传统的待客礼节。在那里，抽烟、喝酒、唱歌、跳舞都被认为是堕落的表现，还禁演电影，但可在家看录像。在沙特阿拉伯，黄色象征着神圣和尊贵，只有王室才能使用，平民是忌用的。

在科威特、巴林等海湾国家的阿拉伯人家中做客，你最好保持旺盛的食欲，因为吃得越多主人就越高兴。

伊拉克人忌讳蓝色，认为蓝色是魔鬼的象征；他们除不吃猪肉以外，还不吃辣椒和蒜。

伊朗人称好不伸大拇指，忌外人评论婴儿的眼睛。

阿拉伯各国都禁用六角星做图案。

四、与非洲地区商人的贸易往来

非洲地区的多数国家商品经济不很发达，有些国家甚至还保留着浓厚的原始部落习俗。在这些国家或地区中，各部落的首领（酋长）在政治上和经济上的权力都极大，若要进入该国开展商务交往，通常都要先给当地的酋长送礼，待获得其允许后才能进入。非洲大陆各民族有着不同的语言、习惯和文化，即使在一个国家里各部落间的习俗也千差万别。

埃及人喜欢绿色和白色，并习惯于用其表示快乐；讨厌黑色和蓝色，认为黑色和蓝色均表示不幸；喜欢金字塔形图案；“针”为其特有的忌讳物与忌讳语，农村妇女通常用该语进行对骂。

在埃及人面前不能把两手的食指碰在一起，他们认为这个手势是不雅的。

小知识

针在埃及是忌讳之物，它含有瘦小、纤细之意，所以有的商店在每天下午3点至5点不卖针，否则会招致贫困，家中晚上不做针线活，否则会惹来祸患。

利比亚的图阿雷格是世界上独一无二的男子戴面纱的民族，且规定只有自由民才能戴，奴隶无资格戴。这里禁酒的法律极为严格。

到摩洛哥人家做客必须主动脱鞋。摩洛哥人认为3、5、7、40是积极的数字；喜欢绿色、红色、黑色，忌白色；忌六角星和猫头鹰图案。

在马里，人们相见时习惯将一只手放在胸前，一边走一边不停地向对方问候，直至走过很远，彼此听不见对话为止。马里的黑人崇尚黑色，妇女们通过染色使自己更黑更美。

苏丹人特别喜欢牛。

尼日利亚东部的伊特人忌讳苗条女子，认为只有胖墩墩的女人才能成为贤惠的妻子。

埃塞俄比亚最大的特点是时间的划分不同于世界上任何一个国家。他们把太阳升起的时间作为一天计时的开始，这样格林尼治时间上午6点就成为他们的白天零点；而格林尼治时间下午6点则是他们的“白天12点”的结束和“夜间12点”的开始。他们把一年分为13个月，前12个月都是30天，而第13月则只有五至六天。在埃塞俄比亚，一切住宅和公共场所都没有门牌号码。

在加纳，酋长有着至高的地位，外来人每到一处都应拜会当地的酋长。加纳人把凳子看作最神圣的财产加以崇拜，凳子既是他们的日用品又是馈赠品。加纳人对色彩极为讲究，不同的颜色对他们有着不同的含义。

在乌干达，人们忌讳别人问及有关牛羊的情况，更不允许别人数牛的数量和用手指小羊。

肯尼亚人性情温和，容易交朋友，但部族意识极为强烈。肯尼亚人还认为任何以7结尾的数字均不吉利。

在“铜都”赞比亚，除旅游观光地区外，不能随意拍照，否则，不仅相机和胶卷会被没收，还可能被抓进拘留所和警察局，甚至可能招来自动步枪的射击。

在岛国马达加斯加，人们崇敬狐猴，甚至认为人死后其灵魂可以在狐猴身上托生。同时，他们不仅将牛群和土地一样视为神圣的财产代代相传，而且表现出对牛的特殊崇拜和狂热。马达加斯加人认为，人的岁数越大，其智慧越多，因而对老人特别敬重。

五、与大洋洲及拉美地区商人的贸易往来

大洋洲是世界上第七大洲，是由澳大利亚、新西兰及许多岛国组成的。16世纪前，这里人烟稀少，只有土著人居住。后来随着英国和其他欧洲移民的迁居，大洋洲诸岛就成了英国等发达国家的殖民地。现在，这一地区大多数国家已摆脱了殖民统治，获得独立。

大洋洲及拉美地区，因在历史上深受欧美文化影响，其商务礼俗也与欧美各国存在许多共同之处。

（一）大洋洲主要国家的商务礼俗

1. 澳大利亚

澳大利亚是主要由欧洲移民组成的英联邦成员国之一，然而澳大利亚人的性格却开朗直率、待人热情、易于接近，与英国人不太一样。同澳大利亚人进行商务活动应注意以下几点：

（1）澳大利亚人在商务活动中非常讲究效率，商谈代表一般具有决策权，因此我方所派出的商谈代表也应具有决策权，以便能在洽谈中集中精力解决实质性问题，减少磋商

环节。

（2）澳大利亚人在商务活动中的报价一般比较实在，没有先抬价再打折的习惯，因此不必在讨价还价方面太下功夫，否则有可能失去良好的商机。

（3）澳大利亚人的时间观念很强，会晤前须提前预约，准时赴约。除澳籍英国移民后裔外，澳大利亚人喜欢在酒店边吃饭边进行商务会谈，但在休假、圣诞节、复活节等非工作时间一般没有进行商务活动的习惯。

小贴士

澳大利亚人性格外向，热情好客，易于相处。遇上熟人，彼此以名相称，有时轻轻说声“哈罗”或“嗨”，有时对挤一下左眼，以示打过招呼。但对陌生人尤其是对女士眨眼睛则被认为是极不礼貌的。

在澳大利亚，女士受到高度尊重，无论是出入、就餐、上下电梯、乘坐车辆，都坚持“女士优先”原则。在澳大利亚赞美女子和小孩会得到含笑致谢的回应。

澳大利亚人忌讳在公共场所高声喧哗，即使熟人路遇也是轻声交谈。澳大利亚人为其独特的民族风格而自豪，反对过分自谦的行为。

另外，切忌与澳大利亚人谈论有关宗教信仰、个人隐私、土著人与现代人的关系、袋鼠数量的控制、儿子等敏感问题；切忌以兔子图案作为商标。

2. 新西兰

新西兰为英联邦成员国，其国民绝大部分是英国移民的后裔，通用语言是英语。新西兰人见面时一般行握手礼。新西兰的毛利人会见客人的最高礼节是碰鼻礼。新西兰人守时惜时，待人诚恳热情，没有英国式的保守刻板。

3. 汤加

汤加人见面时握手并说问候的话语，汤加人相称用名而不用姓。

在汤加，只有好朋友互访时才必须带礼品，且认为鲜花不可以当作礼品。

汤加人请客时虽然会为客人准备刀叉，但他们自己用手抓饭吃。

4. 斐济

进入斐济人家时要脱鞋。

斐济人打招呼时不握手，而是相视一笑并挑一下眉毛。外来人可以和他们握手。

对斐济人来说，是否按时赴约无关紧要，其时间观念不强。

斐济人喜欢客人送礼物。到斐济人家中做客时，通常要喝一杯含有卡瓦胡椒的卡瓦酒，拒绝喝会被认为是对主人的侮辱。

（二）拉丁美洲主要国家的商务礼俗

拉丁美洲位于西半球南部，泛指美国以南的美洲地区，因该地区大多数国家所用语言均属拉丁语系而得名。

拉丁美洲人热情豪放，热忱好客，能歌善舞。

拉美各国除欢庆元旦、国庆、圣诞节、复活节之外，还保留了不少民族传统节日。巴西人每年要过“狂欢节”便是典型的一例。

与拉丁美洲人交往，一般行握手礼即可。

1. 巴西

巴西人感情外露，人们在大街上相见也热烈拥抱。无论男女，见面和分别都以握手为礼。妇女们相见时可脸贴脸，虽然唇不触脸，但双方都用嘴发出接吻时的声音。

像大部分拉美人一样，巴西人对时间和工作的态度比较随便。和巴西人打交道时，主人若不提起，不要抢先谈工作。

巴西人会见客人时，常请客人喝浓咖啡，且用很小的杯子一杯接一杯地喝。到巴西人家里做客后的第二天，应托人给女主人送一束鲜花或一张致谢的便条。鲜花不能送紫色的，巴西人认为紫色是死亡的象征。

巴西人忌讳棕色和黄色。他们以棕色为凶色，认为深咖啡色或暗茶色会招致不幸；认为人死好比黄叶落下，视紫色配黄色为患病之兆。

巴西的男人爱开玩笑，但忌以当地的民族问题作笑料；在巴西，因人种复杂，与人交往时切勿轻易探问对方的种族。

巴西人忌做“OK”手势，他们认为这是一种不文明的表示。

2. 阿根廷

阿根廷人讲究体面，重视礼节，商务交往中常以衣着取人，因而人们平时都很注重仪表，穿西服、系领带，保持一副绅士派头。但灰色西服不受欢迎，它给人一种阴郁之感。

阿根廷人相见的礼仪与巴西类似，但商界流行的是握手礼。

不要以衬衫、领带之类的贴身用品为礼物送给阿根廷人，到阿根廷人家做客可给女主人送上一束鲜花或一盒糖果。

阿根廷人喜欢别人夸奖他们的孩子以及他们家的陈设和他们的饭菜，避免谈论有争议的宗教、政治问题。

阿根廷严禁男子留胡须，对满脸胡须者甚至还追究法律责任。

3. 其他拉美国家

在哥伦比亚，男士进屋或离开时要与在场的所有人握手，以示礼貌；女士一般只和女士握手。哥伦比亚女士喜欢挽着另一位女士的胳膊。哥伦比亚人喜爱红、蓝、黄色，禁忌浅色。

委内瑞拉人见面时常行握手礼。男士之间见面相互搂一搂，女士之间除拥抱外还吻面颊。大多数委内瑞拉工商界人士时间观念都较强，且特别讲究办事效率，讨论问题直截了当，讨厌别人拖泥带水。委内瑞拉人一般只邀请很好的朋友到家里做客。如有幸受邀，事先应给女主人送去一些鲜花或糖果，随身带去也可，事后再寄上一封感谢信。委内瑞拉人分别以“红、绿、茶、黑、白”五种颜色代表五大政党，故此五色不宜用在包装纸上。委内瑞拉人忌讳孔雀，凡与孔雀有关的东西和图案都被视为不祥之物。

到智利人家中做客，切忌随便闯入，必须站在门外等待主人邀请方能进门。谈话时主人的家庭和孩子是较好的话题，切忌议论与当地宗教和政治有关的问题。智利人常把商务交往中的招待安排在大旅馆或饭店进行。

玻利维亚人更愿意与会讲西班牙语的人交谈。谈话时要避免谈及宗教和政治。玻利维亚人和陌生人第一次见面时会握手，熟人和朋友相见则常是口头问候。在玻利维亚人家中做客吃饭，若饭后盘内还留有剩余食物，是对主人的失礼。

乌拉圭是一个遍地是牛羊的国度，也是世界著名的避暑胜地。乌拉圭人见面一般是握手。大部分宴请在饭店进行。如应邀去乌拉圭人家中做客，可先给女主人送一些花或巧克力。乌拉圭人以青色代表黑暗而忌讳此色。在乌拉圭的科烈达镇，戴帽子是未婚女子的一个标志。

第四节　世界主要节日礼俗

节日是体现一个国家和民族的传统与文化的重要方面。在国外，每一个国家和民族都有自己独特的节日习俗和礼仪。每逢重大的节庆日，各国都要以各自的方式举行庆祝仪式。对这些节日的来龙去脉、流行区域以及活动的主要内容和形式等，我们都有必要了解和掌握，这对顺利进行商务活动具有重要意义。

一、元旦

元旦是全世界人民传统的新年，它是一年之始。每当这天，各国人民都举行活动辞旧迎新。

希腊过新年时，家家做一个藏有银币的大蛋糕，由主人切成若干块，分给家人和来宾。谁能吃到藏有银币的那块，谁来年就会好运不断。

西班牙人在元旦前夕，当教堂钟声在 12 点响起时，大家便争着吃葡萄。时钟每敲一下，就吃一颗葡萄，许一个愿。在有节奏的钟声里吃完 12 颗葡萄，象征新年的每一个月都万事如意。

日本人在元旦前夕，全家人围坐在火炉边，一边吃过年面，一边聆听远处寺院传来的钟声。钟声一共要敲 108 下，意味着驱散 108 种烦恼。元旦早晨互相拜过年后才开始用餐，主要食品有屠苏酒、节日炖菜、年糕汤。

在瑞典，年轻妇女元旦早上都穿上素衣白裙，腰系红丝带，头戴点燃蜡烛的皇冠，给家人和客人分发食物。

朝鲜人新年时除了享用美酒佳肴外，还必定做一种用糯米加上松子、栗子泥、枣泥和蜂蜜等蒸煮而成的药饭。

苏格兰人元旦给亲友送煤块，祝福其生活像煤炭一样长燃不熄。

二、春节

春节是我国传统的农历新年。在民间，它是最古老、最隆重的一个传统节日。春节即农历正月初一，旧称元旦。现在为了与公历的元旦区别，春节改称为大年初一。许多中国人都认定只有过春节才是过年。在世界各地，凡有华人居住之处，都要过春节。人们把过春节看作家人欢聚和亲友之间沟通感情的最佳时光。

中国民间过春节的主要风俗有：(1) 扫尘。每年年终，家家户户都要进行彻底的大扫除，以示除旧迎新。(2) 办年货。一到腊月，人们都要上街购买各种过年的物品。(3) 贴年画。在门窗墙壁上贴上年画，另外还要贴春联。

春节前一天，旧称除夕。这天人们要在家中通宵达旦地包饺子，直到春节到来，俗称守岁。此外，还要祭祖宗、迎财神、接灶君。

春节子时，人们开始放爆竹和烟花，以庆贺新年的来临。此刻大家都要吃饺子，然后晚辈给长辈拜年，长辈则需给晚辈一些压岁钱。接着，长辈留在家中待客，晚辈则要去亲友家里拜年。拜年时，人们互相作揖为礼，并道“过年好”“恭喜发财”等。

春节期间，人们纷纷走上街头，舞狮子、耍龙灯、踩高跷、逛花会。春节实际上是中国人的狂欢节。人们以种种方式来寄托美好的愿望，并表达自己的喜悦。过春节的时间持续很长，至少要到农历正月十五。

三、泼水节

缅甸的泼水节又叫佛诞节，是缅甸人民的传统节日，类似我国的春节。缅甸人在每年的公历 4 月上旬过新年。除夕晚上，全家守岁。当首都响起隆隆礼炮声，其他城乡随之也礼炮声四起时，新年便来到了。缅甸人用泼水来庆祝新年，所以新年也叫“泼水节”，这是缅甸旧历年结束的一个节日。

缅甸泼水节泼的水是浸泡过贝叶的水，据说可以驱邪治鬼，所以被称为圣水。人们认为这种水泼洒在大地上和人身上，就会驱散一切妖魔鬼怪。

在泼水节期间，举国欢庆，人们手拎水桶，手拿水枪等泼水工具，聚集在广场、街头。当仪式主持人宣布泼水开始，人们就互相泼水，在飞溅的水花中嬉戏追逐。除了极少数讲究的人家用樱桃花枝蘸取清水轻轻往别人身上抖洒以外，绝大多数人都是尽情泼洒，毫无顾忌，几乎人人都被泼得透湿。但他们都兴高采烈，因为在他们心目中水象征着幸福。

节日里，缅甸街头还搭起彩牌，露天舞台上演出优美的歌舞，青年们竞相乘坐着装饰成孔雀、天鹅或宫殿的花车参加游行。

印度的泼水节在每年公历 2 月至 3 月。这是庆祝丰收的佳节，这一天，无论在城市或农村，人们都打破种族、宗教的界限，尽情玩乐。

四、狂欢节

世界上不少国家都有狂欢节。狂欢节据说最初起源于古罗马的农神节，是人们为了庆贺农事而进行的欢庆活动。在这一节日中，大家欢宴歌舞，尽情欢乐。其主要活动内容是化装游行、举行大型狂欢集会和舞会等。

狂欢节的节期各国不一，有的开始于元旦，有的开始于圣诞节或其他日子。即使在同一个国家，各个地区也可能不一样。如在德国，科隆是在 11 月 11 日 11 时 11 分欢庆狂欢节的到来，而慕尼黑则是在 1 月 6 日开始过狂欢节。但大多数国家是在 2 月至 3 月间气候宜人之时举行狂欢节。现代的狂欢节已成为许多国家和民族辞旧迎新、抒发对自由和幸福向往的重要节日。

在世界所有的狂欢节中，巴西的狂欢节最引人瞩目，也最为壮观。巴西历来被誉为

“狂欢节之乡”。巴西的狂欢节是在6世纪中叶由葡萄牙人传入的，在每年的2月中下旬举行。在节日的三天三夜里，人们倾城而出，不管白天黑夜，不分男女老幼，不拘平时礼节，没大没小地尽情狂欢。人们跳起桑巴舞，奏起桑巴曲，进行化装游行。游行队伍中妇女们穿着艳丽的宽摆连衣裙，头戴羽毛帽和假面具，男人们则身着无数箔片镶成的衣裤等奇异服装，大家在喧闹中随着舞曲而跳跃旋转。

此外，美国、哥伦比亚、墨西哥、巴巴多斯、加拿大的魁北克、西班牙的马德里、瑞士的巴塞尔等国家和地区的狂欢节游行活动也各有特色，热闹非凡。

五、感恩节

感恩节是北美独有的节日，每年11月最后一个星期四是美国人的感恩节，加拿大的感恩节则定在10月的第二个星期一。感恩节起源于北美的普利茅斯。1620年9月，100多名清教徒搭乘“五月花”号木船渡过大西洋，来到今美国马萨诸塞州的普利茅斯。由于饥饿、寒冷和病魔，他们中多数人的生存受到了威胁。在当地印第安人的帮助下，他们渡过了难关，并于第二年取得了丰收。为了感谢上帝赐予的收获和增进同印第安人的友谊，他们用火鸡、玉米、南瓜、红薯、果品等劳动成果制成佳肴，自制啤酒，大摆筵席。当时印第安人也带着鹿和火鸡应邀前来助兴，一连欢庆了三天。这三天里，白天设宴，举行赛跑、摔跤、射箭等体育活动，夜晚便燃起篝火，载歌载舞。如此年复一年，便形成了感恩节。

1863年林肯总统在白宫宣布11月最后一个星期四为全国的感恩节，并号召美国人民不分地区，共同为美国的繁荣做出贡献。自此，感恩节成为美国的传统节日之一。

每年的感恩节，总统和各州州长都要发表献辞，一些大城市要举行花车游行。全国放假三天，家人团圆，朋友相聚。感恩节期间的晚餐异常丰富，其中传统食品是南瓜馅饼和烤火鸡，所以感恩节又名火鸡节。

六、母亲节与父亲节

母亲节和父亲节都是美国法定的节日。这两个节日意在告诫人们毋忘双亲的养育之恩，并且要用行动去表达对双亲的尊敬和感谢。

母亲节是1906年由安娜·贾维斯小姐在她母亲去世后首先倡导设立，1914年由美国国会正式通过决议确定的，时间是每年5月第二个星期日，以表示对所有母亲的崇敬与感谢。第二次世界大战后，这一节日流行到许多国家，成为人们喜欢的节日。这一天，家庭成员都要做各种使母亲愉快的事，并赠送各种礼物向母亲表示祝福。日本、泰国、印尼、埃及、西班牙、巴拿马、秘鲁也都有母亲节，日期不一，活动也不同，但有一点是共同的，都是为了表达对慈母辛勤哺育的感激之情。

父亲节是美国杜德夫人1910年发起选定的。日本、秘鲁、美国和巴西，以及我国台湾地区都有父亲节。关于父亲节的日期，除巴西规定是每年8月的第二个星期日，我国台湾地区定为每年8月8日（谐音“爸爸”）以外，日本、美国和秘鲁都规定为6月的第三个星期日。这一天儿女们都要赶回家向父亲祝福，购买礼物或亲手制作有纪念意义的贺卡、小物品送给父亲，以表示崇敬的心意。

美国的父亲节之所以能成为全国性的节日，与杜德夫人的热心倡导是分不开的。杜德夫人是美国华盛顿州斯博坎市人，从小失去母亲，兄弟姐妹六人全靠父亲一人抚养。她的父亲历尽艰难把六个儿女养大成人。父亲的这种自我牺牲精神极大地感动了她。她长大成人后，积极倡导设立一个与母亲节一样的父亲节。她的倡导得到斯博坎市当局的重视。1910 年，斯博坎市第一次举行了全市性的庆祝活动。到了 20 世纪 70 年代，父亲节成为美国法定的全国性节日。

七、情人节

每年 2 月 14 日，是欧洲、美洲和大洋洲许多国家的情人节。情人节是一个表白感情的甜蜜的节日，特别受到青年人的重视。

西方人把情人节又叫作圣瓦伦丁节。圣瓦伦丁是公元 270 年时的一个基督徒，他因带头反抗罗马统治者迫害基督徒而被捕。在狱中，他和典狱长的女儿相爱，可是 2 月 14 日这天他就要被处死了。临刑前，他给情人写了一封情书，表达自己的感情。自此，基督教徒为了纪念这位殉教者，便把 2 月 14 日定为圣瓦伦丁节，也叫情人节。

过去，青年男女每到这一天就互赠礼品，现在改为寄“情人卡”。这种倾诉爱慕之情的卡片只有收信人的名字，没有发信人落款，但收信人一定能猜出是谁寄的。

然而，情人节并不只是年轻情侣的专利。在美国，这一天也往往是夫妻之间互送礼物、互相祝贺的日子。情人节常送的礼物有巧克力、精巧的小饰物和鲜花。前两种东西以做成心脏的形状最受欢迎。中国的情人节则是农历七月初七的七夕节。

八、愚人节

愚人节是流行于西方一些国家的奇特节日。它最早流行于法国，据说至今已有 800 多年的历史。欧美各国人民都非常喜欢这一节日。愚人节定于每年的 4 月 1 日，这一天人们可以随心所欲地开玩笑和说谎，各式各样的恶作剧一个接一个。谁的谎言最别出心裁、新奇而刺激，谁的谎言欺骗的人最多，谁就最受欢迎。这一天什么玩笑都可以开，搞什么样的恶作剧都不过分。谁都可以被愚弄和欺骗，而且被愚弄、被欺骗的人不许发火。有时玩笑开得非常惊心动魄。一次，美国南部的一座小城的广播电台突然插播了一条“新闻”：外星人已在美国登陆，他们对地球人大开杀戒，市政府紧急呼吁市民们立即从城市里撤离。顿时，一向以幽静著称的小城乱成了一锅粥，人们四处逃散。有人甚至惊吓得从楼上跳了下来，以至于摔断了腿。然而市民们只是虚惊了一场，这不过是播音员一时高兴给大家开的玩笑，因为这天是愚人节。

九、万圣节和扫墓节

万圣节起源于美国，之后传入哥伦比亚及其他许多国家。万圣节定为 11 月 1 日。

菲律宾人称这一天为“全圣节”，在菲律宾的华侨则统称之为“亡人节”，类似中国的清明节。这天，人们纷纷去墓地悼念先人。

法国西部教会规定，万圣节这天放假。法国人也往往在这几天去墓地凭吊已故的亲人，并献上深秋的菊花。

英国人过去每逢万圣节便到处燃起篝火或火把，借以驱邪逐妖。同时，这个节日也是占卜命运和纪念亡人的日子。

墨西哥人把 11 月 2 日称为“扫墓节”。其祭祀方式也别具一格。节日前夕，许多商店都要挂起人的模拟骷髅，有的大商店为招徕顾客还专门请人制作骷髅模特，报刊上也登载着各种骷髅漫画，食品店里出售用糖制作的骷髅，上面印着不同的人名。人们纷纷争购印有自己名字或亲友名字的骷髅，以备扫墓节那天自己进食或赠送亲友。节日那天，各个部门都不办公，有些人在家里设起祭坛，摆起祭品，围坐着默默追忆和悼念死去的亲人。

十、教师节

世界上许多国家都有教师节，如泰国 1 月 6 日、也门 4 月 16 日、印度 9 月 5 日、法国 12 月 25 日、葡萄牙 5 月 18 日、美国 9 月 18 日、委内瑞拉 1 月 15 日、中国 9 月 10 日为教师节。这是全社会尊师重教、提高教师社会地位的一个重要象征，也是学生回校看望老师、表达自己尊师爱校之情的日子。

十一、老人节

9 月 15 日是日本的敬老节，农历九月初九是中国的老年节（重阳节）。美国的老人节又叫（外）祖父母节。1978 年，美国总统卡特签署了“将每年 9 月美国劳动节后第一个星期日定为（外）祖父母节”的提案。老人节定在 9 月，是因为它象征人的一生正逢秋时。

小资料

国际商务礼仪小测验

根据你对各国礼俗的了解，判断下列说法的正误。

1. 拇指和食指弯曲成圆圈，其余三个手指伸直，这是通用的表示 OK 的手势。
2. 在德国，恰当的敬酒词是“Prosit”。
3. 在巴西，送紫色的花以示感谢是令人反感的。
4. 如果碰到难以应付的问题，不妨幽默一点，以缓和气氛。
5. 在瑞典，主人未向客人敬酒之前客人先向主人敬酒是不礼貌的。
6. 大不列颠及北爱尔兰联合王国是由英格兰、苏格兰、爱尔兰共和国和北爱尔兰组成的。
7. 在泰国，恰当的问候语是 Wai。
8. 妇女在国际生意场合上应该一成不变地穿套装。
9. 两人谈生意时应保持 1 米的距离，这是国际上认可的。

10．在欧洲，如果要握手的话，男人应该等女人主动伸出手之后再握。

11．在日本，初次与对方见面就递上名片是不礼貌的。

12．法国人经常邀请生意场上的朋友到家里做客。

13．通心粉是意大利的主菜。

14．中国香港由于湿度大、温度高，男士常穿白西装。

15．在苏格兰，当地人被称为 Scots（苏格兰人）。

16．葡萄牙语是巴西的官方语言。

17．“指定驾车人”这一概念起源于智利。

〔参考答案〕

1．错误。OK 的手势语并非各地通用，实际上，在巴西、意大利南部、希腊、德国，这一手势语被认为是下流或粗俗的。

2．正确。

3．正确。在巴西，紫色的鲜花象征死亡，因而不适宜用来表示感谢。

4．错误。在国际交往中，不恰当的幽默会造成难以预料的严重后果，因此应避免使用。

5．正确。在瑞典，主人应先向客人敬酒。

6．错误。联合王国包括威尔士但不包括爱尔兰共和国。

7．正确。

8．错误。在印度，妇女以莎丽服为正装。

9．错误。洽谈生意时两个人之间的距离是否合适，取决于所处的文化背景。

10．正确。

11．错误。递上名片是日本惯用的问候方式的一部分。

12．错误。法国人极少邀请生意场上的朋友到自己家里做客。

13．错误。在意大利，通心粉是开胃品。

14．错误。在中国香港穿白色西装表示为死者哀悼。

15．正确。

16．正确。

17．错误。“指定驾车人”的概念起源于挪威。

本章小结

国际商务礼仪原则包括尊重原则，遵守原则，平等原则，适度原则，真诚、宽容原则，从俗原则等。商务人员在国际商务交往中都应自觉地遵守国际商务礼仪原则，同时还应认真做好涉外商务接待工作，注意与外商交往时的各种礼节。

会见与会谈是商务活动中十分重要的交往形式，要想通过会见与会谈达到沟通关系、联络感情、发展业务的目的，就必须遵守会见与会谈的礼仪，并做好周密的组织、安排工作。

在与不同国家进行商务交往时，应注意考虑不同区域、不同国家的特殊性，充分了解对方的宗教信仰、文化背景、商务习俗，遵守对方的商务礼仪，使双方在尊重和理解的基础上成功进行贸易。

课堂讨论题

1. 馈赠礼品应注意什么问题？
2. 会见、会谈的含义是什么？
3. 会见、会谈座次的安排包含哪些类型？具体内容是什么？
4. 与不同国家商人进行贸易往来应注意什么？

复习思考

1. 国际商务礼仪原则的内容是什么？举例说明遵守商务礼仪原则的重要性。
2. 商务接待计划主要包括哪几个方面？
3. 商务人员与外商在交往中应遵守哪些一般礼节原则？

案例分析题

阅读下面的案例，回答问题。

某化工企业的李经理今天要接待一个日本化工企业的代表团。李经理对这家企业先进的技术和雄厚的经济实力有充分的了解，希望通过与他们的合作来促进企业的发展；而来访的日方企业也希望通过与中国企业的合作开拓市场，利用中国丰富的人力、物力资源发展企业，提高企业在国际市场的地位和竞争力。这次访华团的主要目的实际上是通过考察企业来寻找合作伙伴。

工作繁忙、时间概念很强的李经理，按计划在日方代表团飞机到达前的一小时乘车前往机场，然而阻塞的交通使李经理一行在飞机抵达之后才来到机场。日方代表团所乘的飞机已结束了通关手续，以稳重著称的李经理脸上也浮现出了紧张的神色。当接待人员终于在嘈杂的人群中找到了四周环顾、略显不安的日方代表团时，公关部主任陈女士急忙跑上前去，献上了一束高雅秀美的荷花。李经理在寒暄介绍时诚恳地向对方解释迟到的原因，仓促中单手接过对方的名片，随意地插入上衣口袋。乘车前往公司的路上，李经理热情地向客人介绍沿途的风光和企业的情况，希望以热情周到的接待与企业的实力来赢得对方的好感。几天的考察结束后，日方代表团回国了。尽管日方代表团临行前表示回国后将认真考虑合作的问题，但李经理始终没有等来日方有关合作的回音。

问题：

为什么这次合作失败了？请用本章学习的内容进行分析。

工作实务题

情景模拟：会谈的准备工作。

目的：作为接待方圆满地完成会谈的准备工作。

参加者：4 名学生进行模拟练习，分别饰演张经理、张经理的秘书刘小姐和公司办公室的工作人员高先生和郭小姐。

练习时间：30 分钟。

背景：张先生是一家汽车企业的总经理，为了与德国某公司达成进一步合作的协议，准备在企业内召开一次会谈。张经理应向秘书交代清楚要办理的事宜。秘书刘小姐根据张经理的指示，初步拟定会谈的时间、地点、出席人员名单，向张经理请示之后，与对方协商确定；收集、了解对方的背景资料、风俗习惯、礼仪特征等信息，为张经理提供准确、有效的参考资料；通知办公室人员做好会谈前的准备、会谈场所的布置及座次安排等工作。

其他人认真观看，并讨论：张经理应该如何向秘书交代事宜？刘秘书有哪些事项是应该特别注意的？

参考书目

1. 胡晓涓．商务礼仪．北京：中国建材工业出版社，2003.

2. 劳动和社会保障部中国就业培训技术指导中心．秘书国家职业资格培训教程．北京：海潮出版社，2003.

3. 林恩·布伦南．21 世纪商务礼仪．北京：中国计划出版社，2004.

4. 曹浩文．如何掌握商务礼仪．北京：北京大学出版社，2004.

5. 金正昆．商务礼仪．北京：北京大学出版社，2004.

6. 陈萍．最新礼仪规范．北京：线装书局，2004.

7. 李满．社交高手必修课．延吉：延边人民出版社，2003.

8. 吕维霞，刘彦波．现代商务礼仪．北京：对外经济贸易大学出版社，2003.

9. 何伶俐．高级商务礼仪指南．北京：企业管理出版社，2003.

10. 陈冠颖．现代社交礼仪：商务篇．广州：广东人民出版社，2002.

11. 宋立民．上班族超实用社交礼仪．广州：南方日报出版社，2002.

12. 赵颖梅．现代人完全礼仪手册．海口：海南出版社，2002.

13. 安·玛丽·萨芭丝．塑造完美形象——商务礼仪．长沙：湖南科学技术出版社，2001.

14. 杨眉．现代商务礼仪．大连：东北财经大学出版社，2000.

图书在版编目（CIP）数据

商务礼仪/胡晓涓主编．—3版．—北京：中国人民大学出版社，2018.8
21世纪高职高专精品教材．经贸类通用系列
ISBN 978-7-300-26008-2

Ⅰ.①商…　Ⅱ.①胡…　Ⅲ.①商务-礼仪-高等职业教育-教材　Ⅳ.①F718

中国版本图书馆CIP数据核字（2018）第162701号

普通高等职业教育“十三五”规划教材
21世纪高职高专精品教材·经贸类通用系列
商务礼仪（第三版）
主　编　胡晓涓
Shangwu Liyi

出版发行	中国人民大学出版社		
社　　址	北京中关村大街31号	**邮政编码**	100080
电　　话	010－62511242（总编室）		010－62511770（质管部）
	010－82501766（邮购部）		010－62514148（门市部）
	010－62515195（发行公司）		010－62515275（盗版举报）
网　　址	http://www.crup.com.cn		
	http://www.ttrnet.com（人大教研网）		
经　　销	新华书店		
印　　刷	北京鑫丰华彩印有限公司	**版　　次**	2005年9月第1版
规　　格	185mm×260mm　16开本		2018年8月第3版
印　　张	11.75	**印　　次**	2018年8月第1次印刷
字　　数	276 000	**定　　价**	28.00元